KB230846

國語教育論

國語敎育論

呂增東 著

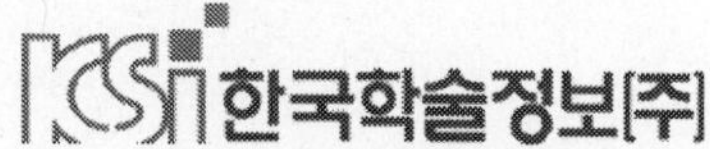

머 리 말

　　한국말로 살아가는 사람은 그 말만큼의 사람이 되는 것이요, 독일 말로 살아가는 사람은 그 말만큼의 사람이 되고 있는 것이다. 우리들은 이 사실을 잘 모르면서 살아왔고, 또 살아가고 있는 것이다.

　　한국말을 어떻게 운영하여야만 행복스런 한국 사람들을 만들어 낼 수 있을 것인가? 자라나는 후손들의 행복을 위하여, 나아가 나라와 겨레의 번영·발전을 위하여 "국어 교육"은 어떤 목표를 두고 어떻게 운영되어야 할 것인가?

　　이와 같은 물음 아래 그에 따른 답을 얻고자 함이 이 책이 바라는 일이다. 이것이 얼마만큼의 도움이 되어 줄 것인지에 대하여서는 염려되는 바 없지도 않지마는, 온 겨레가 읽어 주었으면 하는 마음에서 쓰여 진 것만은 사실이다.

　　이 책을 엮어 나감에 있어서 존칭을 쓰지 않기로 통일했기 때문에 읽는 이의 양해가 있기를 바랄 뿐이다. 일반성을 얻어야만 하는 진리 찾기에 있어서, 호 또는 존칭을 써 오던 지난 날 우리들의 잘못을 씻어야 한다는 일으킴에도 얼마간의 뜻이 있다고 여긴다. 그리고 첫소리에 묶여 있는 "ㄹ", "ㄴ"소리를 해방시켜야 한다는 것이 평소 나의 주장이었던 바, 이 책에서도 그렇게 되어 있음을 미리 밝혀 둔다.

려증동 씀

재판의 머리말

1974년에 처음으로 내어 놓았던 나의 ≪국어 교육론≫에 "교과서론"이 들어 있지 않았다.

그리하여 나는 그 동안 이 문제를 두고 애를 쓰던 끝에 국어 교과서에 대한 규범을 세우기에 이르렀다.

그것이 곧 이 책의 차례 20에 들어간 ≪국어 교과서의 규범≫이었음을 밝혀 두는 바이다.

려증동

넷째 판 머리말

　1982년에 이르러 넷째 판을 내어놓게 되었는데, 이때 들어간 것이
<22. 일제 침략 시대 한국 역사 용어>에서부터 <32. 형과 아우 사
이에 사용해야 되는 말>이었습니다.

려증동 씀

* 본 도서는 1982년에 출간 된 國語教育論을 한국학술정보(주)에서 새롭게 펴낸 것임.

차 례

1. 말의 씨

말에는 씨가 있고, 밭이 있다. 그 씨를 두고 ≪말씨≫라고 하고, 그 밭을 ≪말밭≫이라고 한다. 말은 저절로 생긴 것도 아니고, 하느님이 내려 주는 것도 아니다. 이를테면 "말밭"에 "말씨"를 심어서, 자라나기도 하고 죽어버리기도 하는 속성을 지닌 것이 말이다. 그 씨를 심는 것도 사람이 하는 일이요, 그 씨를 가꾸어서 자라나게 하는 것도 사람이 하는, 일이다. 씨가 움이 터져 자라나기도 하고, 죽어버리기도 한다. 잘도 자라기도 하며, 고달프게 자라기도 한다. 그대로 버려두어도 잘 자라는 씨가 있는가 하면, 뿌려둔 채 그대로 내어버려 두어서는 자라기 힘 드는 씨도 있다. 하찮은 씨는 내어버려도 잘 자라지마는, 아름답고 고상하며 거룩하고 향기 높은 것이 될 씨는 가꾸고 아끼는 사랑이 없이는 자라지를 않는다. 얼마간의 자람이 있은 뒤에는 다른 밭에 옮겨 심는 수도 있다.

한국 사람들이 심어놓은 한국말 가운데서 향기 높은 말들을 찾아서 위의 사실들을 증명할 것이며, 한편 그 말들을 찾고자 함에 뜻이 있다.

7세기 신라 사람들은 생기 있게 꿈을 키우고 "자발" "자율" 마침내 "보람"을 지니게(화랑도)하는 ≪오다 노래≫를 만들어 내었다. 삼국시대 신라는 이 ≪오다 노래≫[1] 하나로서 상징됨에 있고, 이와 같은 노래는 8세기 이후(삼국통일 669 뒤)에는 보기 드문 것으로, 한국사상사(韓國思想史)에 있어서 높은 봉우리가 됨에 있다.

    <오다·오다·오다>, <오다·셔럽다라>, <셔럽다의 내여>, <공덕·닷가라·오다>라는 차례로 된 짧은 노래이다. 이 짧은 노래는 넓고도 깊은 정신세계를 안고 있음에 놀랍다. ≪그렇지, 내가 이 세상에 태어났지? 그렇다면, 어디서 온 것이랴? 아무튼, 이 세상에 온 것만은 틀림없어! 영광스리 태어난 것일까? 아니야, 이 세상에 온 것만은 분명 서러운 것이었다. 그렇다면 무엇을 하려고 보낸 몸이랴? 분명 무슨 일을 하게스리 나를 보냈을 것이니, 그것은 도대체 무엇일까? 그것을 알고 싶고, 그것을 듣고 싶다≫라고 하는 가치 체계가 다가서는 거룩한 사색이다. 그에 대한 답은 이러했다. ≪공덕 닦으려 왔노라≫고. 보람된 일을 남기기 위해서 태어난 것이다. 앞 대목의 회의가 지적 동기에서 왔다고 하면, 뒤에 것은 실천적 동기에서 구한 것이며, 앞 대목이 존재 문제인가 하면, 뒤에 것은 가치 문제 이다. 마지막에 나온 ≪오다≫는 의지요, 자각이다. "삶이란 무엇이뇨?"에 대한 답을 ≪보람≫이라는 가치 속에서 찾은 것이다. 그 보람 속에는 엄숙한 자각이 빛나고 있다. 빈손으로 왔지마는 빈손으로 돌아가는 것만은 분명 아니다. 무엇인가 남기고 간다. 그림자도 좋고 빛나는 일이면 더욱 좋다. 거룩하고도 빛나는 일들을 마지막으로 남기고 가야 한다. 선물 없이 떠나는 사람보다 더 슬픈 것은 없다. 그런 생각을 하면서 일을 할 때 삶이 맛이 있고 거룩해진다. 거룩하고도 빛나는 일의 심판자는 자기 자신의 판단한다. 자신이 선택한 일 가운데 만족스럽고도 흐뭇하게 여길 수 있는 것이라면 무엇이든 모두 보람된 일이다. 큰 것은 작은 것보다는 좋다고 하는 관계식 앞에 설 뿐이다.

---

1) 632~646년 사이 선덕여왕 때 만들어진 것임.

7세기 한국 사람들의 인생관이 이렇게도 훌륭했던 것이다. 보람을 남기는 일이 7세기 신라 사람들의 삶이었고, 그들의 가치관이 담겨진 노래가 《오다 노래》였다. 보람을 남기는 가치관은 삼국을 통일했고, ─가장 불리한 형편에서─다양한 신라 문화를 창조한 것이다. 너도 나도 자기 나름대로 보람을 남기고자 하는 이들이 신라에는 곳곳에서 나타났다.

7세기 신라 사람들이 심어놓은 《오다 노래》는 한국의 《지혜》를 심는 데 충분한 바탕이 되어 줌에 있다.

"Existence"를 두고 일본 사람들은 實存(한국 소리로는 실존)이라고 뒤쳐서 사용하고 있다. 그렇게 해서 그 "Existence"를 얼마간 이해할 수는 있겠지마는, 그것으로 일본의 지혜가 심겨지는 것은 아니다. 남의 말로서는 언제나 남의 《지혜사랑》을 이해하는 곳에 그칠 뿐이다. 자연과학은 겨레와 나라를 초월하지마는, 나라와 겨레에 따라서 지혜사랑(philosophy)은 달리됨에 있다. 프랑스 사람들의 지혜가 있고 독일 사람들의 지혜가 있고 미국 사람들의 지혜가 있으니, 프랑스 필로소피(philosophy)·독일 필로소피·미국 필로소피가 있기 마련이다.

한국 사람에게 《지혜》가 있다면, 한국의 지혜사랑(philosophy)을 세울 수가 있고, 또 세워야 한다. 그것은 한국말(배달말)로 심지 않으면 얼이 심겨지지 않는 속성이 있다.

7세기 《오다 노래》에서 "서러움", "보람"이라는 한국 사람들의 삶의 지혜를 찾을 수가 있다. 설사 어떤 《지혜》가 어떤 겨레에게 있다고 하더라도, 그것을 사랑하는 강렬한 정열이 없다고 하면, 그 겨레에 필로소피는 자라지를 않는다. 《지혜사랑》을 심는 이가 있어야만 하는 바, 그를 두고 지혜 사랑하는 이(philosopher)라고 부른다. 《보람》이라는 한국 사람들의 얼을 사랑하면서 그것을 추구하는 작업이 있어야만, 비로소 《한국 필로소피》가 씨를 박게 되는 것이다.

"소크라테스·플라톤·아리스토텔레스·몽테뉴·베이컨·데까르트·스피노자·록·칸트·피히테·키에르케고오르·니이체·듀우이·럿셀·야스퍼스·하이덱거·싸르트르"들의 책을 두고 일생토록 읽어보았자, 그들의 ≪지혜사랑≫을 이해 할 수 있다는 것과 자신의 인식 능력이 넓고 깊게 되어 새로운 의식 구조와 사고 체계가 이루어질 수는 있으나, 그것으로 끝이 난다고 하면 "한국 지혜사랑"은 영원히 심겨지지 않게 된다. 이를테면, "누구는 무슨 말을 했고, 누구는 어떤 논리를 폈다"는 식으로 이야기 잘하는 사람은 될 수 있지마는 ≪지혜사랑 하는 이≫(philosopher)는 한국에 나타나지 않게 됨에 있다.

10세기 후반기(958: 과거 시험)에서부터 천여 년 흘러오는 동안 한국 사람들은(남자) 사서삼경(7과목) 또는 사서오경(9과목)을 책장이 닳도록 읽어왔지마는, 외우기 잘 하는 이들만을 길러내었고, 몹쓸 ≪관념≫들만이 자꾸만 두꺼운 껍질을 만들어 나갔을 뿐이다. 이들을 모두 한국말로 생각하면서 했다고 하면, 그래도 소중한 무엇을 남겨 주었을 것이다. 16세기 이황(李滉: 1501~1570)이 그의 "궁리"를 배달말로 했다고 하면, ─굉장히 괴로운 일일 것이었지마는─그가 뿌린 말의 씨는 훌륭하게 자라서 그 뒤 한국 사람들에게도 ≪지혜사랑≫ 공부를 할 수 있게 되었을 것이다. 우리들에게 지혜사랑(philosophy)이 없다고 탓할 일이 아니고 무엇을 두고 깊이 생각할 수 있는 한국말의 씨를 찾으려고 애를 쓰는 사람이거나, 그와 같은 말을 두고 한국말로 씨를 심는 사람이 없었다고 함이 이치에 맞는다. 사실상 그것을 깨닫지 못했다고 함이 보다 이치에 맞는 일이다. "필로소피"는 말을 통하여 이룩되는 것이다. 최현배 교수는 <한국에 독특한 철학이 정립되지 못한 것은 남의 말로써 철학을 배우고 철학을 함에 있었다. 한국의 독특한 철학은 반드시 한국인으로 말미암아 한국말로써 창조 되잖으면 안 된다. 그 철학스런 생각이 단순한 한

개인의 것이 아니요, 능히 한국 철학이 되려면 그것이 반드시 한국의 전통에서 배달말에서 어떤 생각의 그루 디기를 찾아내어야 한다>2)고 했으며, 이규호(李奎浩) 교수도 <우리의 독자적이고 참신한 직관을 우리말을 통한 우리 철학의 기반을 닦을 수 있다면, 이것이야말로 우리 겨레의 문화적인 역사적인 주체성을 세우는 든든하고 확실한 유일의 길이다>3)라고 했다. 한국말로 한국 "지혜사랑"을 심으려고 애를 쓰고, 그렇게 하여 심었던 이는 이규호 교수로부터 비롯됨에 있다.4)

칸트의 인식론이 어떠하다는 것보다도, 18세기 당시 유치했던 독일말로 그가(1724~1804) 지혜사랑 책을 세 권 써서 마침내 독일 필로소피를 확고한 기반 위에 올려놓았다는 사실이5) 지금부터 "지혜사랑"을 심어야 하는 우리들에게 요긴한 가르침이 됨에 있다.

≪오다≫, ≪서러옴≫, ≪보람≫ 다음으로, 한국의 지혜사랑을 심을 수 있는 것은 ≪그리움≫이라는 배달말이 있다. 이 말이 글말로 끌어 올려지기로는 8세기끝장(692~701) 득오(得烏)라는 이가 ≪그리운 죽지랑≫이라는 노래에다가 심은 것이다. 삼국을 통일한 뒤 20년 안에 드는 때이다.

<간 봄 그리메, 모든 것사 우리 시름, 아름 나토샤온, 즈시 살쫌 디니져, 눈 돌칠 사이예, 맛 보압디 지소리, 낭이여 그릴 마음이 녀올 길, 다봇 굴허헤 잘밤 이시리>라는 말로 담은 것이 ≪그리운 죽지랑≫ 노래이다.

<그리워하는 마음>의 가는 길에 쑥대 밭 구덩이가 있고, 가다가 지치면 자고도 가는 길이다. 때로는 부엉이 울고 늑대 우굴 거리는

---

2) 최현배: 고희기념논문집, pp.145~146(정음자: 1970).
3) 李奎浩: 말의 힘, p.163(제일출판사: 1968).
4) 李奎浩: 사람됨의 뜻(1967: 제일출판사), 말의 힘(1968: 제일출판사), 앎과 삶
   (1972: 연대).
5) 최현배: 고희기념논문집, p.126.

쑥대밭도 있다. 그렇다고 해서 물러서거나 뒤돌아서는 나약한 그리움의 길이 아니고, 해가 지면 아무렇게나 자고, 날이 새면 또 다시 걸어가기만 하는 무한한 시간이 기다리고 있는 그리움의 길이다. 이를테면, 가도 가도 끝이 없는 사막의 길 같은 ≪그리움≫이다. 그 뒤로부터 한국 문학은 그리움을 더듬는 대동맥이 형성되어 20세기 전반기 김소월(1903~1934)을 만나기도 하는 것이다.

한국은 ≪그리움의 나라≫다. 한국 사람은 어느 민족보다 ≪그리움≫이 강렬한 문화 민족이다. 삶의 보람도 그리움에서 나오고, 슬픔의 달램도 그리움에서 나온다. 지난날의 시간 속에 아름다운 감정을 불어넣는 천재들이 한국 사람이다. 그리움을 버린다고 하면, 한국 사람은 삶을 버리는 것과 같고, 그리움을 벗기면 이 땅 위에서 한국 사람은 없어지는 셈이다. 가난을 달래는 힘도 그리움에서 나오고, 괴로움을 달래는 힘도 그리움에서 나오는 것이다. 살아서도 그립고, 죽어서도 그립다. 슬픈 일이거나 괴로운 일이거나, 즐거운 일이거나 궂은일이거나 한결같은 리듬으로 맑은 하늘을 우러러보면서 슬픔에도 애통하지 않고 즐거워도 뛰지 않고 살아가는 밑바닥의 힘이 그리움에 있었던 것이다. 제계 인류 문화사에 던질 수 있는 한국의 얼(Korean ism)은 이 ≪그리움≫에 있다.6)

"지게", "김치"라는 배달말이 "세계백과사전(미국)"에 들어 갈 말이 아니고, 넓고도 깊으며 그윽하고도 아름다운 정신세계를 껴안고 있는 이 ≪그리움≫이라는 배달말이 들어가야만 한국 사람들이 문화 민족으로 인정을 받게 되는 것이다. 요컨대, 물건의 이름으로는 겨레의 얼이 담겨지지 않는다. 겨레의 얼은 정신세계를 껴안고 있는 말에 담겨진다.

"憧憬"이라는 일본말(일본소리로는 도우께이)이 있다. 일제 압박

---

6) 呂增東: 韓國文學史, pp.23~37(형설출판사: 1973).

(36년 동안)시대 한국 사람들도(학교를 다닌 사람) "도우께이"라고 그들의 책을 읽어오다가, 8·15 이후 그것이 일본말인 줄 모르고 한국 한자 소리로 "동경"이라고 읽게 되었다. 이것이 아무런 맛이 없는 말임을 우리들은 실험할 수가 있다. 이런 것을 두고 <말에는 씨가 있다>라는 명제를 설명하면 편리한 편에 선다.

≪부끄러움≫이라는 말을 그의 시(詩)에 엄숙하게 쏟아 넣기로는 20세기 전반기 윤동주(尹東柱: 1917~1945)로부터 비롯됨에 있다. 한국 사람들은 부끄러움에 대한 정신세계를 일찍부터 읽어보지 못했다. 언제나 풍치고 자랑하면서 밖으로 내어품는 성향이었다. 모르는 것도 없고, 아는 것도 없는 사람이 가장 바보스런 사람으로, 이런 사람들이 많은 집단 사회에서는 학문이 일어나지를 않는다. 풍치고 자랑하는 사회에서는 학문은 자라지를 않고, 이야기쟁이들이 판을 치게 된다. 학문이란 진리 앞에 바치는 것으로 진리를 목숨보다 더 사랑하는 "지혜사랑"이 없이는 절대로 안 된다.

우리들은 남들을 없인 여기는 오랑캐라는 말을 입버릇처럼 써 왔고―그것도 자기중심에서―오랑캐라고 말하던 만큼 뒤떨어지고 만 역사를 지니고 있다. 앞으로 우리들은 ≪부끄러움≫에 대한 지혜를 일으키고 사랑해야만 한다. 우리들의 정신세계에 너무도 가난한 것이 부끄러움에 대한 지혜이다. 뒤늦게사 시작할 일이지마는 우리도 몽테뉴(Montaigne: 1533~1592)의 부끄러움에 대한 지혜만큼 끌어올려서, "지혜사랑"이 자라도록 할 것이며, 마침내 문명사회를 이룩해야 할 것이다.

말의 씨를 뿌린 이의 사람됨에 의하여 그 말의 뜻가짐이 결정되는 속성이 있다. "愛國"이라는 일본말(소리로는 아이 고구)을 두고 그들은 우리들에게 무던히도 강요했다. 그리하여 그 애국(愛國)이라는 일본말을 듣기만 하면 거짓과 속임수라는 냄새가 솟아오름을 맛보지마는, 최현배 교수가 심어둔 ≪나라사랑≫이라는 말을 들으면, 무엇인지

모르게 북받쳐 오르는 뜨겁고도 흐뭇한 눈물과 함께 온 몸이 오무라
드는 거룩한 순간을 가지게 됨은 <나라사랑>에 목숨을 바친 그의 사
람됨(인격)에서 온 뜻가짐이었기 때문에 그렇게 형성된 것 이다.7)

---

7) 최현배: 나라사랑의 길(정음사: 1958).

2. 말의 밭

  말에는 입말(Oral language)과 글말(Written language)이 있다. 입말일 경우에는 말을 하는 이가 씨를 뿌리는 것이요, 듣는 이의 머리는 밭이 되고 있으며, 글말일 경우에는 뿌리는 씨를 책이 받게 됨에 있다. 인류문화에 있어서 중요한 말밭은 책이다.

  우리는 매우 적은 ≪한국말밭≫을 유산으로 받고 있다. 10세기에 이르기까지(신라 망 935) 배달 말밭은 신라 노래가—안정된 것도 아니지마는—그런대로 밑천이 되어 주는 밭이 된다. 배달말은 15세기 중턱에 이르러 비로소 적을 수 있게 되었고, 배달말로 만들려진 책으로는 ≪석보상절≫이 한국 역사상 처음 되는(1447) 일이었다. 이보다 2년 앞서 ≪용비어천가≫라는 책이 나왔지마는, 이는 한문책 속에 한국말 노래(125수)—한자가 많은—가 틈틈이 끼어 있는 소위 한문책이다. 한국말을 최대한 끌어들여서 그 나름대로 자유스럽게 운영한 것으로 한국 사람으로서는 처음으로 부딪치는 시련이 ≪석보상절≫이었다. 16세기 배달 말밭은 정철(鄭澈: 1536~1598)의 ≪송강가사≫라는 책이요, 17세기에 와서는 윤선도(尹善道: 1598~1692)의 한문 문집(孤山遺稿) 뒤편에(고산유고 권6下) 조금 남아 있다. 18세기 혜경궁 홍씨(惠慶宮 洪氏: 1735~1815)가 한국말로 된 자서전(한중록)을 남겼으며, 이 밖에 이름을 밝히지 않았던 소설들이 한국말의 밭이 되어 줌에 있다.

우리들은 옛날 말밭에서 배달말의 그루터기를 찾아내는 일과, 그 말들을 아끼고 사랑하면서 키워나가야만 하는 의무를 지니고 있다. 19세기에 들어선 배달 말밭은 로스(Ross)·매킨타이어(Macintyre)들이 뒤친(1887) 한국말 성경책이었다.

똑같은 말일지라도 말밭을 달리하면 그만큼 달라지며, 말밭에 의하여 뜻이 결정됨에 있다. "생각하고 헤아린다"는 사랑(思量)이라는 말이1)—소리는 "사랑"으로 되면서—15세기에 제법 많은 말밭(석보상절들)을 가지고 있다. 그러던 것이 16세기 말광(사전) 구실을 하는 "훈몽자회"에는 남자가 여자에게 보내는 호강스런 정감으로 심었다 (變·寵·偎). 뜻가짐이 보다 좁혀든 것이다. 그러던 것이 18세기에 이르러(?) 이 "사랑"은 ≪춘향밭≫에 심겨져서 감각적인 사랑이 되고 말았다. 이렇게 흘러오던 "사랑"이 마침내 ≪성경밭≫에 옮겨 심겨진 것이다. 그리하여 <사랑은 받는 것이 아니고 주는 것이다. 받을 것을 미리 짐작하고 주었다고 하만, 그것은 이미 사랑이 아니다. 자신을 저버렸을 때 사랑은 솟아나는 것이다>라는 거룩한 정신세계로 뜻가짐이 바뀐 것이다. 예수 그리스도가 뿌린 말이었기 때문에 그렇게 자라나는 것이다. 아직도 얼마간은 춘향밭에 심겨진 뜻가짐이 살아있기도 하지마는, 성경밭에서 자라나는 사랑이 그것을 뒤덮어 주면서 가기도 한다. 뒤늦게사 들어온 그리스도교가 한국 사회나 한국말에 빛을 준 것은 거룩한 "사랑"이라는 말을 심어 주었다는 곳에 있다.

"시·소설·희곡"들을 위한 말밭은 그런대로(가난하지마는) 지녀왔지마는, 학문을 하기 위한 배달 말밭은 전혀 유산이 없다. 한국에 학문이 일어나기 어려운 점이 여기에 또 있다. 배달말로 학문이 되

---

1) 최현배: 한글만 쓰기의 주장, p.32(정음사: 1970).

지 않을 경우, 한국의 학문은 언제나 남의 것을 맛보는 정도의 놀음 (유희) 이상을 넘지 못한다.

말본을 한국말로 적어서 책을 내기로는 주시경(周時經: 1856~1914)으로 비롯하여2)(1910), 최현배(1894~1970) 교수에 이르러 체계스런 질서에 이르고(1935)3), 지혜사랑(philosophy)을 한국말로 적어서 책을 내기로는 이규호 교수로 비롯되고,4) "한국 문학사"를 한국말로 적어서 책을 내기로는 필자가 처음이었다.5)

장래의 학문스런 말밭을 위하여 많은 사람들의 애씀이 잇달아 일어나야만 할 것이다.

---

2) 주시경: 國語文法(1910), 일조각: 國語學資料選集 5.
3) 최현배: 우리말본(1935), (정음사).
4) 李奎浩: 사람됨의 뜻(1967: 제일출판사), 말의 힘(1968: 제일), 앎과 삶(1972: 연대).
5) 呂增東: 韓國文學史(1973: 형설출판사).

3. 입말과 글말

　"입말"은 삶과 함께 있어온 것이지마는, 글말이란 글자가 생긴 뒤부터 나타난다는 속성이 주어진다. 일찍부터 좋은 글자를 가지는 겨레도 있었고(소리글자), 나쁜 글자(뜻글자)를 가지는 겨레도 있었는가 하면, 글자를 만나지 못하여 영원히 뒤진 겨레도 생겼다.

　말이란 "글말"에서 발전되는 것이지, "입말"로서는 발전되지 않는다. 3,300여 년 전 "히브리말"은 성경책을 만들어 내었고, 기원전 10세기에 중국말은 시경을 만들어 내었고, 기원전 8세기에 그리스말은 "일리아드"와 "오디세이"를 만들어 내었다. 이들은 모두 당시의 "입말"을 "글말"로 끌어 올려놓은 것이다. 입말을 글말로써 끌어올려 놓았을 때 비로소 그 말은 힘을 지니게 되는 것이다

　입말이 글말로 한 때 끌어 올리어졌다고 하더라도, 그 옛 날의 "글말"에 매달리게 되면 입말과 글말 사이에 많은 틈이 생기게 된다. 이런 경우의 글말은 이미 ≪죽은 말≫이 되며, 입말은 글말로 오르지 못하게 되어 힘없는 말이 되는 것이다. 이렇게 말을 운영해 온 대표스런 사람들이 중국 사람들이었다.

　중국 사람들은 그들의 말을 운영하는 방식이 후대로 올수록, 죽은 말을 지키면서 보존하여 온 것이다. 그들은 몇 줄의 글을 짓는 데도 "옛 이야기"를 끌어들여야만 하고, "옛 이야기"로 말을 만들어 나간

다. 그리하여 그들은 옛 이야기를 통한 "옛글 문화권"을 형성한 것이다. 남들이 잘 모르는 이야기를 끌어들여서 마침내 자신의 쾌감을 얻는 쪽으로 밀리어 나간 중국 사회는 드디어 <옛 이야기 나라>가 된 것이다.

그들은 옛 이야기가 말이 된 사전(고사성어사전)을 가지는 겨레가 되고 말았다. 그들의 책을 읽으려고 하면 옛 이야기에 부딪쳐 옛 이야기 사전이 곁에 있어야만 하고, 그러는 동안 책을 많이 읽었다는 사람은 모두 이야기쟁이가 되고 있다. 그들에게 늘어나는 것은 외우는 힘이다. 많이 보고 잘 외운다는 그들 말대로 박람강기(博覽强記)가 그들의 평가 기준이 된 것이다. 그들은 생기 있는 말을 만들지를 못한다. 새로운 말을 만들었다고 하면 싫어하며, 옛 글에 있던 말이라고 하면 기뻐하는 사람들이 되어버린 것이다. 이야기책은 많지마는 소설이 없었던 나라가 중국이었다.

즐거움과 쾌감을 누리는 데는 "죽은 말"이 좋은 효과를 내는 수가 있지마는, 새로운 기운을 일으켜 주는 힘은 전혀 솟아나지 않는다. 죽은 말을 사용하연 게을러지고 창조력이 막혀버리는 슬픔을 안아야 하는 바, 중국은 그렇게 되어 왔다. 그들이 그렇게 됨에는 뜻을 적는 글자(漢字) 속에 원래의 중국말이 말려 든 악순환에 놓이기도 한 것이다. 그들이 언제나 옛 글에 표준을 두고서 "죽은 말"을 글말로 사용해 오는 동안 창조력이 막혀버려서 생기가 없게 되고, 세월이 흐를수록 글말이 어렵게만 되어, 책을 볼 수 없는 대중이 자꾸만 늘어나서 마침내 《글말 중국》과 《입말 중국》이라는 두 개의 중국 사회가 만들어진 것이다. 이와 같은 사회가 번영하면서 발전될 리가 없다.

입말과 글말 사이에 거리가 많이 생기면 생길수록 두 개의 사회가 만들어져서 입말은 "힘없는 말"이 되고, 글말은 "죽은 말"이 되어서 마침내 나라는 생기를 얻지 못하고 언제나 뒤떨어지는 비극을 안아야만 한다.

말을 통하여 살아가는 삶에 있어서 생각하고 느끼는 모든 정신 활동은 생기 있는 말을 통하여서만이 창조력을 얻게 됨에 있다. 말로부터 생기를 얻으려고 하면 언제나 입말과 글말이 일치되어야 하며, 그들 사이의 관계는 순환성에 있어야 한다. 이를테면, 입말이 곧 글말이요, 글말이 곧 입말이 되어야 한다는 논리 위에 서게 된다.

토속적(diutisk)이라는 말이 마침내 도이취(deutsch)라는 말을 낳고, 그로 말미암아 도이취 겨레(Deutschen)라는 말까지 나오게 된 곳에는,6) 유치한 입말을 글말로 끌어 올려놓음에서 오는 흐름이 뒷받침 되고 있었던 것이다. 피렌체 사람 단테(Dante: 1265~1321)가 라틴말을 버리고 피렌체의 입말로써 작품(신곡)을 남겼고, 그 뒤 뻬뜨라르카(Petrarca: 1304~1374)·보카치오(Boccaccio: 1315~1375)들이 모두 피렌체 사람으로 피렌체말로 작품을 남겨서 피렌체의 입말이 글말로 끌어 올려 간 것이다. 이렇게 하여 얻어진 힘은 마침내 "이탈리아"라는 나라 말(국어)이 되기에 이른 것이다.7)

그런가 하면 후대로 내려올수록 입말과 글말 사이가 자꾸만 벌어진 나라가 중국이었고, 이보다도 더 불행하게스리 입말은 자기나라 말인데, 글말은 남의 나라 글말을 사용하여 온 나라가 한국이었다. 중국이 후대로 내려올수록 약한 나라가 된 것이나, 한국이 후대로 내려올수록 힘없는 나라가 된 것은, "입말과 글말" 사이에 엄청난 틈에서 생겨진 일종의 악순환에 그 말미가 있다.

게다가 한국은 그 "글말"이 중국의 "글말"이라는 곳에 한결 더 생기를 잃는 쪽으로 밀리어 가서 마침내 굉장한 불행을 안아야만 했던 것이다. 설사 그렇다고 하더라도 우리의 조상들이 중국 한자 소리를 버리고 한국말로(뜻으로) 한자(漢字)를 읽는 방법을 채택했다고 하

---

6) R. H. Tenbrock: Geschichte Deutschlands: 金相泰 뒤침, p.46(서문 출판: 1973).
7) 최현배: 고희기념논문집, p.14.

면, 한자를 배움에 있어서 소리에 대한 고생만은 하지 않았어도 될 일이요, 배달말이 한자에 눌리는 일 없이 그대로 살아나갈 수 있었을 것이다. 소리는 중국 소리를 배워야만 하고(原音主義), 뜻은 한국말로 듣게 되는 어긋남을 눈물겹게 운영하여 온 것이다. 그에 따른 잘못을 알아차린 조상이 19세기까지에는 한 사람도 없었다. 원래 소리대로(원음주위)라는 전통이 깊게 심겨져서 오늘에 이르기까지 한국 사람들은 <원래 소리대로>라는 악순환에서 헤어나지 못하고 있다. 이를테면, 한국 사람들은 말의 뜻을 두고 애를 씀이 아니고, 소리에 관심을 모으는 악순환이 온 것이다.

말의 소리란 일종의 약속으로서 그 약속 위에 높은 차원이 있기로는 "소리 느낌"이라는 세계가 있지마는, 그 곳에 이르는 관심이 아니고, 언제나 약속이라는 차원에 머물면서 맞고 틀림에 열을 올린 것이다. 그것도 중국 소리를 기준으로 하여 판가름하는 일이었다. 엄밀한 뜻에서 맞고 틀림이 없는 것인데도, 어떤 절대치가 있는 것처럼 보아 온 것이다. 삶에 있어 서 생각하고 느끼고, 알기도 하고 알아차리기도(인식 단계) 하는 모든 밑바닥은 말이 지니는 ≪뜻≫에서 오는 것인데도 우리들은 이곳으로 눈을 뜨지 못했고, 못하고 있는 것이다. 말을 두고 "생각의 집", "느낌의 집" 나아가 "창조의 집"이라고 함은 모두 말이 지니는 뜻을 두고 하는 말이다.

15세기에 이르러 배달말을 적을 수 있는 글자(한글)가 만들어져서 입말과 글말 사이를 좁혀 줄 수 있는 가능성이 생겼고, 몇 몇 사람들로부터 얼마간 좁혀지기도 한 것이다. 하지만 배달말로 글을 짓는 것을 일종의 취미로 했거나(정철·윤선도……), 또는 마지못하여(혜경궁 홍씨…여자들) 지었던 것이었기 때문에 한국말이 생기 있게 일어난 적은 없었다.

입말이 글말로 끌어 올리어서 완전하게 일치를 본 것은 19세기에 들어와서 로스(Ross)·매킨타이어(Macintyre)들이 뒤친(1887) 한국말 성경책(예수셩교젼서)이었다. 종교를 넓힘에 목적이 있는 것이었지마는—사실상 배달말에 생기를 불어넣어 준 것으로는(3,000부 인쇄) 한국 역사상 처음 되는 일이었고, 결과적으로 배달말을 사랑한 곳은 그리스도교회였다. 한국 불교가 언제나 원래 소리대로(원음주의)를 좇아 인도말이 아니면 중국말로 전도를, 해왔기 때문에 2,000여년 이 땅에 자라 왔지마는, 배달말에 뿌리를 박지 못했고, 그로 말미암아 생기를 잃는 쪽으로 이어지고 있음은, 그리스도교와 견줌이 되기에 충분한 일이다. 유교(儒敎)도 불교 마찬가지로 배달말에 뿌리를 박지 못했다. 종교에 있어서도 한국말로 하지 않고서는 한국에서 성공하지 못하는 사례를 우리들은 손쉽게 얻어 볼 수 있다.

로스의 한국말 성경책(1887)을 비롯하여, 게일(James S. Gale: 1863~1937)이 내어놓은 천로역정(pilgrim's Progress: 1894)·헐버어트(Homer B. Hulbert: 1863~1949)가 내어놓은 사민필지(세계지리서: 1895)들은 입말이 글말로 끌어 올려진 것으로 한국말에 생기를 불러일으키는 데 밑천이 되어 준 것이다.8) 입말과 글말이 일치되어야 한다는 사실을 하나의 명제로 받아들일 수 있는 서양사람 들이었기 때문에(로스·매킨타이어는 영국 선교사였고, 게일·헐버어트는 미국 선교사로서), 그들은 그와 같은 일을 한 것이다.

20세기에 들어선 한국 사람들은—19세기 끝장에 서양 사람들이 해 놓은 것을 보고서—입말과 글말이 일치되어야 한다는 사실을 아는 이가 제법 많이 나오기는 했지마는, 그들의 앎이 아직 인식 단계에 이르지는 않았던 것이다. 유길준(兪吉濬: 1856~1914, 서유견문: 1895)을 비롯한 많은 사람들이 말로는 주장을 했지마는 자신이 몸소 실천에 옮긴 것이 아니고 보면, 그들의 앎이 아직 인식 단계에 이르지는 않았던 것이다. 최남선(崔南善: 1890~1957)·이광수(李光洙: 1892~?),

---

8) 일조각: 국어학자료선집 5.

그 밖에 많은 사람들이 글을 지을 때 마치 한자 실력을 자랑하다시피 중국 글말을 많이 써 왔던 사실들이 보기 좋게 증명됨에 있다. 그들이 "시·소설"들을 쓸 경우에만 입말을 자용한 것은 <신라 노래·고려 노래>, <송강가사·고신유고(시)>, <15·16·17·18세기 줄글>들이 닦아 놓은 전통 위에 올라 탄 것이지, 그들이 개척한 것은 아니다, 정철(鄭澈)·윤선도(尹善道)들이 한문 하던 남은 취미로 배달말로 시를 쓴 것과 마찬가지로, 이들도 일종의 취미로 건드린 것만은 같은 바에 놓인다. 그 사이 공간 사회가 많이 바뀌어졌다는 것만이 문제로 등장될 뿐, 한결 취미성향(Diletant)에서 나타난 것임은 같은 질서 위에 놓인다.

입말을 글말로 끌어올려야만 한다는 강열한 의식 아래, 목숨을 바치면서 그에 따른 논리와 실천들 사이에 있어 완전 일치를 보게 되기로는 20세기 최현배 교수로부터 비롯됨에 있다.

입말이 글말로 끌어 올리었을 때, 그 나라 말은 힘을 지니게 된다. 사람은 그 힘 있는 말을 통하여 생기를 얻고 창조력을 얻게 되며, 그 힘은 마침내 하나로 뭉치게 되어 겨레와 나라가 번영·발전하게 되는 것이다.

4. 산 말과 죽은 말

살아있는 말과 죽은 말을 가름하는 기준은 말이 지니는 ≪힘≫에 의하여 결정되는바, 그 힘의 기준은 ≪얼≫에 있다. 많이 사용되고 널리 사용되는 말이라고 해서 힘이 있는 것도 아니고, 자용하는 이가 적다고 해서 힘이 없는 말이 되는 것도 아니다. "얼"을 건드리는 말이거나, "얼"에서 나온 말이 거나, "얼"을 밑바탕으로 하는 말들에서 말의 힘은 솟아나는 것이다. ≪얼≫이란 "겨레를 형성하는 깊고도 그윽한 정신세계로써, 겨레를 움직이게 하는 지혜(슬기)"로 짜여진 것이다.

살아있는 말은 ≪얼의 집≫에서 나온 말이요, 죽은말은 ≪얼빠진 집≫에서 나오는 말이다.

≪그리움≫이 한국 사람의 "얼"이 담긴 말인가 하면, 동경(憧憬)이라는 말은 한국 사람들을 압박하던 일본 사람들의 말이다. 오늘날 "그리움"이라는 말을 쓰는 사람이 적고, "동경"이라는 말을 사용하는 이가 많다고 하더라도 "그리움"이라는 말을 들으면, 깊고도 그윽한 정신세계로 끌려 들어감을 맛보게 된다.

윗트(wit)에 해당하는 것을 일본 사람들은 機智(한국 한자 소리로는 기지)라고 한다. "윗트"·"기지"를 통하여서 그 뜻하는 바가 무엇인지는 알 수 있어도(글 줄기를 통해서), 그것으로는 한국 사람이 지니는 어떤 깊은 정신세계로 끌고 들어가지는 못하고, 끌고 들어갈 곳도 없다. 하지만 ≪재치≫라고 하면 어떤 깊은 정신세계로 한국 사람만을 끌고 들어간다.

리얼(Real)을 두고 일본말로는 寫實(한국 한자 소리로는 사실)이라고 한다. "리얼"이 "사실"만이 아니고, "사실"이 "리얼"일 수가 없다. 이 말들로는 한국 사람들의 얼을 건드리지 못한다. 그러나 ≪속속들이≫라는 배달말을 들으면, 쉽고도 깊은 맛이 솟아남에 있다. "있는 그대로 사진 찍듯 한다"는 일본말 寫實을 그대로 쓴 나머지, 일제 압박 시대인 20세기 전반기에서부터 오늘에 이르기까지 리얼(Real)의 참다운 뜻을 잘못 알고 있는 안타까움도 있다.

이미지(image)라는 말을 두고 일본말로는 心像(한국 한자 소리로는 심장)이라고 한다. 이들은 모두 한국 사람의 얼로 들어가는 말이 못된다. ≪느낌의 그림자≫라는 한국말을 들으면－"이미지"의 뜻을－쉽게 알 수가 있다.

쉽게 알 수 있다는 것은 "얼"에서 나온 말이기 때문에 그렇게 된 것이다. 쉽게 알 수 있다는 것이 곧 진리 쪽에 선다. 쉽게 알 수 있음에 진리가 있고, 어렵다는 곳에 진리는 서지 않는다. 때문에 진리는 힘이 있고 영원하다.

"죽은 말"과 "산 말"에 대하여 강열하게 외쳤던 독일 부흥론자 피히테(Fichte: 1762~1814)의 말을 들어볼 필요를 느낀다. <살아있는 말을 사용하는 민족은 모든 면에 성실한 근면성과 진지성을 지니고 노력한다. 여기에서는 국민대중이 길러진다. 이와 같은 국민을 기르는 이는 자기가 발견한 여러 가지 점을 그 민중에게 시도하고 이것에 영향을 미치기를 원한다. 이와 반대로 죽은 말을 사용하는 민족은 정신적 교양은 오히려 천재적·유희적이고 그들은 유희 이상을 원치 않는다. 이들은 요행에 몸을 맡긴다. 마침내 교양 계급은 일반 민중과 어긋나 떨어지고 민중을 스스로의 계획에 있어서 맹목적인

도구 이상의 것이라고 생각지 않는다>1)라고 했다. 지혜사랑 하는 사람답게 진리를 말해 주고 있다.

자기 나라 말(산 말)을 일으키면서 그 말을 얼마나 사랑하는가에 따라서 겨레의 우월감은 자라는 것이며, 그것은 마침내 힘이 되어 나라 힘으로 결산되고, 나아가 인류 문화 창조에 이바지하는 대열에 참여하게 되었던 인류 역사의 경험은 말에 대한 진리를 실증하고 있다. <죽어버린 국어를 사용하는 겨레는 근원적 표시 능력을 지니지 못하기 때문에 참으로 창조적 천재는 나타나지 못한다. 그들은 단지 시작된 것을 발전시키고 이것을 현존의 완성된 전체 표시 체계에 옮겨 넣을 수 있을 뿐이다.>2) 18세기에 이르기까지 라틴 말·프랑스말에 눌려 있던 독일말을 일으켜야 독일의 번영·부흥이 온다는 논리를 폈던 그 피히테가 말하는 죽은 말이란 남의 나라 말을 두고 하는 말이다. 그들의 경우로는 라틴말과 프랑스말을 물리치고서—글말에서—유치하지마는 독일말을 일으켜서 글말로 끌어 올려놓아야 한다는 것이다. 피히테의 논리를 받아들이고서 실천에 옮겼던 나머지, 독일의 부흥은 피히테의 말대로 들어맞았던 것이다.

로마 사람들이 라틴말을 일으켜서 그리스말을 물리치고 프랑스 사람들이 프랑스말을 일으켜서 라틴말을 물리치고, 영국 사람들이 영어를 일으켜서 프랑스말을 물리치고, 독일 사람들이 독일말을 일으켜서 라틴말과 프랑스말을 물리치고자 한 것은, 자기 성장과 발전을 위한 우월감을 지니게 하는 곳에 높은 뜻을 걸었던 것이다. 그들은 모두가 성공하였던바, 그와 같은 뜻을 높이 걸고서 무던히도 참고 견디면서 애를 쓰는 동안 한편으로는 힘이 길러져서 모두가 세계 문화를 창조하는 대열에 서로들 서게 되었던 것이다. 프랑스말이 일어나지를 않고, 영국 말이 일어나지 않고, 독일말이 일어나지 않았을

---

1) Fichte: Reden an die deutsche Nation: 金戩鎭 뒤침, pp.112∼113(삼성).
2) Fichte: Reden an die deutsche Nation: ibid. p.128.

때는 프랑스・영국・독일이 나라 구실을 하지 못하고서 라틴말로 된 로마 문명의 혜택을 입는 겨레가 되었고, 라틴말이 일어나지 못했을 때는 그리스말로 된 그리스 문명의 혜택을 입는 겨레가 되었고, 그리스말이 일어나지 못했을 때는 히브리말로 된 이스라엘 문명의 혜택을 입는 겨레가 되었던 것이다.

살아있는 말은 말광(Dictionary) 밖에 있다고 생각함이 좋다. 죽어버린 말에 있어서는 말모임(vocabulary)의 범위가 고정되어 있고, 적당한 결합의 가능성이 점점 막힌다. 이 <죽어버린 말을 사용하려는 사람은 현재 있는 그대로 이야기하지 않으면 안 된다.>3)

오늘날 우리들 ≪국어사전≫은 거의가 일본말을—8・15 해방 뒤에 소리만을 한국식 한자 소리로 읽었을 뿐—모아 놓은 것이라고 해도 크게 틀리지 않는다. 일본의 영구스런 식민정책이라는 야망 아래 36년 동안 우리들은 일본말을 사용하도록 되어 있었기 때문이다. 한국 사람으로서 한국말 없애기에 앞잡이 노릇을 한 이도 나타나던 시대였다. <천황(일본)이 사용하시는 말을 우리 국어로 하지 않으면 안 된다. 조선어는 일본국의 한 지방어다. "무명・사랑・춘원시가집・세조대왕"이라는 소설은 일장기(일본 국기)를 나와 및 내 자손들이 피로 지킬 국기를 사랑하면서 쓴 작품이다>4)라고 일본말로 외친 것은 이광수(李光洙)였다. 당시 사정을 알아보기에 좋은 자료이다. 일제 압박시대 자신이 익혀 온 말들이 일본말인 줄을 모르고서, 일본말을 알 까닭이 없는 후진들을 보고서 한글로만 적으니, 요즈음 아이들이 도무지 뜻을 모른다고 통탄하면서 한자(漢字)를 모르는 탓이라고 진단하고는 뜻글자를 다시 가르쳐야 한다는 이야기가 나오게 되었다. 자신이 알고 있는 말들이 거의가 일본말임을 자각하고서—자각이 왔다면 내어 던졌을 것이지마는—한국의 얼에서 솟아나는 말을 발견・창조하

---

3) Fichte: Reden an die deutsche Nation: ibid. p.129.
4) 林鍾國: 親日文學論 pp.283-307(평화출판: 1966).

여 어린이들이 쉽게 알 수 있는 한국말을 심어주어야 하겠다는 애씀은 티끌만큼도 없으면서 아무런 잘못이 없는 젊은이만 탓하는 것이 한국의 어른들이다.

한국의 청소년은 불행하다. 자기 자신과 똑같은 사람을 만들려고 하는 어른들의 가르침을 받아야 하기 때문이다. 16세기 듀·벨레에(Du Bellay: 1522~1560)가 "프랑스말이 그리스·라틴말처럼 훌륭하지 못한 것은 실로 무식한 우리 조상들의 책임이라고"5) 외치듯이, 다가오는 장래 우리들의 훌륭한 자손이 자라난다고 하면, 듀·벨레에처럼 "무식한 조상"들을 들먹일 때가 올 것이며, 반드시 나와야 한다.

옳고 그름에 대한 명석한 판단을 내릴 수 있는 힘이 곧 안다(유식)·모른다(무식)를 판가름하는 기준이다. 판단하는 힘이 모자랄수록 외워서 되는 현상을 두고 앎이라고 착각한다. 그대로 이어 받음에 교육이 머물며는 발전이 없다. 지난날을 거울로 삼고 개선·창조·발전에 교육의 눈을 두어야 나라와 겨레가 번영·발전하게 된다. <이것도 모르느냐?>고 하는 교육은 희망이 없고, <모르는 것은 어린이의 잘못이 아니다. 어른들의 말이 잘못된 때문이다. 진리는 쉬운 곳에 있다. 어른들의 잘못된 말을 발견하고서 그것을 내어 던지고 후생들이 쉽게 알아들을 수 있는 배달말을 심어 주어야 한다, 한 걸음 더 나아가 한국의 얼을 심기 위하여 배달말의 그루터기를 찾아서 창조해 내어야 하며, 한국의 지혜·한국의 문학을 심기 위하여 "얼"에서 솟아나는 한국말을 만들어야 한다. 일본말을 강요하는 것은 큰 죄악이다. 배달말로 책을 만들어 내지 못할 경우에는, 한국에는 학문이 심겨지지 않으며, 언제나 남의 학문을 읽고 탄복하면서 부러워한 나머지, 자기를 없인 여기는 겨레가 되고 만다.>라고 하는

---

5) 최현배: 고희기념논문집, p.126.

명석한 답을 얻고 시작하는 교육은 번영·발전한다.

　요컨대, ≪배달 말광≫이 해방 뒤에 잇달아 나왔다고 하면, 일본 말로 가득 차 있는 오늘날 ≪국어사전≫은 물러섰을 것이지마는, 그렇게 되지를 못하여 악순환을 겪고 있다.

　≪배달 말광≫이 나왔다고 해서 그 말광에 얽매인다고 하면, 말은 언제나 고정되고 한정되면서 발전하지를 못하는 악순환이 또 있다. 말에 대한 운영이란 굉장히 까다로운 것이다. "참다운 인간은 이미 존재했던 것의 단순한 반복으로는 만족하지 않고 전혀 새로운 것을 시대 속에서 만듦으로써 역사를 창조해 나아간다"6)고 한, 피히테의 말은 인류 역사가 실증하여 주는 진리이다."살아있는 말을 일으킨다—산 말을 찾는다—살아있는 말 뿌리를 찾아서 새로운 말을 만들려고 하면, 게을러서는 안 된다. 게으른 사람은 언제나 편리한 말을 찾기 마련이다. 살아있는 말은 죽어버린 말보다 훨씬 많은 애씀과 익힌 훈련이 필요한 것이다"7)라고, 피히테는 외쳤다.

　남의 나라 말일 경우, 그 말들이 들어온 역사성에 바탕 하여 그 말의 생명이 결정되고 마는 속정이 있다. 말밭에다가 씨를 뿌려서 자라나는 것이 말이기 때문에 말에는 힘이 따르는 것이요, 그 말의 힘은 역사적 상황에 바탕을 두고 판가름이 나게 되는 것이다.

　자기 나라 말과 남의 나라 말 사이에 있어서, 남의 나라 말을 마지못하여 사용할 경우에 있어서도—바람직한 것은 아니지마는—그런 대로 용서 받을 수 있는 것이 있는가 하면, 나라와 겨레가 주인이 되어 절대로 용서될 수 없는 것이 있다. 이를테면, 물건을 가리키는 이름인 "라디오·텔레비전"같은 것은 그런대로 너그러이 용서될 수 있는 경우이지마는, 정신세계를 건드리는 경우는 반드시 자기 나라 말로 사용하면서 글(책)을 쓰지 않으면 안 되는 엄격성이 주어진다.

---

6) Fichte: Reden an die deutsche Nation: ibid. p.167.
7) Fichte: Reden an die deutsche Nation: ibid. pp.129~130.

정신세계에 해당하는 말들을 남의 나라 말로 쓰게 되면, ─우선 편리하다는 것만 따져서─그 나라, 그 겨레의 "얼"은 서서히 사라지고 만다.

요컨대, 문제는 ≪입말≫이 아니고, ≪글말≫에 있다. "얼"의 형성은 그 겨레의 정신세계를 둘러싼 ≪글말≫ 속에 담겨지기 때문이다.

5. 자기 나라 말과 남의 나라 말

자기 나라 말과 남의 나라 말을 두고 고심한 나라일수록 번영·발전했다는 관계식을 세계사는 알려 주고 있다. 이와 같은 문제 앞에 고심·분투·노력한 사람들의 연대별 차례로는 그리스·로마·프랑스·영국·독일이었고, 동양에서는 이것이 문제로 올라서지를 못했다. 동양사회는 불행하게도 그 뜻글자라는 깊은 함정에 빠져서, 말이라는 세계가 보이지를 않았고, 볼 수가 없었던 것이다. 자기 나라 말이란 원래의 말을 밝힐 수 없는 것으로, 겨레의 얼이 담겨진 말을 두고 이른다. 한편으로는, 설명이 필요 없이 쉽고, 그러면서도 넓고 깊은 맛을 지니는 말이 자기 나라 말이다. 남의 나라 사람들이 한국 땅에 와서 한국 사람들을 괴롭히기로는 13세기·14세기 전반기에 몽고 겨레가 있었고, 19세기 후반기부터 20세기 전반기를 걸친 일본이 있었다. 몽고가 148년 동안(1218~1365)이요,[1] 일본이 71년(1875~1945) 동안이 되는 셈이다.[2] 기원전에 중국(漢)의 쳐들어옴이 있었으나(한나라의 넷 고을) 정확한 모습을 알 수가 없다. 13세기 전반기는 몽고가 쳐들어오는 기간이요, 13세기 후반기와 14세기 전반기 92년 동안(127

---

1) 몽고가 발을 들여 놓기로는 1218: 침략전쟁 1231~1259, 사위 나라 1274(제국대장공주), 1365(노구공주).
2) 일본 해군이 부산에 나타나 뽐냄 1875~1945.

4~1365)은 몽고 여자가 한국의 왕비가 되어 이 땅에 살았던 기간이다. 어떤 말들이 몽고말이었는지를 잘 모르게 되었으나 몽고말이 많이 들에 온 것은 아니다. 몽고말로 된 책이 없기 때문에 저절로 그렇게 됨에 있다. 하지만 일본말의 경우는 그렇지 않다. 을사년 2단계 침략(1905)에서 그들은 통감부(이등박문)를 두고 슬금슬금 손에 넣다가, 경술년 나라 잃음(1910)을 당한 한국은 그들의 야만스런 총독부 치하로(1910~1945) 들어갔다. 한국말을 쓰지 못하게 한 그들은 일본말을 가르치고 배우게 하여 한국말 없애기에 온갖 정력을 쏟았다. 36년 동안 빛을 보지 못한 한국말은 안방·사랑방·서당·초당방에서만이 사랑을 받는 말이 되었다. 학교·관청과는 인연이 먼 사람들과, 나라 사랑하는 몇 몇 선각자들로부터 간신히 생명이 이어 온 것이다. 이 가운데서 옛날 "글말"은 서당에서(또는 사랑방) 유지되어 온 것이다. 그러던 가운데 해방을 맞이한 한국에는 일본 교육을 많이 받은 사람들이 각계각층에 지도자가 되었다. 일본말을 한국말로 착각하리만큼 일본 교육을 많이 받은 그들은 한자사전(옥편)을 곁에 두고 한국 한자 소리로 그 일본말을 읽으면서 한국말이라고 여긴 것이다. 이를테면, 哲學을 두고 "데쓰가꾸"라고 읽어 왔던 일본말을 한국 한자 소리로 읽어서 "철학"으로 소리 내는 식으로 모조리 바꾼 것이다. "일본말로는 이렇게 소리를 내는데, 한국 한자 소리로는 어떻게 하는지를 잘 모르겠다는 말들이 중학교 대학교 강단에서 나오는 판이었다.

그런가 하면, 목숨을 바쳐 가면서(함흥 감옥살이) 나라사랑의 길로써 배달말의 그루터기를 찾고 한국의 얼을 심은 최현배 교수가 만든 배달말들을 두고 비웃어 주는 상황이 8·15 해방 뒤에 온 것이다. 일본 교육에 충성을 다했던 그들의 말 모임에서 배달말들을 처음 들으니 이상했던 모양이다. 자신의 말이 일본말인 줄은 모르고, 마치 한국말인 줄 착각한 데서 온 불행이었다. 한국의 불행은 여기에 있었던 것이다. 사실상 19세기까지 사용되었던 소위 중국식 말은 끝내

지키던 마지막 선비들(保髮者)과 운명을 같이 한 셈이다. 천여 년 흘러오던 중국식 말이 36년 밖에 안 되는 일본말에게 고스란히 그 자리를 물려주고야 만 것이다. 한자(漢字)로만 쓰면 동양 삼국이 다 통한다는 착각을 하면서 해방 이후 일본 책을 뒤치기 시작한 것이다. 배달말의 악순환은 여기에서 또 생긴 것이다. 오늘날 한국 책 가운데 <하고·하여서>들을 빼어 번리면 일본 책이 되고마는 것이 많이 있다.

남의 나라 말일 경우, 물건 이름에 해당하는 것은 그 나라에 대한 나쁜 감정이 없다고 하면 쉽게 받아들여짐에 있다. "라디오", "텔레비전"들이 그러하다. 물건 이름일 경우에도 그 나라에 대한 나쁜 감정이 있다고 하면, 물리치게 된다. 일본말을 물리치는 한국 사람들의 경우는 일본에 대한 나쁜 감정과 한국의 서러움을 되새기게 하는 쓴맛 때문이다. 일본에 대한 감정이 나쁘지 않는 사람은 일본말을 잘 받아들이는가 하면, 일본에 대한 감정이 나쁜 사람들은 강열하게 일본말을 물리치게 된다. 그런가 하면 물건 이름일지라도 남의 나라 말을 그대로 받아들이지 않고, 자기 나라 말로 새로 만들어서 쓰는 나라가 있는 바, 이가 곧 중국이다. 그들은 "라디오"(radio)를 無線電(우셴톈)으로 녹였고, 택시(taxi)를 出租小汽車(츄 쥬 샤오 치 체)로 녹여서 쓰는 것이다.

남의 나라 말을 그대로 받아들여서는 절대로 안 되는 것은 정신세계를 움직이게 하는 말들이다. 겨레의 "얼"에 관계되는 말을 남의 나라 말로 사용하게 되면, 열등감을 가지게 되어 겨레가 생기를 잃게 되고, 들어맞지 않는 경우에도 들어맞는 듯이 사용하여 오차를 빚어내고, 자기 나라 말을 애써 찾아 만드는 창조력을 박아버려서, 마침내 남의 것을 부러워하는 겨레—자기를 없인 여기는 겨레—틀린 것을 옳다고 여기는 겨레—갈팡질팡하는 겨레—게으른 겨레가 되고마는 것이다.

세계 인류는 말을 운영하는 모습으로 가름되는 편리함도 있다. 자기 나라 말을 일으켜서 남의 나라 말을 물리친 겨레도 있고(이스라엘·그리스·로마·프랑스·영국·독일), 남의 나라 말을 애초에 받아들이지 않기 때문에 물리칠 필요가 없는 겨레가(중국) 있고, 자기 나라 말을 의식하면서도 남들이 애써 만들어 놓은 우수한 말에 호기심을 가지고, 그리고는 편리하다고 느끼면서, 말의 고장을 따질 것이 있느냐고 생각하는 겨레(한국)도 있고, 자기나라 말을 의식하고서 남의 나라 말을 자기 나라 말로 뒤쳐서 사용하는 겨레(일본)도 있고, 자기 나라 말을 없인 여기다가 겨레마저 없어진(만주) 겨레도 있고, 자기 나라 말도 없고 남의 나라 말도 없이 편리한대로 사용하는 사람(스위스)도 있고,3) 남의 나라 말을 자기 나라 말처럼 사용하는 땅(남아메리카·남아프리카의 부분)도 있다.

자기 나라의 유치한 말을 일으켜서 종래 사용하고 있는 훌륭한 남의 나라 말을 물리친 겨레는 창조력 있는 겨레가 되어 세계 문화 창조에 앞장선 겨레들이 되고 있었다는 사실은 (히브리말·그리스말·라틴말·이탈리아말(피렌체말)·프랑스말·영국 말·독일말), 세계사에 던져진 위대한 진리이다. 남의 나라 말을 물리친다는 일을 하는 동안 사람들은 머리를 쓰게 되고 그에 따른 노력이 힘으로 나타나서 창조력이 되며, 겨레의 얼이 담긴 싱싱한 자기 나라 말을 통하여 삶의 생기를 얻게 됨에 있다.

---

3) 安秉煜: 마음의 窓門을 열고, p.315: 스위스는 인구의 7할 이상이 독일말을, 2할 이상이 프랑스말을, 나머지는 이탈리아말을 사용한다. (삼성출판사. 1672).

6. 말과 사람

≪말이 사람을 만든다≫

한국말을 사용하는 사람은 그 말만큼의 사람이 되는 것이요, 영어를 사용하는 사람은 그 말이 지니는 값만큼의 사람이 되는 것이요, 프랑스말을 사용하는 사람은 그 말만큼의 사람이 되고 있는 것이다. 이와 같은 놀라운 사실을 우리들은 잘 모르고서 살아가며, 살아왔던 것이다. 말이 지니는 값에 따라 그만큼의 인식 능력이 형성되는 것이며, 그에 따른 의식 구조가 형성되는 것이다.

배달 말 가운데 "느낌"을 나타내는 말들은 굉장히 많다. 그런가 하면 "생각"을 나타내는 말들은 엄청나게도 가난하다. 15세기에 있었던, 생각이라는 뜻으로의 "사랑"(思量)마저 16세기에 와서는 어느덧 "느낌"쪽으로 끌려가고 말았다. 파스칼(Blaise Pascal: 1623∼1662)은 사람을 두고 "생각하는 갈대"(pensees 348)라고 했지마는, 한국 사람들은 ≪느끼는 갈대≫였던 것이다.1)

"유럽"사람들이 모든 현상들을 어떤 불변의 실체 양상들로 생각하는 것은 주어와 술어의 2원적인 구조의 특징을 가진 "인도-유럽" 말

---

1) 呂增東: 韓國文學史(형설출판사. 1973).

이 지니는 문법 구조의 결과요, 이것은 모든 현상들을 물체 화하는 경향을 가졌다는 신비스러운 비밀을 밝혀낸 것은 우오르후(Whorf: 미국 언어학자)였다. 그는 이를 두고 언어학적 상대성 원리(The linguistic relativity)라고 이름을 주었다.2) 결과가 앞에 나오고 그에 따른 원인이 그 뒤를 이어 주는 "게르만 말"의 구조는 "결과·원인" 차례로 되는 의식 구조를 형성한다. 거꾸로 거슬러 올라가는 문법 구조로 말미암아 그들에게 기하학적(幾何學的) 사고 체계가 형성된 것이다. 거꾸로 올라가는 사고 체계는 굉장한 두뇌 작용을 요청함에 있다. 그런가 하면 한국말의 차례는 "원인·결과" 차례로 운영되어서 고요히 흘러가는 사고 체계를 지니게 한 것이다. "인도-게르만" 말이 거꾸로 가는 생각(역행사고)을 요청하는가 하면, 한국말은 바로 내려가는 생각(순행사고)을 지니게 함에 있다.

어떤 그 무엇을 인식함에 있어서 거꾸로 올라가는 생각은 긴장을 요청하게 되는가 하면, 순탄하게 흘러가는 생각은 물결 따라 흘러가듯 긴장 없이 내려가게 된다. 긴장은 두뇌의 작용을 요청하고, 두뇌가 작용한다는 것은 인식 능력의 넓이와 깊이를 생산하기에 이른다. 이규호 교수는 "모든 현상을 결과한 원인을 늘 찾아올라가는 과학적인 인과율의 사고방식도 '인도-게르만' 말의 구조에 의한 것이라"고3) 했다. 시그프리드(Siegfried)는 "프랑스말의 간결함이 지적으로 문장을 구성하도록 우리를 강제 한다"4)고 하고는, 또 "스페인 말과 같은 언어에 있어서는 그 음향이 멋지기 때문에 말하고 의견을 표명하는 기쁨이 때로는 행동뿐만 아니라, 사고까지도 파묻어버린다"5)고 했다.

---

2) 李奎浩: 말의 힘 p.104. (제일출판사. 1972).
3) 李奎浩: 말의 힘. p.104.
4) Andre Siegfried: L' Ame des peuples: 閔熹植 뒤침. p.76. (서문출판).
5) Andre Siegfried: L' Ame des peuples: ibid. p.44.

　한국말은 뜻을 강조하고자 하는 과제를 두고서 그 강조하고자 하는 말에다가 물리적인 소리를 힘으로써(고함소리) 덧붙였던바, 이르는 말로 《힘준 소리》인 《ㅿ·곰·곧·옷》들로, 운영된 것이다. "힘준 말"(强勢辭)로 운영된 한국말은 한국 사람들을 감성적인 체질로 형성하는 데 한결 도움이 되는 편에 섰다.

　힘준 말로 운영된 한국말의 운동 방식은 일정한 "말차례"(word order)를 고정시키지 못하고 토(조사)와 씨끝(어미)을 뒤따르게 하는 후치 현상을 빚어내었고, 그 뒤따름 말들의 활발한 움직임으로 말미암아 직선적인 논리를 지니게 하는 이음씨(접속사)를 생성 발달시키지를 못하고, 밑도 끝도 없이 빙빙 도는 윤회적 사고 체계를 형성하게 된 것이다.6)

　강조하는 바에 물리적인 힘을 덧붙이던 운동 방식은 마침내 말 뒤에 어떤 소리를 덧붙이기에 이른 것이다. 15세기에는 "ㅿ"로써 그 일들을 감당했던 셈이다. 이 《ㅿ》소리는 어떤 말 뒤에도 마구 붙어서 쓰였던 것으로, 그 흔적은 20세기 한국말에도. <이제사·그제사·후에사·뒤에사·전에사·앞에사·혼자사·하기사·머리사　아프지마는……>들로서 이어 지고 있다. 《ㅿ》만큼 활발하지는 않았지마는 말 뒤에 붙는 《옷》, 《곧》, 《곰》도 15세기에 있었다.7) 《힘준 소리》는 마침내 《된소리》, 《거센소리》, 《사잇소리》라는 말버릇으로 연결된 것이다. 배달말의 "힘줄기"가 "소리"에 있었다는 사실은 한국 사람들을 감정적인 체질로 만드는데, 굉장한 도움이 되어주었던 것이다. 그 감성은 아름다운 쪽이 아니고, 성미가 급한 쪽이었다. 한국 사람들은 말의 소리 힘(고함소리) 때문에 감정을 상하기도 한다. 《힘준말》과 《계급말》이라는 것을 통하여 자신도 모르는 사이에 감성적인 체질이 형성되었기 때문이다.

---

6) 呂增東: 한국말의 논리 (1) (배달말·1·경상대학, 1975).
7) 呂增東: 한국말의 논리 (1) (배달말·1·경상대학, 1975).

소리에 힘을 주는 곳이 뜻을 강조하는 곳으로 나타나기 때문에 "말차례"만이 무시되는 것이 아니라, 임자말(주어)이 문제될 리 없다. 없어도 그만, 있어도 그만, 아무렇게나 제멋대로다. 말차례가 무시된다는 것은, 말하는 사람으로서는 자유스러운 일이지마는, 그 말을 통하여 인식하게 되는 사람 편에서는 비논리적(非論理的) 사고 체계를 형성시킴에 있다. 임자말이 확고하게 고정되지 않는 한, 배달말을 가지고 논리적 사고를 하기에는 어려운 일이다. 임자말이 고정되지 않고 흔들리기 때문에 진리에 대한 생각이 약하고, 풀이말들이 느닷없이 늘어나기 때문에 어지럽기만 하고, 달팽이 구조처럼 빙빙 돌기 때문에 직선적인 추구 의식이 싹트지 못하게 하는 편에 선다. 이규호(李奎浩) 교수는 "우리말의 논리는 접미사가 묘한 역할을 하기 때문에 직선적인 추리의 논리가 아니고, 우회적인 추리의 논리이다. 빙빙 돌려서 추리해 가다가 자기의 판단을 잊어버리는 일이 많다8)고 했다.

물 흘러가듯 말을 그대로 놓아 둘 것이 아니라, 이제는 우리도 말을 운영한다는 생각을 강열하게 지녀야 한다. 그것은 한국 사람의 체질을 보다 지혜롭고 창조적인 곳으로 개선하는 방향에서 배달말을 운영해야만 한다.

≪사람이 말을 만든다≫

"우리들의 먼 조상의 말은 사장의 연결이 없이 단순히 끊지 않고 웅성대고 중얼거리는 소리 같은 것이었다"9)라고 한 것은 예스페르센의 말이다. 사실상 가장 원시인의 가장 원시어는 같은 모습의 말

---

8) 李奎浩: 말의 힘. p.111.
9) Otto Jespersen: language: 김선재 뒤침 p.39. (문교부. 1963).

이었다. 말차례가 고정되는 방향으로 흘러온 게르만 말이나10), 소리
에 힘을 주고서 뜻을 강조하는 방향으로 흘러온 한국말이나, 사람이
그렇게 운영한 것뿐이다.

　중요한 뜻일수록 앞으로 내어 밀고, 중요하지 않는 말일수록 뒤로
돌리는 것을 생각해 낸 사람이 "인도 – 게르만어족"과 "중국사람"들
의 조상이었고, 강조하고자 하는 말에 물리적인 힘을 주어서 그로
말미암아 뜻이 강하게 들어 나는 ≪힘준 소리말≫을 생각한 사람들
이 한국 사람들의 조상이었다. 중국은 뜻글자로 말미암아 원초적인
그 말이 성장, 발전하지를 못한 편에 섰을 뿐이다.

　독일말의 경우, "1500년대의 언어 개혁은 루터(luther, Martin:
1483~1546)를 기점으로 하고, 1800년대의 언어혁신이 괴테(Goethe:
1749~1832)에서 비롯되고, 1900년대의 그것이 니이체(Nietzsche:
1844~1900)로부터 나온다.11)라고 크라분트(Klabund)는 말하고 있다.
이태리 말은 단테(Dante: 1265~1321)에서 비롯하고, 영어는 초어서
(Chaucer 1340~1400)에서 비롯하고, 독일말은 "루터"에서 비롯한
것이다.12) 이들과는 달리 자기 나라 말을 온 겨레가 한결같이 사랑하
게 된 곳이 있다. 이가 곧 프랑스요, 프랑스 사람들로부터 사랑 받는
프랑스말이 있다. "프랑스말은 프랑스 사람이 누구보다도 이성에 의
해서 잘 추리하도록 만들었다."13)고 한 시그프리드는 "우리는 우리의
국어를 직공이 도구에 대해서 갖는 마음씨로서 보존해야만 된다는 의
견을 가지고 있다."14)고 하고는 다음과 같은 재미있는 이야기를 하고
있다. "영국 사람들의 신문에의 기고가 언제나 성서에 관한 주석이나
동물원의 삽화인데 비해, 우리가 최대의 만족을 느끼며 몰두하는 일

---

10) Otto Jespersen: language ibid. p.593.
11) Klabund: literaturgeschite: 郭福祿 뒤침 p.110 (을유문화사).
12) 최현배: 고희기념논문집. p.14. (정음사.1968).
13) Andre Siegfried ibid. p.69.
14) ibid. p.84.

은 문법에 관한 토론이다,"15)라고.

한국말의 경우는 이들과 달랐다. 초오서가 심어 둔 주춧돌 위에 스펜서(Spencer Edmund: 1552~1599)·베이컨(Francis Bacon: 1561~1626)·셰익스피어(Shakespeare, William: 1564~1616)들이 잇달아 아름다운 영어를 만들어 나간 영국이라든가, "루터"가 심어 놓은 주춧돌 위에 볼프(C. Wolf: 1679~1754)·칸트 (I. Kant: 1724~1804)·피히테(Fichte: 1762~1814)·괴테(Goethe: 1749~1832)·니이체(Nietsche: 1844~1900)들의 피나는 노력에 의하여 만들려진 독일말의 경우도 아니고, 온 겨레가 자기 나라 말을 강열하게 사랑하는 프랑스말의 경우는 더욱 아니다.

한국말은 어떤 이를 만나서 주춧돌이 놓여진 것도 아니고, 사랑하지도 않고 버리지도 않는 가운데서 그럭저럭 흘러오다가 때로는 몇 사람을 만나서 흘러가는 그 말 가운데서 마음에 드는 바가 선택되어 온 질서 위에 서게 된다. 그러던 가운데서 20세기에 들어온 배달말은 다행하고도 보람되게 최현배(崔鉉培 1894~1970) 교수를 만나게 되어 한국 역사상 처음으로 활기에 찬 빛을 보게 된 것이다.16)

배달말의 그루터기를 찾아서 한국의 얼이 담긴 말을 새로 만드는 일이 앞서야 하지마는, 그 말을 아끼고 사랑하는 겨레가 되지 않으면 또 안 된다. 말을 아끼고 사랑한다는 것은 ≪글말≫로 사용한다는 내용이다.

사람이 말을 만들고, 그 말로서 사람의 체질이 형성되고 그 사람이 또 말을 만들고, 그 말로서 또 사람됨이 이루어지는 바, <말과 사람> 사이는 빙빙 도는 순환성에 있다.

---

15) ibid. p.83.
16) 최현배: 우리말본(1935) 한글의 바른길(1937) 한글갈(1940) 글자의 혁명(1947) 우리말 존중의 근본 뜻(1951) 한글의 투쟁(1954) 나라 사랑의 길(1958) 나라 건지는 교육(1963) 한글 가로글씨 독본(1963) 배달말과 한글의 승리(1966) 고희 기념논문집(1968) 한글 말 쓰기의 주장(1970).

7. 말과 문화

　문화란 보다 행복스리 살기 위하여 애를 쓴 나머지 창조된 삶의 모습이다. 보다 행복스런 삶을 위하여 애를 쓰는 것은 사람의 머리이지마는, 그 머리를 움직이게 하는 것은 ≪말의 힘≫이다.

　겨레를 형성함에 있어서 절대적인 것도 말의 힘이다. 말 다음에 가는 것이 핏줄(血統)이다. 핏줄은 말속에 녹아나고 말은 핏줄을 빨아들이는 힘이 있다.

　이 땅 위에서 가장 오래 된 말은 "히브리말"이다. 그 말은 3,300여년의 역사를 가진 말로서 세계 모든 사람들이 애독하는 성경책을 비롯하여 많은 훌륭한 책들이 히브리말로 박혀 나왔던 바, 세계문화를 일으킨 가장 오래 된 말이다. 그 뒤 2천여 년 동안이나 자기 말을 잃고(국어로서) 살아오던 이스라엘 사람들이 1948년(5월)에는 나라를 되찾고 히브리말을 국어로 정하여 일상생활말로 쓰기 시작하였다.1) 말이 살아 있으니 끝내 나라를 되찾고마는 좋은 보기를 세계사에, 남겼다. 300여년이나 나라를 지니고 있던 청(淸)나라는 말(만주말)을 잃음과 함께 겨레도 사라지고 말았다. "히브리말"과 "만주 말" 사이는 재미있는 견줌이 된다.

　히브리말의 뒤를 이은 힘찬 말은 그리스말이었다. 그리스말은 아아

---

1) 최현배: 고희기념논문집 pp.427~429.

리아 말 계통의 줄기에서 나온 것으로 기원전 3세기에 "일리아드"와 "오디세이"라는 두 개의 위대한 서사시를 가지고 있었으며, 그 뒤 헤로도토스(Herodotos: B. C. 484~430 세계사), 아낙사고라스(Anaxagoras: B. C. 500~428 자연론), 아이스퀴로스(Aischylos: B. C. 525~456 비극시), 소포크레스(Sophokles: B. C. 496~406), 유리피데스(Euripides: B. C. 485~406 비극시), 그리고 소크라테스(Sokrates: B. C. 469~399 지혜자랑), 플라톤(Platon: B. C. 427~347 사고의 기초), 아리스토텔레스(Aristoteles: B. C. 384~322 논리학)를 낳기에 이른 것이다.2) 이들이 그리스말을 높은 수준으로 끌어 올린 셈이다.

그리스말의 수준을 뒤쫓아 가면서 육박해 들어 간 것이 로마 사람들의 "라틴말"이다. 그들은 키케로(Cicero: B. C. 106~43)를 낳기도 했다.

프랑스는 9세기부터 여러 가지 방언이 생겼으며, 16세기에 이르러 라틴말의 굴레에서 벗어나는 운동에서 성공한 것이다. 프랑스말 옹호에 열정을 지녔던 대표적 인물이 듀벨레에(Du Bellay: 1522~1560)였고, 그는 "프랑스말이 그리스말·라틴말처럼 훌륭하지 못한 것은 실로 무식한 우리 조상들의 책임이다"3)라고 외치기도 했다.

영국은 프랑스말을 쫓아내는 운동을 벌려서 마침내 의회에서 성공하였고(1362), 14세기 후반기에 "초오서"같은 이가 나와서 영어를 굳은 반석 위에 올려놓았다.

독일은 뒤늦게 라틴말과 프랑스말의 굴레에서 벗어나는 운동으로, 몇 몇 사람들의 피나는 노력 끝에 가장 고생스리 성공한 것이다. 독일말은 루터의 성서 뒤침에서(1520년대) 비롯된 것으로, 그 뒤 "볼프"는 처음으로 할렐 대학에서 독일말로 필로소피를 강의하고(그때 사람들이 괴이히 여겨서 모두들 구경하러 왔다고들 한다) 그 뒤 칸

---

2) H. G. Wells: A Short History of world: 池明觀 뒤침 pp.81~89(을유문화사).
3) 최현배: 고희기념논문집 pp.409~410.

트는 독일말로 세 가지 "지혜사랑" 책을 짓고, 독일말로 "지혜사랑"
을 강의했다. 그 뒤부터 필로소피를 하려면, 독일말을 알아야 한다고
생각되기에 이르렀다.4) 19세기 후반기 독일 과학자들은 모든 과학도
들에게 독일말을 필수어로 삼게 하였다.5) 그 뒤부터, 자연과학을 하
려면 독일말을 알아야 한다는 말이 또 나오게 된 것이다.

　이들은 모두 유치한 자기 나라 말을 일으켜서 우세한 남의 나라
말을 물리치는 데 성공한 것이다. 그리고 이들은 모두 자기 나라 말
을 일으킴에서 정신적인 힘을 얻게 되었고, 일으켜 내었을 때 독특
한 문화 창조가 이루어졌다는 사실을 세계사에 남겨 주었다.

　"기원전 9세기 이후 6세기 사이의 역사제목은, 어떻게 하여 이
"아아리아" 겨레들이 세력을 잡고 모험을 하게 되었는가? 또는 어떻
게 하여 그들이 "셈", "에게 사람", 그리고 이집트 사람, 모두의 고
대 세계 전체를 정복하였는가? 하는 이야기이다."6)라고 한 H. G.
웰즈는, "훗날 아아리아 겨레에서 유래한 여러 나라 말이 탁월하였
던 것은 아아리아 겨레는 모두 에픽(Epics: 서사시)·사가(Saga: 영
웅이야기)·베다(Vedas: 인도에서 가장 오래된 성전)라든가, 여러 가
지 이름으로 불리 우는 읊는 시(吟唱詩)로 결정된 전설적인 역사를
가지고 있음에서 온 것이라는 말을 재미있게 던지고 있다.7)

　그리스 사람들은 그리스말을 일으켜서 히브리말의 높은 자리를 물
리쳤고, 그때 그리스 문화는 세계에서 가장 우수한 문화를 이루었고,
그 뒤 로마를 일으킨 사람들은 라틴말을 일으켜서 그리스말의 높은
자리를 물리쳤고, 그러는 동안 로마는 유럽 땅을 휩쓴 큰 나라가 되
었다. 프랑스 사람들은 프랑스말을 일으켜 라틴말의 굴레에서 벗어

---

4) 최현배: 고희기념논문집 p.126.
5) H. G. Wells: A Short History of world: ibid. p.214.
6) H. G. Wells: A Short History of world: ibid. p.71.
7) H. G. Wells: A Short History of world: ibid. p.69.

나서 마침내 라틴말의 높은 자리를 물리쳤고, 그러는 동안 프랑스는 생기가 왕성한 나라로 유럽을 자기들 눈에 넣다시피 했다. 그 힘은 16세기에 몽테뉴(Montaigne: 1533~1592)를 낳고, 17세기에는 과학 문명의 아버지 데까르트(Rene Descartes: 1556~1650)를 낳기에 이른 것이다. 마침내 그들은 프랑스말을 사랑하는 프랑스 겨레가 되었고, 그러는 동안 그들은 서양 문명의 앞잡이 노릇을 해왔다. 그 뒤 영국 사람들은 영어를 일으켜서 프랑스말의 굴레에서 벗어나서 프랑스말의 높은 자리를 물리치는 데 성공했다. 그러는 동안 그들은 새로운 기운을 얻은 나라로 벋어나가 마침내 큰 나라(British Impire)가 되는 영광을 누리기도. 했다. 그 기운은 18세기에 이르러 미국을 낳기도 했다.

라틴말과 프랑스말의 굴레에서 독일말을 일으키지 못한 독일은 17세기에 이르기까지만 해도 여전히 후진국이었으며, 18세기에 이르러서 칸트를 앞 시대로 해서 피히테 이후로는 전 유럽 문명에 적극적인 이바지를 하게 되어 세계적인 독일로 올라선 것이다. 그들은 라틴말을 물리쳐야만 했고, 프랑스말을 물리쳐야만 하는 벅찬 함정에 빠져 있었다. 두개의 큰 구렁덩이에서 용케도 빠져 나와 일어선 독일 사람들은 독일말을 일으켜서 라틴말과 프랑스말의 높은 자리를 물리치는 데 성공했다. 늦게사 온 시련이기는 했지마는―늦을수록 힘이 더 드는바―그들은 그때부터 생기를 얻어서 유럽을 자기들 눈에 넣어 보기도 하고, 세계를 흔들어 보는 힘을 통하여 우월감을 지니게 되었다. 논리적 사고를 지닌 그들이었지마는 지나친 우월감 때문에 두 차례에 걸친 세계 전쟁을 치루면서 모두 실패하고야 만 보기를 세계사에 남기기도 했다.

여기에서 말하는 바, 남의 나라 말을 물리쳤다는 것은 남의 나라 말로 쓰여 진 책을 가지고 생각해 오다가 자기 나라 말로 책이 쓰여졌을 때 비로소 자기 나라 말이 높은 자리에 오르게 되어 남의 나라 말은 물러서게 된다는 내용이다.

유치한 자기 나라 말을 일으켜서 늘 사용하고 있는 바이기도 한 세련되고도 우수한 남의 나라 말에 도전하면서 마침내 남의 나라 말을 물리치고(법률, 공문서, 책, 신문……), 자기 나라 말을 끌어 올리는 그 힘들이, 나아가 문화 창조에 이바지하는 힘으로 옮겨지고, 그를 통하여 나라는 번영되어 가는 것이었다. 이것은 신비스러운 말의 힘이요, 자기 나라 말이 가지는 힘의 본질적 속성이다.

13세기 전반기(1206~1259) 유럽을 휩쓸고, 그 뒤 100여 년(1260~1367) 동안 동양의 주인이 된 몽고(원) 겨레를 두고. 세계사는 많은 문제를 안고 있다. 동양의 주인이 되기로 방향을 돌린 세조(구비라이)는 파스파(八思巴)를 나라 스승으로 모시고(1260), 파스파가 만든 글자를 몽고 글자로 사용하게 한 것은 1269년이다. 그들이 글자를 가지고 있기는 했지마는 자기 나라 말인 몽고말을 일으켜서 세련되고도 우수한 중국(漢族) 말을 물리칠 수 있을 만큼 슬기롭지는 않았다. 17세기 "누르하치"로부터 일어난 만주 겨레는 300년 동안(1616~1911 청나라) 중국 땅의 주인 노릇을 했지마는, 겨레마저 사라지고 말았다. 중국사람(漢族) 편에서 보면, 400여 년 동안 두 차례에 걸쳐 다른 겨레에게 나라를 빼앗기고 말았지마는, 몽고는 물리쳤고, 만주 겨레(청)는 슬금슬금 녹여 없애 버리고 만 것이다. 이것은 중국사람들이 가지고 있는, 세련된 중국말의 힘이었던 것이다. 다시 말해서 중국사람들의 얼이 담겨진 책들의 힘이었던 것이다. "글말"로 끌어올리지 못한 몽고 말·만주 말이었기 때문에―몽고 말·만주 말로 책이 만들려지지 못했기 때문에, 중국말에 눌려서 그들의 얼이 심겨지지 않았던 것이다.

후대로 내려올수록 중국의 땅 넓이는 자꾸만 넓혀졌지마는 생기 있는 힘을 자꾸만 잃는 쪽으로 흘러가서 19세기에 서양문명에 부딪쳐(아편전쟁 1840~1842) 잇달은 비극의 심판을 받아야만 했다. 땅으로는 큰 나라였지마는 힘이 없기로는 적은 나라가 되고만 것이 중국이었다. 그들은 후대로 내려올수록 "죽은말"을 운명해 왔다. 중국이 후대로 내려올수록 뒤 떨어진 것은, 그들이 후대로 내려올수록 "죽은말"을 운영하게 되어 "입말"과 "글말"의 사이가 자꾸만 벌어져 나아가서 마침내 "윈후아(文話)의 나라중국"과, "빠이후아(白話)의 나라 중국"이 생겨서 두 개의 중국 사회가 만들어진 것이다. 요컨대 책을 읽을 수 없는 중국사람의 집단(빠이후아 중국)이 자꾸만 늘어난 것으로, 그들이 사용한 뜻글자(漢字)에 말려든 악순환이었다. 그러던 가운데 이 사실을 깨달은 사람을 만나게 된 것은 겨우 20세기에 들어 와서의 일이었던바, 그것은 호적(胡適 1891~1962)의 입말 문학 운동(白話文學)으로부터 비롯(1917)됨에 있다.8)

배달말이 흘러온 사정은 매우 복잡하다. 배달말이 생기 있게 사용되기로는 10세기 전반기(-신라시대: 고려건국 936)까지가 된다. 그 것도 10세기에 가까워질수록-한자(漢字)가 우세했기 때문에-배달말은 생기를 잃는 쪽으로 흐르며, 7세기 후반기(신라통일 669)까지 곧 삼국시대는 신라가 배달말을 생기 있게 끌어올렸다(노래). 고구려·백제·신라 가운데서 배달말로 향기 높은 노래를 만들이 내던 신라가 "자발", "자율" 나아가 보람을 남기는 겨레가 되어(화랑도)-가장 불리한 형편에 있으면서도-일찍부터 남의 나라 글말(漢文)을 맛본 고구려·백제를 물리치고 마침내 흡수시켰던 것은 자기 나라 말을 통한 얼의 힘으로 설명됨에 있다.

958년 중국식 과거제도가 시작된(고려 3대 광종 9년) 10세기 후반기부터 19세기에 이르는 동안 배달말은 중국말(윈후아의 중국말)에 눌려서 겨우 모습만을 이어온 것이다. 19세기 후반에 배달말 성경책이 나와서(1887)9) 배달말은 글말로 끌어 올리어 생기를 얻었다.

---

8) 1917년에는 文學改良芻議를, 1918년에는 建設的文學革命을 발표.
9) 로스(Ross)·매킨타이어(Macintyre) 두 영국 선교사가 뒤친 예수셩교젼셔(3000부).

그 뒤 미국 선교사 두 사람이(게일·헐버어트) 배달말로 뒤침책을 내고(1894, 1895)[10], 유길준(兪吉濬: 1856~1914)이 한자(漢字)를 쓰지 않아야 한다고 외치고(서유견문 1895), 배달말 신문(독립신문)이 나오고 (1896), 이봉운이 배달말로 된 책을(국문정리 1897) 내어서, 한 때나마 한국이 생기를 얻고 새로운 기운에 떠 있었다. 이것은 남의 나라 말(중국의 글말)을 물리치고 배달말이 글말로 끌어 올려짐에서 온 얼의 힘이었다.

1910년 ≪경술년 나라 잃음≫ 이후 배달말은 일본말에 숨통이 졸린 것이다. 배달말을 없애버려야만 완전한 식민지가 된다는 원리를 알고서, 일본말 심기에 온갖 힘을 기울였던 그들이었다. 그래도 배달말 책을 내어 놓기로는 주시경(周時經: 1856~1914)의 國語文法(1910)·말의 소리(1910)가 경술년에 나온 것인가 하면, 일제 압박이 막바지에 이른 때, 최현배의 우리말본(1935)·한글의 바른 길(1940), 그리고 함흥감방(조선어학회 사전)에서 지은 "글자의 혁명"(1947년 냄)들이 목이 졸려 있는 배달말에 생기를 불러일으킨 거룩한 일들이었다. 한결 일본에 버티는 겨레의 힘도 배달말을 통하여 느끼고 생각하는 곳에서 솟아나는 얼의 힘이었다.

한국 사람들이 오랜 세월 동안 다른 민족에게 시달려왔지마는 끝내 겨레를 지켜왔다는 사실을 두고 한국 사람들의 "끈기"라고 말하고자 하는 이가 있을지 모르지마는 그것은 그렇지 않다. 300년이나 버티고 온 만주 겨레를 두고 끈기가 없었다고 할 수가 없고, 끈기가 있은 탓으로 2,000년 뒤에 나라를 되찾은 "이스라엘"도 아니다. 겨레를 지키는 것도 말의 힘이요(한국), 나라를 되찾는 것도 말의 힘이요(이스라엘), 겨레를 일으키는 것도 말의 힘이요(이스라엘·중국·그리스·로마·프랑스·영국·독일), 겨레가 사라지는 것도 겨레의 말이 사라지기 때문이다.

---

10) 게일(Gale)이 "천로역정"을, 헐버어트(Hulbert)가 "사민필지"를 뒤쳐내어 놓음.

8·15 해방(1945) 이후 오늘에 이르기까지 배달말은 굉장한 진통을 겪고 있다. 일본은 물러갔지마는 그들이 심어 둔(36년 동안) 그 일본말들이-소리만은 한국 한자 소리대로 읽는 방식으로-오늘의 한국 글말(책·신문·법률)이 되고 있다. 때문에 말에서 오는 생기를 얻지 못하고 있고, 그로 말미암아 겨레가 매우 침통하게스리 되어가고 있다.

배달말을 끌어 올려서 일본말을 물리친다는 일이 20세기 후반기 우리들의 할 일이다. 여기에서 말하는 바, 소위 끌어올린다는 것은 글말(책……)을 두고 하는 내용이다. 겨레의 얼이 담긴 말이면, 그 말을 통하여 삶에 있어서 즐거움을 맛보게 되고, 마침내 생기를 얻게 되어 창조력을 솟아나게 한다. 말은 겨레를 묶으면서 문화 창조의 집이 된다.

8. 말과 학문

18세기 후반기 볼프(Wolf: 1679~1754)가 할렐 대학에서 독일말로 "필로소피"를 처음으로 강의했을 때, 그때 사람들이 괴이하게 여겨서 모두 구경하러 왔다고들 한다. 그 뒤 칸트(Kant: 1724~1804)는 유치했던 독일말로―그때로서는 라틴말과 프랑스말로 거의 책이 쓰여 지기 때문에―세 가지 필로소피 책을 짓고, 독일말로 "지혜사랑"(필로소피)을 강의했다. 그 뒤 피히테(1762~1814)는 "남의 나라 말(죽은말: 라틴말·프랑스말)을 물리치고 독일말을 일으켜야만 독일이 생기를 얻고 일어날 수 있다"고 외쳤다.[1] 훔볼트(Hum-boldt: 1767~1835)가 문교 장관이 되어 피히테가 말하는 대로 쫓아 교육 개혁을 실천에 옮겨서 마침내 세계적인 독일로 올라서는 데 성공했다. 독일의 역사는 사실상 칸트를 앞 시대로 하여 18세기까지만 해도 유럽에서 아주 뒤떨어진 나라였지마는, 피히테 이후(19세기 이후) 차츰차츰 세계 문화 창조에 앞장서는 겨레가 된 것이다.[2] 라틴말에 대하여 하찮은 말(속된 말)이라는 뜻으로서의 "diutisk"가 마침내 "Deutsch"(도이취)라는 나라 이름으로 그리고 Deutschan(도이취 겨레)이 된 그들이었다.

자기 나라 말로서 모든 책이 쓰이고, 자기 나라 말로서 나라와 겨

---

1) Fichte: "독일국민에게 알림"이라는 14차 강변 가운데, 4. 5. 6. 12차 강연.
2) Tenbrock: Geschichte Deutschlands: 林采源 뒤침 pp.23~279(서문출판).

레가 움직이게 되었을 때 힘이 솟아난다는 진리를 두고, 독일을 비롯한 서양의 역사는 실증하여 주었다. 이와 같은 진리를 두고 동양 사회는 겪어보지 못했기 때문에－침체했던 동양 사회는 도리어 그 진리에 대한 검증이 됨에 있다.

2,000여년의 역사를 가지고 있는 우리들이지마는 오늘에 이르기까지 배달말로 책이 쓰이고, 배달말로 나라와 겨레가 움직이는 때를 가져본 일이 없다. 14세기까지는 배달말을 적을 수 있는 글자가 없었고, 15세기에서부터 배달말을 적을 수 있게는 되었으나, 10세기부터 19세기에 이르는 천년 동안 과거 시험 때문에 중국말로 된 책을 외어야만 했고, 그로 말미암아 중국말로 된(중국의 윈후아 말) 책을 만들어 내는 일들이(한문문집) 잇달아 많이 나왔으며, 그러는 동안 언제나 침통하고 중국 것을 부러워만 했다. 이를 두고 속된 말로 "사대주의"라고 간단히 해치워 버리지마는, 자기 나라 말로 책이 쓰여 지지 않을 경우 반드시 오게 되는 악순환일 뿐 어떤 관념에서 그렇게 된 것은 아니다.

20세기 전반기는 일제 압박 시대로서(1910～1945) 일본말로 된 책을 읽고 일본말을 배워야만 했고, 일본말로써 사회를 움직이는 시대였다. 일본말을 통하여 서양을 알아보는 길도 있었다. 중국이 부러워지는 일은 사라졌으나－일본말로 책을 읽은 사람－일본이 부러워지고 서양이 부러워지는 악순환은 다름이 없다. 다만 부러움의 대상이 바뀌어졌을 뿐이다.

8·15해방을 맞이한 한국에 일본 사람은 갔지마는 일본말은 살아남게 되었다. 일본 교육을 받은 사람들이 자기가 익혀 온 일본말로－소리만을 한국 한자 소리로 읽고서－책을 쓰고 강의를 하고, 그와 같은 일본말로 나라와 겨레를 움직여 온 것이다. 한국의 불행은 여기에서 또 있었던 것이다.

20세기 후반기에 들어선 우리들은 지금부터 일본말을 물리쳐야 할 큰 일이 남아 있다. 배달말로 모든 책이 쓰이고, 배달말로 나라와 겨레를 움직이게 했을 때, 한국의 얼이 심겨지며 그 얼에서 솟아나는 힘을 통하여 우리는 자기를 없인 여기는 어리적음을 쫓아내게 되고 남을 부러워하는 악순환에서 헤어 나올 수 있게 되어(주체성), 애써 만들고자 하는 노력 끝에 마침내 나라와 겨레가 힘차게 일어나는 그 진리를 실현할 수가 있다.

일본말을 물리쳐야 함은 "입말"보다도 "글말"에 있다. "벤또·다노모시"라는 일본말을 물리치기보다, <哲學·實存·存在·實體·主觀的·客觀的·機智·心像·寫實·觀照·求刑·言渡·執行猶豫·抗告·控訴·品詞·副詞·審理……>같은 일본말을 물리쳐야 한다. 애쓰고 고심하면서 배달말을 찾아 만들 것이며, 그리하여 배달말로 법률이 만들어지고 배달말로 모든 책이 만들어져야만 비로소 한국의 얼이 심겨지는바, 그 속에서 만이 나라와 겨레의 참다운 생기가 솟아나는 처음에는 유치하다고 여기는 이가 있을지 모르지마는, 많이 사용한 나머지 얼마간의 시간이 흐르고 나면 도리어 그 익숙했던 일본말이 어느덧 쑥스럽게 되는 것이다. 남의 나라 말을 물리친 서양 사람들의 일들이 모두 그러했던 것이다. 어떤 것에 해당하는 배달말이 아직 만들어지기 전까지는—특수한 학술 용어에 한하여—당분간 서양의 원말 그대로 씀이 옳다. 이를테면 ≪心像≫·≪寫實≫, 같은 일본말을 버리고, ≪이미지≫, ≪리얼≫이라는 원말을 당분간 씀이 옳다는 것이다. 그러는 동안 그것에 대한 배달말이 나타나게 되면, 재빨리 배달로 바꾸어 놓아야만 한다. 남의 나라 말을 물리쳐야 한다는 이론의 근거는 ≪정신위생≫에 있다. 겨레의 ≪정신위생≫이라는 문제는 역사적 사실에 기준을 두게 한다. 여기에서 말하는 역사적 사실이란 "압박·고통·비굴·부끄러움·업신여김"들의 정신세계를 자극 또는 위협하는 감성의 세계를 두고 하는 말이다.

입말을 글말로 끌어 올려야 할 사명을 지닌 곳이 학교 사회다. 그렇게 하여 일으켜진 배달말을 곧 사용하면서 사랑해야만 할 곳이 신문과 방송이다. 오늘날, 일본말로(소리만은 한국 한자 소리로) 강의가 되고, 일본말로(소리만은 한국 한자 소리로) 책이 쓰여 지는 곳이 많은 가운데, 배달말이 일어나지 못하기로는 ≪법률학계≫, ≪정치·경제사회학계≫, ≪국사학계≫가 으뜸이고, 그 다음 가는 곳이 ≪국어국문학계≫, ≪필로소피계≫로 나간다. 자연과학계는 물체의 모습을 다루는 것이기 때문에─배달말로 했으면 학생들로 하여금 더욱 쉽고 생기 있게 익힐 수가 있을 것을 사람들이 게을러서 지난날 자신이 일본 압박 시대 애써 익힌 그 "말모임"의 테두리 속에 학생을 몰아넣는 정도로서─그런대로 용서되는 일이지마는 정신세계에 생기를 불어 넣는 정신과학에서는 남의 나라 말로서는 알아차리기가 어렵다는 문제가 아니고, 절대로 해서는 안 되는 속성이 있다.

일본이 탐을 낸 것은 우리의 땅이었다. 그들은 땅이 비좁아서 먼 장래 우리들을 만주로 옮겨 심고, 우리 땅을 저희들이 와서 살 계획이었다고 함은 상식의 일이었다. 그와 같은 야만스런 계획 아래 우리들을 옭아매는 법률을 만들어서 곳곳으로 뻗쳤다. 36년 동안 우리를 압박했던 말들로서 해방된 오늘에도 강의가 되고, 그 말들(덤말)로 법률 책이 쓰이고 있다. 이를테면 "徵役·控訴·抗訴·上告審·公判·求刑·言渡·執行猶豫·被告·原告·審理·陳述·論告·照會·執達吏·支拂·宣告·命令……"이라는 일본말로 법을 운영하고 있기에, 언제 들어보아도 그들이 지금도 우리를 끌고 가서 북간도로 떠나가기를 종용하듯 뭉크리한 느낌이 드는 말들이다. 말에는 씨가 있고 밭이 있다는 사실이 여기에서 쉽게 증명되기도 한다. 일본 사람들이 우리를 옭아매기 위하여 뿌려진 그 씨와 그 말밭에서 자라난 말로서는, 자발하고 자율하면서 자기발견을 통한 반성·자각이 일깨워지는 창조스런 한국 사람을 만들기는 어렵다. 이를테면 ≪나라사랑≫이 ≪나의 행복을 위하는 것이다≫라는 논리를 알아내기는 어려운 일이다.

오늘날 책임(형벌)을 져야 하는 쪽이 마치 지난날 독립투사처럼
자신을 인정하거나, 그와 같은 인장을 주게 됨은, 일본 압박 시대
그들이 우리의 독립투사들을 잡아 가두던 그 법률 갈말(용어)을 그
대로 쓰고 있음에서 온다는 사실을 우리는 깨닫지 못하는 경우이다.
일본 사람들이 사용하고 간 관청용어들을 그대로 써서는 겨레를 믿
음직스러운 사람으로 만들지는 못한다. 말로써 우리들이 살아 나가
지마는 "말의 힘"이 얼마만큼 큰지를 잘 모르면서 살고 있는 셈이
다. "稅金"이라는 일본말을 들으면 언제나 빼앗아 가는 느낌이 든다.
"稅金"이라는 일본말을 버리고 ≪나라살림≫이라는 배달말로 바로
잡아 쓴다면, 나라를 생각하고 나라를 사랑하는 머리가 열려서 마침
내 한국의 얼로서 심겨지는 것이다. 말이란 생각의 집이다.

오늘의 국사학계는, 일본의 침략 식민지 정책에서 만들어진 경성제
국대학에서 일본 사람들이(今西龍……) 일본말로 한국사를 가르치고,
일본말로 한국사를 짓던 그들의 역사보기눈(史觀)과 그들의 갈말(용
어)을 그대로 이어 받고 있다. 그들은 세계 속에 한국을 보는 눈을 우
리들에게 가르쳐 주지 않았고—그들도 아는 것이 없었지마는—세계를
알가 봐 도리어 두려워서 무엇이든 찬양론을 펴서 우리들의 지성 개
발을 막아 왔던 것이다. 우물 안 개구리처럼 만들기 위하여 그들은 언
제나 ≪상고시대·삼국시대·신라시대·고려시대·조선시대·개화시
대≫로 가르쳐 온 것이다. 역사란 주변이 없으면 족보에 지나지 않는
다. 세계 속에 한국을 보는 눈이어야 하고, 그것들이 모두 과학적 질
서 위에 올라서는 것이라야만 "한국 역사"가 되는 것이다.

1894년에 일어난 ≪갑오년 1단계 일본 침략≫을 가지고, 일본말(일
본의 속임수로 만든) 그대로 甲午更張(한국 한자 소리로·갑오경장)
또는 甲午改革(한국 한자 소리로·갑오개혁)이라는 말로 책을 쓰고
있다. 일본 침략이 계획스리 진행되던 1단계 작업에서 일본으로서는
성공했고, 한국은 갑오년부터 눈물길로 들어가는 것이었다. 12년 뒤

가 되는 1905년에 일어난 ≪을사년 2단계 일본 침략≫을 두고서 일
본말(그들의 속임수로 만든) 그대로 ≪乙巳年保護條約≫(한국 한자
소리로·을사년 보호조약)이라고 책에 쓰고 있다. 그로부터 6년 뒤가
되는 1910년에 나라를 잃은 것인데도 일본말 그대로인 ≪日韓合邦≫
이라고 쓰기는 조금 미안했든지, 한국을 앞에 놓고 일본을 뒤로 돌리
는 차례 바꿈으로 한, ≪韓日合邦≫(한국 한자 소리로·한일합방)이라
고 책에 쓰고 있다. "韓日合邦"이란, 한국이 앞장서서 일본과 사이 좋
게스리 나라를 합쳤다는 뜻을 담은 말이다. ≪경술년 나라 잃음≫때
자기 목숨을 끊었던 우리 조상들이 많았건만, 경술년에 한국이 앞장
서서 일본과 나라를 합하였다는 말은, 일본 사람의 일본 역사책에서
는 용서 받을 수 있을지도 모를 일이다.

　이와 같은 일본말로 한국사가 될 수 없고, 되어서는 절대로 안 된
다. 국사를 배우면 주체성이 일어난다고 우겨대는 이가 있을지 모르
지마는, 주체성도 "말"에서 나오는 것이다. 주체성이란 자기발견을
통한 반성·자각에 따른 사고 체계이다. 한국 사람의 주체성은 한국
의 얼이 담긴 배달말에서만이 나온다. 중국말로 한국사를 쓰고, 영어
로 한국사를 썼다고 가정해 보면 위에서든 명제는 쉽게 알 수가 있
다. 배달말로 한국사를 썼을 때만이 한국의 얼이 솟아나게 되는 것
이다. 그렇지 못한 한국사는 얼빠진 기록에 지나지 않고, 그런 국사
를 중·고등학생에게 가르치면 외우기 귀찮은 학과목으로 마침내 싫
증밖에는 얻는 것이 없다.

　사람은 말을 통해서 생각하고 느끼면서 삶을 꾸려가는 것이다. 한
국 사람의 얼은 배달말에서 나온다. 한국을 위하고 한국을 사랑하는
역사보기눈(史觀)에서 우리들은 새로운 출발을 해야 한다. 그 일은
배달말로 이룩되지 않으면 안 된다.

　일본의 한국침략 식민지 정책에서 만들어진 경성제국대학에서 일본
사람들이(小倉進平……)일본말로한국말을 강의하고 한국 문학을 가르

치며, 일본말로 "한국말", "한국 문학"에 대한 책을 지었던 우스운 일이 지난날 있었다. 그들 일본 사람들은 일본이 바라는 사명감과 자신의 개인 취미로써, "한국말" 또는 "한국 문학"을 들여다본 것이다. 오늘의 ≪국어국문학계≫는 어찌된 셈인지, 그들이 뿌리고 간 엉터리 말들을 그대로 받아서 쓰고 있다. 이를테면, ≪신라 노래≫·≪고려 노래≫라고 이름을 주어야 할 것을 ≪신라 노래≫를 시골노래(鄕歌)라고 부르는가 하면, ≪고려 노래≫는 시시한 노래(歌謠)라고 부르고 있다. 鄕歌(향가)란 시골노래라는 뜻이고, 歌謠(가요)란 시시한 노래라는 뜻이다. 謠(요)의 뜻이 "하찮은 노래"를 가리키는 글자이다. 신라 노래가 지금이라도 어디서 나타나면 어떠하든 시골 노래(鄕歌)가 되어야하고, 고려 노래가 지금이라도 어디서 나타나면 어떠하든 시시한 노래(歌謠)가 되어야만 하는 딱한 일들이다.

신라 노래를 두고서 시골노래(鄕歌)라고 부르기로는 10세기 최행귀(崔行歸)가 기록된 것으로는 처음인바3), 그 뒤 13세기 일연(一然 1206~1289)이 그대로 받아 이어서 시골노래(鄕歌)라고 쓴(장국유사) 것이다. 겨레에 대한 생각이 강열했던 "일연"이었지마는, 말에 대해서 까지는 생각이 미치지를 못한 셈이다. 일본 침략 압박 시대 小倉進平(소창진평)이가 시골노래연구(鄕歌及史讀硏究)라는 책을 일본말로 지어서(1929) 내어 놓았다. 그 뒤 1943년 양주동(梁柱東) 교수는 옛 노래연구(古歌硏究)라는 이름으로 통쾌하게 바로 잡아 주었다. 어찌된 셈인지 오늘의 국어국문학계는 일본 사람들이 그들대로 속셈이 있어 엉터리로 교수하고 간 그 말들을 그대로 이어 받은 슬픔이 있다.

우스운 것이 또 있다. 새로운 소설(新小說: new novel)이라는 말이 있는가 하면, 새로운 모습의 시(新體詩: new style Poetry)가 있

---

3) 赫連挺 엮음: 大華嚴首座圓通兩重大師均如傳 안에 第八譯歌現德分 대목 속에 崔行歸지음의 머리말에 있음.

다. 상품 광고에 나붙는 새(新)이다. 그리고 그들은 ≪갑오년 1단계 침략≫에서 ≪을사년 2단계침략≫을 거쳐 ≪경술년 나라 잃음≫에 이르는 17년 동안을 (1894~1905~1910) ≪한국의 開化期≫라고 속임수로 가르쳐 온 것이다. 이를테면 한국이 개화(開化)한다는—한국이 개화되어야만 한다는 이름 아래 한국 사람들을 위하는 척 해 놓고 슬금슬금 검은 손을 내어 밀어 마침내 1910년에 한국을 집어 삼키기에 이르는 기간을 두고, 그들은 개화기(開化期)라는 말로 우리들을 속여 왔던 것이다. 일본으로서는 개화라는 이름 아래 한국을 속이는 기간이었고, 한국은 개화라는 이름 아래 일본으로부터 속임을 당하는 기간이 1894년(갑오년)부터 1910년(경술년)까지였다. 이 기간을 두고 우리는 ≪일본 침략의 3단계 기간≫이라고 불러야만 한다. 그렇게 되어야만, 한국사가 바로 잡히고서 생기를 지니면서 자기 발견을 통한 반성·자각 체계로 들어서게 되는 것이다. 그리고 그들 일본 사람들은 옛날 문학(古典文學)이니, 오늘날 문학(現代文學)이니 하는 엉터리 말들을 뿌리고 간 것이다. 끝으로,

일본말을 물리쳐야 하는 것 가운데 온 겨레가 힘을 합하여 바로 잡아주어야 하는 것이 두 개 있다. 그것은 필로소피(Philosophy)와, 에쎄이(Essay)라는 말을 올바르게 뒤쳐서 배달말로 바로 잡는 일이다.

"필로소피"란 "사랑한다(philos) 지혜를(sophia)"이라는 그리스말의 어울림이다. 이 ≪지혜사랑≫을 두고서 일본사람, 西周(서주)라는 이가 무식하게스리 哲學(일본 한자 소리로·데쓰가꾸)로 뒤쳐 놓았기 때문에 그들도 "지혜사랑"이 일어나지를 않는다. 해방 뒤 우리들은 소리만을 한국 한자 소리로 읽어서 "철학"으로 되었고, 뜻인즉 "哲學"에 끌리어 "어진 사람 되기 공부", "거룩한 사람 되기 공부" 나아가 "신비스러움"을 배우는 공부"들로 된 것이다. 그리하여 "주역"도 철학이 되고 논어도 철학이 되고, 대학·중용·맹자·근사록(近思錄)들이 모두 철학이 되며, 나아가 관상철학·성명철학·운명철학

이라는 이름이 붙기도 하고, 사상과 철학이 같은 것으로 잘못 알기에도 이르는 것이었다. 이제 한국에서 철학이라는 말은 많은 상처를 입고 골병이 들고 말았다.

진리를 사랑하는 겨레를 만들려고 하면 "필로소피"를 일으켜야 하는 바, 그 "필로소피"를 두고 우리들은 ≪지혜사랑≫이라고 뒤침이 좋다. 그리고는 "주역·론어·맹자·중용·대학들을 "훌륭한 사람 되기 공부"로서의 "철학"속으로 받아들임이 서로들 사이의 혼란을 막는 데서도 도움이 되는 일이다.

에쎄이(Essay)라는 말은 <시험 한다>, <시도 한다>라는 뜻을 지닌 프랑스말인데, 이것을 隨筆(수필)이라고 뒤쳐 놓았기 때문에 한자(漢字)가 지니는 隨筆이란 글자 뜻대로 풀이 되어 "붓 가는대로 따라 가면서 쓰는 제멋대로의 글"이 되고 말았다. 그리하여 한국에 "에쎄이"가 자라지를 못하게 되었다. 우리들은 에쎄이를 시필(試筆)로 뒤쳐서 바로 잡아야 함에 있다. 그리고 여태껏 많이도 써 오던 감상문(Miscellany)을 "수필"로, 받아들임이 서로의 혼란을 막는 데 도움이 되는 편에 선다.

요컨대 필로소피를 ≪지혜사랑≫으로 ≪훌륭한 사람 되기 공부≫를 철학으로 바로 잡아 갈라놓고 서로들 사이에 혼란이 없도록 해야 하며, 짧은 길이로서 시험하고 시도해 보는 글인 에쎄이(Essay)를 "시험하고 시도해 보는 글이라는 뜻으로의 시필"로, 그리고 짧은 길이로서 부담 없이 어떤 느낌을 적는 미셀러니(Miscellany)를 "붓 가는 대로 따라 가면서 부담 없이 어떤 느낌을 적어 나가는 글이라는 뜻으로의 "수필"로 바로 잡아 갈라놓고 서로들 사이에 혼란이 없도록 해야 한다. "붓 가는 대로 제멋대로 쓰는 글"이 사실상 있다고 하면, 논리상 그 글은 벌 소리요, 나아가 미친 소리가 될 수밖에는 없다.

모든 학문이 배달말로 쓰여 지지 않으면, 한국에 학문이 일어나지

를 않는다. 남의 나라 말로 공부를 하는 경우, 남의 것을 이해하는
정도에 그침이 아니라, 자기를 없인 여기면서 남의 것을 부러워만
하고 마침내 원망하게 되면서 게을러져서 애써 만드는 겨레가 되지
못하는 악순환에 빠진다. 중국말로 공부를 하여 왔던 2천여 년의 한
국 역사가 이 진리를 실증하여 준다.

9. 교육과 사회

사람을 키워 나가는 모든 활동을 우리들은 교육이라고 한다. 그 활동의 모습을 두고 가름하면 많은 갈래가 나온다, 여기에서 다루고자 하는 것은 사회의 발전이라는 개념 아래 교육 모습을 가름하는 일이다.

세계 인류는 두 가지 서로 다른 모습의 교육을 생각해 왔고 생각하고 있다. 그것은 ≪이어주고 이어받기 위한 교육≫과 ≪보다 나은 곳으로 발전하기 위한 교육≫으로 가름되는바, "이어 주기 위한 교육"이 동양의 것이었는가 하면, "보다 나은 곳으로 나아가기 위한 교육"은 서양에 전통이 깊다.

≪이어주기 교육≫은 할아버지는 자기를 닮도록 가르치고 ,아버지는 자기를 닮도록 바라는 모습으로, 선생은 자기를 닮도록 가르치고, 그 다음 세대는 또 그렇게 이어 주는 일들이다. 이와 같은 모습을 두고 문화유산을 이어 나가는 교육(전통 계승 교육)이라고들 한다.

"이어주기 교육 사회"에서는 바로 잡고서 고쳐 나가는 일들을 두려워하면서, 언제나 옛날로 자신을 파묻어 버린다. 애써 고심하연서 만드는 일들에 눈이 뜨이지도 않지마는, 하려고 해도 힘이 없어서 못한다. "힘"이란, 올바른 판단을 거쳐서 그것이 가치 체계로 들어선 나머지 실천으로 옮겨지는 일들을 해 내는 그 능력을 두고 이르는 말이다.

　“이어주기 교육”은 언제나 “이것도 모르느냐”로 나타나는 모습을 지닌다. 그렇고 보니 학생은 “외우기 공부”로 나타날 수밖에는 없다. 이를테면 기억력 다툼이다. 잘도 외우는 사람이 상을 받는다. 이와 같은 교육을 하는 사회는 변화를 거부하면서 고요히 흘러가기만을 일로 삼다가 어느덧 남의 나라와 견줌이 올 때는 비로소 뒤떨어짐을 맛보게 된다. 외우기와 기억력을 다투는 곳이니까 진리에 대한 사랑이 생기지를 않고, 진리에 대한 ,사랑이 일어나지 않으니까 학문이 심겨지지 않는다. 학문이 안 되니 올바른 판단을 하지 못하며 판단하는 힘이 없으니 문화 창조가 없고, 문화 창조가 없으니, 겨레의 얼이 심겨지지 않는다. 그리하여 남의 나라 것을 이해하는 즐거움을 거쳐서 얼마간 지나고 나면 그것에 대한 부러움을 만나게 되고, 그러던 나머지 마침내 자기의 것을 없인 여김에 이른다. 이와 같은 악순환은 모두 자기 나라 말로 학문을 하지 않음에서 온 것이다. 이와 같은 진단을 내리지 못하고서 사회는 지도자를 요청하고, 교육을 두고 그 지도자 양성(엘리트)으로 생각하기도 한다. 지도자를 양성한다고 하는 교육에서는 참다운 지도자가 길러지지를 않는다. 참다운 지도자란 “힘”에 있는 것이지, “지식”에 있지를 않기 때문이다. 평안남도 도롱섬에서 겨레의 지도자 안창호(安昌浩: 1878~1938)가 자랐다는 사실이 이것을 입증하여 준다.[1]

　“이어주기 교육”은 자기중심의 사고 체계를 지니는 사람을 만들어주기 때문에 모든 일을 자기중심으로 풀고 생각할 뿐 장래를 내다보지 않는다. 그렇게 배운 이가 어른이 되면 또 그렇게 됨에 있다. “이어주기 교육”에서 열을 올리게 되는 것은 시험치기이다. 과거 시험이 그러하고 입학시험이 그러하다. 언제나 머리 속에 박혀 있는 그림자로서의 기억력 다툼이다. 기억력이란 사람의 능력 가운데 가

---

1) 安浩昌: 人格革命(대성문화사: 1969).

장 원초적인 것으로 창조력과는 아무런 관계없는 힘이다. "이어주기 교육 사회"에서는 기억의 양으로 안다(유식하다) 모른다(무식하다)로 가름하는 사회가 되어서 "대학생이 그 글자도 모르더라"라든지 "중학생이 그것도 모르더라"는 말들이 그럴 듯 하게도 들리는 것이다.

그런가 하면 ≪보다 나은 곳으로 발전하기 위한 교육≫은 "힘"을 기르는 교육이다. 할아버지는 자기를 닮지 말라고 가르치고, 아버지는 자기를 닮지 말라고 기르며, 선생은 자기보다 "힘"이 있는 학생을 기르려고 한다.

이와 같은 교육 모습을 지닌 사회는 변화를 통한 번영·발전·창조로써, 나라와 겨레는 행복된 곳으로 밀려간다. 올바르게 판단하는 이를 두고 아는 사람이라고(유식하다) 하고, 그릇된 판단을 하는 이를 두고 모르는 사람이라고(무식하다) 가름한다. 판단을 거친 앎이라야만 참다운 앎이며, 그 판단을 통하여 잘못된 것을 바로 잡고, 보다 나은 곳으로 고쳐 나가며, 보람된 일들을 뚫어내는 경우에 그 앎이 비로소 "인식 단계"에 이른 것이라고 한다, 올바른 판단을 통한 보람된 일들에 대한 실천을 두고 "힘"이라고 부른다.

"이어주기 교육"이 외우기 공부인가 하면 "나아가기 교육"은 힘 쌓기 교육이요, 이어주기 교육이 기억력 양성인가 하면 나아가기 교육은 창조력 개발에 있다. 그리하여 "이어주기 교육 사회"에서는 자랑삼아 하는 글공부(현학)가 생기고, "나아가기 교육 사회"에서는 진리를 사랑하는 풍토가 되어서 학문이 심겨지고 학파가 일어난다.

오늘날 우리들의 교육은 아직도 ≪이어주고 이어받기 위한 교육≫에 머무르고 있다. 진리를 사랑하는 사회 풍토가 되지 않고서는 학문이 일어나지를 않는다. 진리에 대한 사랑이 목숨에 대한 사랑만큼 강렬해야만 비로소 학문이 자리 잡게 된다. 학문이 심겨지면 어떤 이론이 나오고, 그 이론을 바탕으로 하여 또 다른 진리를 추구하는 집단이 일어나기도 하는바, 이를 두고 "학파"라고 부른다.

한국에 학문이 일어나지 않음은 진리에 대한 사랑이 일어나지 않기 때문이다. 진리를 사랑하지 않는 풍토에서는 자랑삼아서 하는 자랑글(현학)이 생기며, 눈치 보고 냄새 맡으며 무슨 소문 듣기에 귀를 기울이고(정보), 그러다가는 사람을 중심으로 뭉치는 것도 학파가 된다고 잘못 생각하기도 한다.

10. 문화와 교육

　단조한 문화를 지니는 나라가 있는가 하면, 다양한 문화를 지니는 나라가 있다. 다양한 문화를 지니는 곳이 서양이었는가 하면, 단조한 문화를 지닌 곳이 동양이었다. 이것은 사람들이 그렇게 운영한 것뿐이다.

　단조한 문화를 이룩한다는 것은 다양한 문화를 이룩했다는 것만큼 창조력이 모자랐다는 것이요, 창조력이 모자랐다는 것은 그만큼 삶에 있어서 의욕을 잃었다는 말이 된다.

　정치 수도 중심의 문화를 형성하연 단조한 문화를 만들고 조용하고 엄숙하게스리 정치 수도만을 지니는 나라는 다양한 문화를 이룩한다, 문화란 겨레의 힘으로 계산되는 바, 그 힘이 한 곳에 모인다고 하면, 그 밖에 다른 곳은 몹쓸 땅이 되고 마는 것이다. 그러나 골고루 자기 나름대로의 힘이 솟아나서 문화 창조에 이바지하게 될 때, 어느 곳이든 훌륭한 땅이 됨에 있다.

　한국 문화는 언제나 정치 수도 중심의 문화를 지녀왔다. 때문에 단조하고, 단조하기 때문에 잘도 끊어지고, 끊어지기 때문에 힘이 없으며 언제나 새 출발이 됨에 있다. 그리하여 하늘을 원망하고 운수를 바라며 인물이 나오기를 빈다.

　신라는 경주 중심의 문화요, 고려는 개성 중심의 문화요, 오늘날은 서울 중심의 문화만이 자라고 있다. 서양 사회의 정치 수도는 조용하게스리 엄숙하고도 거룩하게스리 꾸려가기로 애를 써 왔다. 그리하여 그들은 정치 수도 중심의 문화를 벗어나서 몹쓸 땅이 생기지 않도록 다양한 문화를 이룩하는 데 성공한 것이다. 자기 고장을 자신들이 개발하고 일으키는 자발·자율의 일들이 다투어 가면서 나타나도록 정치 수도는 마치 하늘에서 지켜보듯 할 수 있었고 그리하여 마침내 온 겨레가 힘을 모은 번영을 저절로 가지고 온 셈이다. 그런가 하면 정치 수도 중심의 문화에서는, 언제나 정부가 해주기를 바라면서 기다리고 있는 삶의 모습이 반드시 오기 마련이다.

단조한 문화를 이룩하는 사회가 지니는 악순환은 무서우리만큼 크다. 이씨 조선시대(509년 동안) 한양사람은 다른 곳에 사는 겨레를 "시골사람"이라는 말로 없인 여기고, 없인 여김을 받은 그 사람은 좌절감을 가지면서 의욕을 잃게 되고, 그렇다가 보니 게을러지고 무슨 일이든 재미가 없게 되어, 마침내 나라와 겨레에 대한 생각을 가지는 것조차 쑥스럽게 되어 버렸다. 지혜가 아닌 그 "텃세"로 남을 없인 여긴 그 한양 사람은 없인 여긴 것만큼 속이 비게 되어 시끄럽게 되는 길로 올라선다. 일제 압박 시대는 일본사람이 한국 사람을 없인 여기는 바람에 겨레끼리 서로 갈리어지는 일은 없었다. 겨레가 한 덩어리로 뭉쳐졌던 힘을 보여 주기로는 한국 역사상 처음 되는 일이었다. 8·15 해방 이후, 한국은 다시 정치 수도 중심의 문화로 되돌아가고 말았다. 그리하여 요량 없는 사람들이 "시골" 대신에 "지방"이라는 말을 만들어 내었다. 지방이라는 말은 원래 "강원도 지방·함경도 지방·경성 지방"들로 사용하여 오던 일제 시대 관청 용어였던 것으로 어떤 땅 이름 뒤에 붙어서 그 방면의 땅을 들추어 내는 이름씨인데, 서울을 제외한 모든 땅을 한꺼번에 일컫는 말로 착각하기에 이른 것이다. 지각이 없는 이들은 "지방 손님"이라고 없인 여기고, 업신여김을 당한 사람들은 모든 것에 재미가 없으며 그리하여 의욕을 잃고 그럭저럭 살아갈 뿐이다. 그 사람들에게 나라와 겨레에 대한 사랑을 요청하기는 조금 미안한 일이 됨에 있다. 그런가 하면, 없인 여김을 받지 않으려고 하는 사람은 고장을 버리고 서울로 모여 들어 마침내 650만이라는 위험스런 인구를 지니는 곳이 되고 말았다. 텃세로 남을 없인 여기는 사람은 그만큼 속이 비게 되어—진리를 사랑하지 않기 때문에—모르는 것도 없고 아는 것도 없는 사람이 되어 시끄럽게 떠드는 길로 올라서게 된다.

사람이 살지 않은 땅은 몹쓸 땅이요, 사람이 사랑하지 않는 땅도 몹쓸 땅이 된다. 균형 있는 문화를 이룩해야만 된다는 논리의 근거가 여기에 있다. 정치 수도 중심의 문화에서는 몹쓸 땅이 자꾸만 늘어나서 모든 것에 의욕을 잃게 되는 겨레가 생기는가 하면, 정치 수도에 몰려 든 사람은 거레를 없인 여기는 허영심과 남의 나라 것을 부러워만 하는 겨레가 되어 마침내 나라는 겨레의 구심력을 얻지 못하는 악순환에 빠진다.

이와 같은 정치 수도 중심의 문화에 따른 악순환을 벗어나려고 하면, 그 멍에는 교육 문제로 돌아감에 있다. 이를테면 정치 수도에는 학교가 몰려서는 안 된다는 소위 “학교 설 자리”가 문제로 등장된다. 특히 대학이 그러한 바, 정치 수도에 대학을 두어서는 안 된다. 대학을 균형 있게 흩어 놓아야만 그 판도에 따라 그 고장의 문화가 일어나는 바탕이 되어주는 것이다. 서양의 균형 있는 다양한 문화 창조가 모두 그렇게 하여 이룩된 것임을 우리들은 주의 깊게 보아야 한다.

그리고는 “보다 나은 곳으로 발전하기 위한 교육 사회”를 이룩할 것이며, 지도자를 길러낸다는 낡은 생각을 버리고 건강한 겨레를 만드는 것이라고(국민 교육) 생각해야만 된다. 건강한 겨레란 무슨 일이든 자신이 맡은 일을 자발·자율로써 성실하게 애써 일을 하면 나라사랑하는 이가 되는 것이며, 나라사랑하는 이라면 모두 지도자가 되고 있는 것이다. 온 겨레가 모두 자기가 맡은 일을 성실하게 처리하는 지도자가 되었을 때 다양한 문화 창조가 이룩되며, 나라와 겨레는 번영·발전하는 것이다.

　정치 수도 중심의 문화를 형성하면 학문이 심겨지지 않는다. 진리를 목숨처럼 사랑하는 풍토가 서지 않기 때문에 그러하며 "진리사랑"이 이룩되지 않고서는 "식자우환"이 되는 길로 올라선다. 진리를 두고 패거리 하는 풍토는 이조 성리학 이래 오늘에 이르기까지 달라진 것이 없다. "진리"와 "감정"을 구별 할 줄 모르는 사회는 어둠 속을 방황할 뿐이다.

11. 국어 교육의 목표

여기에 이르기까지 "말" 그리고 "교육"이라는 것을 두고 우리는 생각해 왔다. 이제부터는 이들을 서로 가까이 맞대어 놓고 생각에 볼 일이다.

무슨 일이든 "목적"이 있는 것으로, 국어 교육의 목적은 ≪한국말과 한국글을 통하여 행복스런 삶이 되도록 함에 있다.≫ 목적이 생기면 그에 따른 목표가 정하여진다. "목표"란 일정한 방향 아래 진행되는 마지막 지점을 두고 이르는 말이다. 국어 교육이 걸어가는—걸어가야만 하는 걸음걸이로서의 목표(지점)는 초등학교에서부터 대학에 이르기까지 한결같은 지점으로서 하나가 됨에 있다.

그 목표(지점)는 행복론에 바탕을 두는 것이요, 두어야만 하는 것이다. 그렇고 보면 국어 교육의 목표는 3개의 세계를 지닌다. 이를테면, 배달말과 글을 통한 삶에 있어서 불편함이 없도록 하는 1차원의 세계가 있고, 배달말과 글을 통하여 감성과 지정을 풍부하고도 윤택스리 균형 있게 길러 내어 사람됨(인격)을 훌륭하게 하는 2차원의 세계가 있고, 배달말과 글을 통하여 인식 능력을 넓게 또는 깊게스리 자리 잡게 하여 애써 만드는 힘을 지니게 하고, 나아가 겨레의 체질을 개선할 것이며, 그리하여 마침내 문화 창조에 이바지되게 하여 나라와 겨레의 행복을 가져오게 하는 3차원의 세계가 있다.

이와 같은 목표(지점)를 두고 초등학생이 가야만 하는 도달점이 있고, 중학생·고등학생이 가야만 하는 도달점이 있고, 전문학생·대학생이 가야만 하는 도달점이 있을 뿐이다. 이 "도달점" 문제는 나이에 따른 능력에서 결정될 일이며, 이 도달점이 정하여지면, 그에 따른 학습 내용(교재)이 결정 되고, 결정된 그 학습 내용을 두고 어떻게 운영하면 목표 아래 진행되는 그 도달점에 이를 것인가 하는 "학습 운영" 문제에 이르게 된다.

국어 교육은 ≪목적≫(행복스런 한국사람 만들기) 아래, 걸어가야만 하는 ≪목표≫(3차원의 세계)가 있고, 그 목표에 따른 ≪도달점≫이 학교마다 따로 나오게 되고, 그 도달점을 위한 ≪학습 내용≫(교재)이 있게 되고, 그 학습 내용을 운영할 ≪학습 운영≫이 나오게 되는바, 소위 "5부 조직"으로 이루어짐에 있다.

오늘의 우리들 국어 교육은 이와 같은 한 가닥의 조직 아래 짜여져 있지를 않고, 더구나 국어 교육 목표의 마지막 단계인 3차원 세계에는 전혀 눈을 돌리지 못하고 있다. "유네스코 조사 보고에 의한 세계 여러 나라들의 국어 교육 목표를 보면, 사고하는 방법과 표현하는 방법을 보다 나은 곳으로 고쳐 나간다,"[1]라는 것이 있다. 발전을 위한 개선 쪽으로 머리를 둔다고 하는 바가 곧 3차원 세계이다.

우리들의 국어 교육도 빠른 시일 안에 3차원 세계로 끌어 올려서 이르는바, 세계 수준에 이르도록 해야만 한다.

---

1) 김홍락: 국어 교육의 목표와 바람직한 국어 교사상 p.35(경남교육 39; 1973; 국어 교육특집).

12. 국어 교육의 할 일

국어 교육이 어떤 목표 지점에 이르기 위하여 많은 일들을 해야만 한다. 그에 따른 일들을 두고 일본말로는 영역(領域)이라고들 한다. 그 일이란 "말하기"를 해야만 하고, "듣기"를 해야만 하며, "읽기"를 해야만 하고, "짓기"를 해야만 된다. 초등학교 1·2학년에서는 "쓰기"도 있다.

"말하기", "듣기", "읽기", "짓기"라는 활동을 하는 데 있어서, 이들 사이에 어떤 질서가 있는 것도 아니다. 언제나 종합되게 전체로 다루어지는 것이요, 그렇게 되어야만 한다. "짓기" 시간이 따로 나온다든가, "짓기"만은 숙제로 돌려져서는 안 된다는 뜻이다. "말하기", "듣기", "읽기", "짓기"를 언제나 50분 동안에 골고루 종합되게 다루어야 한다는 곳에 뜻이 있다, 오늘도 그러하고 내일도 그러하며, 초등학교도 그러하고 중학교·초등학교도 그러한 것이다.

≪말하기≫

겉으로 나타나는 움직임으로서는 "말하기"와 "짓기"가 같은 계열인가 하면, "듣기"와 "읽기"가 같은 계열이다. "말하기"에는 듣는 이가 있어야만 하고, 듣는 이를 위하여 말하기가 운영되어야만 하는 것이다.

성실한 이는 성실하게 말을 하고, 거친 이는 거칠게 말을 하고, 고운 이는 곱게 말을 한다. 이 말은 다시 "성실하게 말함으로써 자기도 모르는 사이에 성실한 사람이 되어 있고, 거친 말을 함으로써 자기도 모르는 사이에 거친 사람이 되고 있다는 논리를 끌어내는바, 이 논리를 최대한 이용하는 곳에 말하기 교육의 뜻이 모인다. 말의 창조적 기능을 립스(Hans lipps)는 "말의 힘"이라고 한다.1) 사람이 지니고 있는 인식 능력으로서의 지성과 감성은 말을 통하여서 개발되고 성장한다. 수학도 기호 이전에 이미 말을 통하여 이룩되는 것이다. 말을 통해서 외부 세계를 알게 되고, 또 그것을 정리하고 형성하는 그 흐름을 통해서 사람의 인식 능력이 자라나는 것이다. 사람은 말을 통해서 현실을 창조하게 되고, 창조되는 그 흐름을 통해서 살아나가는 것이며, 그렇게 살아나가는 동안 저도 모르는 사이에 어떤 사람이 만들어지고 있는 것이다.

아름다운 말을 골라 쓰는 힘이 길러졌다고 하면, 저도 모르는 사이에 고상한 품위를 지니는 사람이 되고 있는 것이다. 나쁜 말을 사용하는 버릇이 생기면, 저도 모르는 사이에 나쁜 사람이 되고 있다.

배달말을 아름답게 만들어 나가려고 하면은, 소리에 대한 아름다운 느낌(음미감)을 길러나가야 한다. 모음이 많으면 대충 미끄럽게 되고, 자음이 많은 말은 거칠고 조잡한 것이 된다고 함이 게르만 말

---

1) 李奎浩: 말의 힘, p.20.

들의 실험 결과였지마는 한국말은 자음과 모음이 거의 같은 세력으로 짜여지기 때문에 어찌 할 길이 없다.

"데이오니소스"에 의하면, 가장 아름다운 소리는 긴 모음이고, 다음 가는 아름다운 소리는 짧은 모음이며, 그 다음이, 반모음이며, 자음은 아름답지 않다. 자음들 사이에서는 <l>가 가장 달콤하고, <R>는 가장 고귀하다. <n>·<m>은 중간 정도가 되며, <S>는 불쾌하고, <k·p·t>가 가장 불쾌한 소리라고"2) 알려 주었다.

배달말의 소리에는 이들보다 더 복잡한 것들이 있다. 물리적인 힘을 주어서 강조의 효과를 내게 하던 한국말이기에 "힘준 소리"에서부터 ≪된소리·거센소리·사잇소리≫를 모색한 질서 위에 놓여진다. 그리하여 한국 사람들에게는 소리를 통한 아름다운 느낌이 개발·성장되지 않았던 것이다. 우리들에게는 <S>소리가 불쾌하다고 여길 만큼 행복하지는 않다. 한국말 가운데 가장 불쾌한 소리는 ≪ㅊ·ㅋ·ㅌ·ㅍ≫, 그리고 ≪ㄲ·ㄸ·ㅃ·ㅆ·ㅉ≫들이다. 이들 소리가 후대로 내려올수록 활발해 지고 있다는 사실은, "힘준 소리"에 한국말이 밀려 나갔다는 것과 그것을 막을 만한 "소리에 대한 아름다운 느낌"이 한국 사람들에게 자라지 못했다는 논리 위에 서게 된다. 16세기 임진왜란으로 말미암아 한국말 소리가 거세게 또는 된소리로 되었다고 하는 이가 있지마는, 이와 같은 것은 논리로서 성립되지 않는다. 13세기 전반기 50년에 가까운 동안 한국사람은 몽고 침략을 입었고, 유럽만큼 전쟁을 많이 치렀던 곳도 보기 드문 일이지마는, 인도-게르만 말은 후대 로 내려올수록 아름다운 말소리로 발전해 나갔다는 사실은 좋은 보기가 된다.

"사잇소리"를 지나치리만큼 인정하려고 하는 것도 아름다운 소리 느낌(음미감)이 길러진 바가 없기 때문이다. 그리고 유쾌한 소리로 으뜸가는 ≪ㄹ≫소리를 첫소리에서 나오지 못하게 막아 버린 것도─나오

---

2) 波多野完治: 文章心理學, p.253.

는 소리를 가지고서—아름다운 소리에 대한 느낌이 길러지지 않았던 때문에 그렇게 된 것이다. "사잇소리" 또는 "첫소리 막음법칙"들은 아름다운 한국말을 만들어 나감에 있어 굉장히 큰 잘못을 저지르고 있는 것이다. 말의 모습(언어 현상)대로 따라가야 한다고 하는 언어 현상학의 잘못이 여기에서 들어남에 있다. 불쾌한 소리를 되도록이면 피하면서 아름다운 소리 쪽으로 운영한 게르만 말의 흐름은 우리들의 눈을 끈다. 그들은 글자대로 소리를 내지도 않고 소리 나는 대로 적는 것도 아니다. 이와 같은 공부를 "아름다운 말갈"(언어미학)이라고 하는바, 우리들에게는 "아름다운 말"이라는 공부가 열려지지 않고 있다.

우리들도 이제는 불쾌한 소리를 되도록이면 피하고, 유쾌한 《ㄹ》 소리를 비롯하여 아름다운 《ㄴ》소리도 활발하게 일으켜야 한다. "l", "R"라는 두 가지의 소리가 있음에도 그에 따른 글자를 지니지 못하고서 "ㄹ"자 하나만으로 구차스리 사용하게 된 것만도 불행한 일인데다가, 그 "ㄹ"마저 첫소리에서 막아 버렸으니, 아름다운 한국말—유쾌한 한국말 만들기에 불행한 일이었다. 소리에 대한 느낌은 청소년 시절에 길러 두지 않으면 일생토록 그 힘을 지닐 수 없게 되는바, 속된 말로 맑고 밝은 귀를 만들어 주어야 한다. 예술에 대한 아름다움의 느낌도 말을 통하여 얻어짐에 있다.

여기에 이르기까지 말해온 것은 2차원 세계(사람됨)와 3차원 세계(발전)에 해당되는 것이었다. 그런가하면 1차원 세계에 해당되는 것은 "표준 말"이라는 것과 "말버릇"문제에 이른다.

대종을 잡는 표준말이라는 것은 나라 말 가운데서 어떤 대종을 삼기 위하여 사람들이 약속한 공통 말을 두고 이르는 것이다. 표준말에 있어서 그 대종이 되는 기준을 어디에 두어야 할 것인가에 많은 문제가 있다. 고운 말·아름다운 말 쪽에 기준을 두는 나라도 있고(프랑스), 정치 수도 말에 내어 맡기는 나라도 있다(한국·중국·일본).

한국의 표준 말 기준은(서울·현재·중류), 사용하는 사람이 많은

말 쪽에 두고 있는바, 때로는 그들의 말이 거친 곳으로ー아름답지
않는 쪽으로 가더라도 그 쪽으로 따라가야만 한다는 약속에 있다.
소리에 따른 많은 혼란이 생기는 중국말의 경우는 정치 수도를 중심
으로 표준말을 정하지 않을 수 없는 사정이 있지마는, "소리 모습"
이 뜻을 결정지우는 일이 없는 한국말은 어떤 대종 잡기에 자유스러
운 편에 선다.

　한국의 표준말은 6,231개의 말이(1936년에) 약속되었다.3) 여기에
서 더 늘여서도 안 된다. 표준말의 가치 수가 많아지면 많아질수록
한국말은 제발에 묶여서 발전하지를 못한다. 표준말 약속이란 "어떤
곳으로 말을 끌고 가야 할 것인가에 대한 방향 제시에 있어야 한
다." 낱개의 말을 두고 낱낱이 정하여 두어서도 안 되고, 그렇게 할
수도 없는 일이다. "국어사전"에 들어 있는 말이 모두 표준말이라고
잘못 여기는 이들이 때로는 있었다.

　말하기에 있어서 일찍부터 훈련시켜야 할 것은 "말버릇"이다. 듣
는 이로 하여금 즐겁고ー재미있고ー알기 쉽고ー뜻이 분명하고ー논리
가 명석하다는 말이 나오도록 운영함에 있다. 이렇게 되기 위하여서
는 "속말하기" 버릇을 길러야 한다. 어떤 내용을 말하려고 할 때,
소리내기에 앞서 먼저 머리 속에서 그 말을 해 보는 것을 두고 "속
말하기"라고 한다. 머리 속에서 말을 고루고, 그것을 정리하고, 알맞
은 말인가를 시험을 해 보고서 판단을 거친 뒤에 비로소 입을 열어
서 소리를 내는 것이다.

---

3) 1933년 맞춤법 통일안이 만들어졌을 때, 표준말이라는 말이 나왔고(총론2항), 3년
　뒤 1936년에, 9,547개의 말을 놓고, 사정한 결과 6,231개가 정하여진 것이다.

≪듣 기≫

듣기는 이해력을 기르는 하나의 수단이 된다. 남의 이야기를 잘 들을 수 있는 사람은 우선 행복한 사람이다. 나라와 나라 사이도 마찬가지다. 듣기를 잘 하지 못한 나라는 그만큼 뒤졌다. 한국이 그러했고 중국이 그러했으나, 일본은 그렇지 않았다. 일본은 "듣기·말하기·읽기·짓기"라는 차례로4)—차례대로 하는 것은 아니지마는—"듣기"를 앞세우는 재미있는 현상이 있다.

말하기와 짓기가 ≪나≫의 것인가 하면, 듣기와 읽기는 ≪너≫의 것을 ≪내≫가 받아 보는 활동이다. 남의 것을 내가 받아 보는 것이 듣기와 읽기에 따른 정신 활동이기 때문에 여기에는 이해가 요청됨에 있다.

청소년에게 왕성하게 잘도 자라는 것이 상상력인가 하면, 이해하는 힘은 느린 걸음을 걸어간다. 이해하는 힘이 많은 어린이를 두고 어른스럽다고들 한다. 이해하는 힘이 모자라기 때문에 어린이들은 듣기를 잘 못한다. 그런가 하면 노인에게 왕성한 것은 이해력이요, 사라져가는 것은 상상력이다.

이해란 풍부한 "머리 속 말"로 보는 눈을 바꾸어 놓는바, 소위 "경우"에 따른 시련이 한 덩이로 뭉쳐서 이루어지는 정신 활동이다. 이해하는 힘이 풍부하려면, 속말이 풍부해야만 하고, "경우"를 두고 생각하는 정신 활동이 풍부해야만 된다. "속말"이란 머리 속에 들어 있는 말로써, 이 말의 힘으로 듣기가 이루어짐에 있다. 수학이 겉으로 보기에는 말을 물리친 기호만의 논리처럼 보이지마는 사실상 그 기호들을 움직이게 하는 것은 "속말"의 힘이요, 속말이 없다면 수학이라는 학문은 사람에게 있을 수 없게 되는 것이다. 보기를 들자면,

---

4) 조영제: 초등학교 국어과의 합리적인 방안, p.32. (교육경남, 39·1973).

“cos60° $= \dfrac{1}{2}$ ”을 말로 하는 경우에서 증명이 가능하다. 이를테면 “cos 60°는 $\dfrac{1}{2}$ 이다”(1) “cos 60°는 $\dfrac{1}{2}$ 과 같다”(2) “cos 60°의 경우는 $\dfrac{1}{2}$ 이다”(3) “cos 60°의 경우는 $\dfrac{1}{2}$ 이 된다”(4)라는 네 가지 모습으로 말을 서로 달리 했을 때, —처음으로 부딪치는 이에게—그 말의 힘에 따라 내용에 따른 이해가 전혀 달라짐에 있다. ①과 ②의 말은 수학을 자꾸만 어렵게 만들어서 마침내 모든 것이 공식으로 되고 마는 쪽으로 사람을 몰고 가는가 하면, ③과 ④는 수학을 알기 쉽게 이해하는 쪽으로 몰고 가는 말이 된다. ③보다는 ④가 우수한 말이요, ④보다 더 훌륭한 말을 찾으려고 하면 “cos 60°의 경우는 $\dfrac{1}{2}$ 이 되는 길이다”라는 말이다. 수학은 “경우”라는 말을 강조하는 학문이다. “경우”라는 속말을 생각할 힘이 없는 이는 끝내 이것을 공식으로 밖에 볼 수 없게 된다. 수학은 언제나 관계를 말하고 있을 뿐인데도—기호로 나타내면서—속말을 다듬지 못하는 이에게는 언제나 외우는 공식으로 여길 뿐이다.

노래 맛(음악감상)도 속말에서 이룩되는바, 속말이 가난한 이는 노래를 맛보기가 어렵고, 속말이 넉넉한 이는 노래를 맛보기가 풍부하게 이루어진다. 그림도 마찬가지다. 아름다운 느낌도 속말에서 이룩되는 것이다. 꽃을 보고 아름답다고 느끼게 되는 것은 눈의 힘이 아니다. 눈은 보았던 것을 그대로 머리 속으로 전달해 주는 구실밖에는 없다. 눈먼 장님이 아름다움을 느끼는가 하면, 눈을 뜬 벙어리가 아름다움을 느낌에 있어서 장님보다 훨씬 못함은 이 사실을 증명하여 준다.

“아름다움을 느낀다는 것은 말의 힘이다”라는 명제는 놀라운 공리를 끌어낼 수가 있다. 이를테면 “아름다움에 대한 느낌이 풍부해 질려면, 아름다움에 대한 속말이 그만큼 넉넉해야 한다”는 논리를 끌어 낼 수가 있다. 속말이 넉넉하면 듣기가 만족스리 이루어지는 것도 아니다. 속말이 풍부해진 뒤에 다시 "경우"라는 말을 통하여 "경우"를 두고 생각하는 정신 활동이 뒤따라야만, 듣기가 완성되면서 만족스리 이루어짐에 있다

"경우"라는 말은 "나"로 하여금 "나"를 버리고서 "너"의 세계로 "나"의 생각을 너의 세계로 옮겨지게 하는 힘을 지니고 있다. 어떤 의미로는 코페르니쿠스(Copernicus: 1473~1543) 같은 뒤돌림을 요청하는 방법이기도 하다. 그 방법이란 "눈의 각도"와 "눈과 물체 사이의 거리"를 바꾸고서 때로는 옮겨 놓아야 한다는 일종의 기술에 해당된다. 그렇게 함으로서 이해하는 힘이 동원되어 마침내 "듣기"를 잘하게 되는 것이다. 듣기를 잘한다는 것은 두뇌 작용을 최대한 동원하는 일이다. 귀만 내어 밀고 있는 것은 듣는 것이 아니다.

"듣기"를 잘하려고 하면, "나는 아무 것도 아는 것이 없다"는 마음가짐이 있어야 하고, 들을 때는 두뇌 작용이 있어야 하고, 듣고난 뒤에는 전체의 뜻을 잡아야 하고, 그리고는 "경우"라는 말을 집어넣어서, 보는 눈을 돌려놓는다. 그리고난 뒤에 다시 종합한다. 마침내 비판을 거쳐서 판단에 이른다. 판단을 거친 것이라야만 앎이 되는 것이다.

≪읽 기≫

사람은 누구든지 "소리읽기"로부터 "뜻읽기"로 옮겨지는 것이다. 초등학교 1·2·3학년은 소리읽기 시절에 든다. 이 동안에는 바른 소리를 낼 수 있도록 하고, 그 소리에다가 뜻을 주는 일이 중요하다. 그런가 하면 운문(verse)은 소리읽기와 뜻읽기를 차례로 어울려서 할 일이요, 산문(prose)은 뜻읽기로 이루어짐이 바람직한 일이다.

소리읽기에서 처음으로 거두어 들여야 하는 것은 민감한 귀를 만드

는 일이다, 소리를 듣는 일은 귀를 거쳐서 이룩될 뿐, 귀가 하는 일은 아니지마는 편의상 귀라고 해두자. 어떤 소리를 듣고서 그 소리 값을 발견하는 일이다. 소리 값이란 말에 대한 하나의 판별 능력이 된다. "고운 소리", "아름다운 소리", "거친 소리", "불쾌한 소리"라고 느껴지게 하는 그 힘을 기름에 있다. 나아가 소리들이 맞대어서 유쾌한 어울림을 주는 유포니(Euphony: 유쾌한 어울림소리)5)와 소리들이 맞대어서 유쾌한 어울림을 주지 못하는 케거포니(Cacophony: 안어울림소리)6)에 대한 가름을 할 수 있게끔 한다. 다음에는 어떤 소리가 반복됨으로 말미암아 얻어지는 유쾌하고도 아름다운 느낌(Rhyme)을 힘으로서 얻게 되는 곳으로 간다.7)

느낌이란 직감에서 오는 것이기 때문에―예술에 대한 미적 감정은 직감에서 오는 일종의 인식 능력에 바탕을 두기 때문에 이들은 모두 직감에서 얻어져야만 한다. 느낌에는 설명이 앞서지를 않는바, 설명이 앞서면 예술은 뭉개지고 만다. 교사는 언제나 결론에 해당되는 것을 말해서는 안 된다. 자신들이 힘을 얻도록 끝내 훈련을 시켜야 하는바, 그것은 몇 시간이 걸려도 좋다. 힘이 생기면 그 뒤에는 무엇이든지 풀려지기 때문이다. 한국 사람들은 "소리느낌"에 대해서 매우 둔하다는 기본 능력을 우리들은 언제나 계산하고 있어야 한다. 한국말을 가지고 많은 시련을 겪은 일이 없었기 때문이다. 중국 한자(漢字)소리에 맞추어 중국 시(漢詩)를 2천년에 가까운 세월을 두고 지어온 탓으로, "소리느낌"에 대한 실감을 맛 볼 수가 없었던 것이다.

---

5) 어울림소리(유포니)의 보기를 들면 ≪청산별곡≫이 있고, 윤선도의 <잔들고 혼자 안자 먼뫼흘 바라보니, 그리던 님이 오다 반가움이 이러하랴, 말삼도 우음도 아녀도 몯내 됴하 하노라>.
6) 안어울림소리(케커포니)의 보기를 들면, <작년 솟장사 헛솟장사>, <작년 콩깍떼기 헛콩깍떼기>, <다로러·거디러·다로러>.
7) "반복음의 쾌감" 보기: <곡조가 끝나기 전에 눈물이 앞을 가려서/밤은 바닷가가 되고, 거문고 줄은 무지개가 됩니다: 한용운>, <바람이 자꾸 부는데/내 발이 반석 위에 섰다/빈 가지에 바구니 걸어 놓고/내 소녀 어디 갔느뇨: 오일도>.

다음에는 물결(Rhythm: 율)을 더듬을 차례가 된다. 직감에서 오는 물결을 붙잡게 하여야 하는바, 이것이 힘 드는 일이다. 직감에서 오는 느낌을 잡아야 하는 것은 반복 소리느낌(Rhyme)이나 물결(Rhythm)이 모두 같은 바탕 위에 서지마는, 물결(율) 잡기가 반복소리 느낌(운) 잡기보다 훨씬 힘 드는 일이다. 여기에서 "물결(리듬)이란 일정한 운동의 되돌아오는 반복의 모습이다"라는 말로, 물결(율)의 뜻매김을 알려주어서는 안 된다. 그렇게 하면, 모처럼 애서 얻고자 하는 "느낌의 세계"가 무너지고 만다.

물결은 나라 말소리에 따라 결정이 되는바, 약강으로 되는 말은 강약을 단위로 하는 물결이 생기고(영어), 높낮이로 되는 말은 높낮이를 단위로 하는 물결이 일고(중국), 길고 짧음으로 이루어진 말은 길고 짧음을 단위로 하는 물결이 생기게 됨에 있다(한국).

그런가 하면 ≪숨쉬기≫를 단위로 하여 물결을 잡는 방법이 있는바, 이것은 앞에서 든 "강약", "높낮이", "길고 짧음"을 단위로 한 물결보다 느낌 잡기에 있어서 정확하다. 어떤 나라 말이든 (중국 시는 예외지마는) "숨쉬기"에 물결의 단위가 주어지지마는, 한국말과 같이 길고 짧음으로 이룩되는 말은 "숨쉬기"에서 물결이 결정되는 셈이다.

≪숨쉬기와 말≫, ≪숨쉬기와 글≫들 사이에는 서로들 일치되기를 요청하는 것으로, 여기에 대한 연구 및 훈련이 앞으로 많이 있어야 한다.

이와 같은 일들을 통하여 얻고자 하고 얻어야만 하는 것은 아름다운 느낌이다. 운문을 두고 "소리읽기"가 끝나면 다음에는 "뜻읽기"로 들어간다. 뜻의 세계를 머리 속에서 더듬어 나가는 일이 요청되고, 그리하여 마침내 통일된 뜻을 잡는다. 그리고는 맛을 보는 것이다. 이와 같은 일이 끝나고 나면, 소리읽기에서 얻은 느낌과 뜻읽기에서 얻은 느낌 을 종합하는 일이다. 그리하여 마지막에 이르는 곳은 미적 체험이다.

산문(줄글)은 한결 뜻읽기로 충당된다. 뜻읽기가 바라는 것은 전체를 한 눈에 넣고서 마침내 한 마디 말로 바꾸어 놓을 수 있는 힘을 기름에 있다. 뜻읽기의 발전 단계는 토막만을 알다가 그것들이 하나로 이어지게 됨을 알게 되는 곳으로 나아감에 있다. 부분밖에, 알지를 못하다가 통일된 뜻에 접근되고 마침내 전체의 뜻을 한 마디로 바꿀 수 있게 되는 곳으로 발전하는 것이다. 통일된 글 뜻을 잡지 못하는 이들은 언제나 어떤 부분을 가지고 전체라고 여긴다. 이는 읽기 실력이 충실하지 못하기 때문에 그렇게 된 것이다.

"전체 뜻잡기"에서 한 걸음 더 발전하는 곳은 글 지은 이와 같은 자리에 서는 일이다. 글 지은 이의 기분을 알고, 짓게 된 말미를 알아서 글의 냄새를 맡는 일이다. 그리하여 마침내 글 지은 이의 사람 됨을 냄새 맡기에 이르는 곳이 마지막에 이르는 지점이다. 비판을 거쳐서 판단에 이르는 작업은 언제나 사랑 받는 일이어야만 한다.

운문이 대충 감성을 풍부하게 하는 자료인가 하면, 산문은 지성을 개발하는 대상이 된다. 산문에는 수필(Miscellany)이 있고, 소설이 있고(또는 희곡), 시필(Essay)이 있다. 시필이란 지성의 바탕 위에 감성이 올라탄 것으로 깊이 있는 생각이 풍부한 느낌을 만나서 자유스러운 문체와 자유스러운 방법으로 적어 나가며, 마침내 짧은 길이를 지니는 문학스런 지음을 두고 이르는 말이다. 깊이란 독자스런 지혜로서 사색적인 측면을 두고 하는 말이다. 요컨대 시필이란 짧은 논문에 해당된다. 깊은 생각과 풍부한 느낌을 주는 곳에서 시필은 수필(감상문)과 헤어지며, 수필을 물리침에 있다. 수필보다는 시필을 많이 읽혀야 하는데, 우리들은 시필에 해당되는 글이 매우 드물다. 수필(감상문)은 넘쳐흐르지 마는 시필(Essay)이 드문 나라가 한국이었다. 지성과 감성이 균형 있게 자라도록 읽기 자료가 그렇게 되어야 하는바, 이는 교과서 문제로 돌아간다. 미국이 "읽기"를 가장 앞

으로 내어 밀고 있음을—읽기·짓기·말하기·듣기 차례로서8)—우
리들은 주의 깊게 보아야 한다.

≪짓 기≫

자신의 실력을 행동으로 나타내는 "말하기·짓기"가운데서 가장
애를 쓰면서 이룩되는 것이 짓기다. 짓기에는 모든 힘이 동원되지마
는 마지막으로 얻게 되는 것은 창조력이다. 모든 정신 능력을 기름
에 있어서 논리적인 글과 문예적인 글을 골고루 다루는 글짓기가 있
어야 한다. 감성이 풍부하고 세련되었다고 해서 지성이 개발되는 것
도 아니고, 지성이 개발되었다고 해서 감정이 풍부해지는 것도 아니
다. 교육의 고민이 여기에 있고, 이 고민을 해결하고자 함이 곧 골
고루 길러야 한다는 전인 교육이다.

논리적인 글은 지성을 다루는 것이요, 문예적인 글은 감성을 다루
게 된다. 짓기를 통하여 지성을 일깨우고, 감성을 세련되게 하는 것
이다.

논리적인 글을 지음에 있어서 문제를 삼고 일으켜야 하는 것이,
"주어 문제", "친절 문제", "와 문제", "있다 문제", "가정하는 문
제", "말미 문제"들이 우리들에게 주어지고 있다.

주어를 앞세운다든가 주어를 꼭 챙기게 하는 것을 짓기에서 바로
잡고 훈련을 시켜서 "풀이"를 열심으로 하는 한국말도 이제는 임자
말을 중심으로 하는 쪽으로 바로 세워야 한다. 임자 되는 말이 없이
는 어떤 사물을 논리에 맞도록 적을 수가 없기 때문이다. 그리고 대
상에 대한 강열한 인식을 일으키려고 하면—인식 대상을 자극하려고
하연 한국말로서는 ≪있다≫라는 말을 일으켜야 한다. ≪이다≫가

---

8) 조영재: 초등학교 국어과의 합리적인 방안, p.32. (교육경남, 39, 1973).

조용하게스리 설명하는 논리인가 하면, ≪있다≫는 인식 대상을 자극하는 설명의 논리이다. 한국말에서는 친절하게 설명하는 논리가 자라지를 못했다. 게르만 말들은 짓기를 통하여 보다 친절하게 설명하려고 하던 의식 아래 관계사(who, which, that……)를 생각해 낸 것이다. 앞에 나온 말 가운데 읽는 이들의 알기 어려운 바를 염려한 나머지, 그것을 친절하게 분명하고도 명석하게 설명을 해놓고 계속해서 이어나가는 관계사를 모색해 낸 것이다. 독자 의식이 강열했던 문화 모습의 결과적 산물이다. 자기를 위하여 글을 짓는 것이 아니고 남들을 위하여 남들에게 이 사실을 알리기 위하여 글을 짓는 것이 서양 사람들이었는가 하면, 남들이 되도록이면 모르는 옛 이야기와 어려운 글자를 골라 써 가면서 자기 자신의 많은 지식을 알리며, 그것을 보여 주기 위한 문화 모습이 한국·중국·일본이었다. 관계사가 친절하게 설명하는 논리에서 얻어진 선물이지마는, 독자 편에서는 주의와 긴장을 불러일으키는 효과로 나타남에 있다.

자기를 버리고, 읽는 이를 위하여 친절하게스리 정성을 바치는 "친절의 논리"로 한국말을 운영해야만 한다. 그렇게 함에는 우리들로서는 ≪-≫기호를 이용하는 길이 있다.

"와"는 관계를 두고 생각하는 논리에 이른다. ≪너와 나≫, ≪나와 너≫, 나아가 ≪나와 나라≫, ≪나라와 나≫, ≪나와 세계인류≫라는 말들에서 ≪와≫가 지니는 교묘한 힘을 두고서 고심하는 일들이 필요하다, ≪나와 너≫라는 집단에서 "나", "너"에 대한 생각은 많이도 했지마는, 이 두 개의 사이를 이어 주는 ≪와≫에 대한 논리를 발견하지 못한 것이 대충 동양사회였던 것이다. 아리스토텔레스(B. C. 384~322)는 사람을 사회스런 존재(Zoon plitikon)라고 했는가 하면, 예수 그리스도는 사회의식이 강열한 나머지 마침내 사랑을 외쳤다. 그런가 하면 동양에서는 사람과 사람사이를 이어주는 논리가 없었다. 개인으로부터 출발해서 개인으로 끝나는 "개인스런 존재"라고 풀었던 것이다. 공자는 개인의 성장만을 열심히 강조했다. 개인이 모두들 성장하여 성인(聖人)의 경지에 이르면 행복스런 집단이 된다고 생각한 사고 체계였다. 그 성스러운 경지를 공자는 "인(仁)의 세계"로 더듬었다. 개인의 덕을 낱낱이 쌓게 하는 곳에 공자가 힘을 주었는가 하면, 맹자는 지도자를 거룩한 경지로 끌어 올리면 집단사회는 행복해 진다는 생각이었다. 동양 사람들은 오랜 세월을 두고서, 공·맹의 생각대로 사람마다 덕성만 길러진다면 밝은 세상이 온다고 믿었던 것이다. 이들은 《나와 너》라는 집단 사회에서 <나>, <너>는 잘 알고 있었지마는 <나>, <너>를 통일되게 묶어 주는 《와》에 대한 논리를 발견하지 못했던 것이다.

　《와》는 통일의 논리로서 두 개의 사이를 통일되게 묶어 주는 끈의 구실을 한다. "와"를 두고 오늘날에도 독립된 개체의 연속 논리로 사용하는 글들이 있음을 보게 된다. 이를테면 "와(with)"를 가지고, "그리고(and)"로 착각하는 글들이 오늘날에도 있고 보면, 일지기 관계 논리가 분명하게 자라지 못했음을 알려준다. 예컨대 <18세기 시와 소설>이라고 제목은 부쳐 놓고는, 내용인 즉 <18세기 시, 그리고 18세기 소설>을 내용으로 담고 있는 경우들이 많이 있다는 것이다. 이것은 <18세기 시와 18세기 소설 사이를 통일되게 하나로 묶는 것으로>의 <18세기를 담아야 하는 것>이다. 두 개의 개체가 통일되어 하나가 되는 것이 《와》인가 하면, 두 개의 개체를 두 개가 되게스리 차례로 이어 나가는 논리가 《그리고》이다.

　<만약……이라면……일 것이다>라는 말들은 어떤 그림자를 더듬게 하며 시간의식을 불어 넣는다. 그리고 또 "때문에", "하기 위하여", "그러므로"들의 말을 짓기에서 훈련시켜서 논리적 사고를 지니게 한다. 문제를 일으킬 줄 아는 힘도 길러야 하는바, 여기에는 <무엇일까>라는 말이 있는가 하면, 이보다 더 강열한 생각을 일으키는 것으로는 <도대체, 무엇일까>라는 말이 있다.

  문예적인 글을 짓는 데는 <그림자 더듬는 힘>이 동원되는바, 그림자 더듬기(imagnation)란 그림자를 머리 속에 떠오르게 하여 이것을 어떤 것과 합하여서 마침내 미묘한 어떤 느낌의 그림자가 다시 떠오르게 하는 정신 작용을 지니는 일종의 활동이다. 이미지(image)란 <느낌에 비추인 그림자>를 두고 이르는 말인데, 일본 사람들은 心像(마음 그림자)라고 뒤쳤다.

  "그림자 더듬기"의 힘이 어디에서 오는가 하면, 신비스럽고도 놀랍게 말에서 오는 것이다. 청소년 시절에 왕성하게 자라는 것이 "그림자 더듬기"를 통한 "꿈"이다. 청소년은 꿈과 더불어 자라고, 많은 꿈을 안고서 자라야만 한다. 그들에게 많은 꿈을 길러 주어야 하는바, 그렇게 하려고 하면 그에 따른 말들을 길러 주어야 한다. 단테의 지옥, 괴테의 하늘나라, 그리고 박지원의 "범의 꾸짖음"들은 굉장한 "꿈"에서 나온 선물들이다. 모방에서 짐작으로, 짐작에서 상징(symbol)으로 옮겨지는 일들도, 말이 하고 있다. 말이 그런 일을 한다라고 하기보다는, 말을 통하여 사람의 머리가 그렇게 느껴지는 것에 있다.

  운문도 지어야 하고, 줄글도 지어야 한다, 이 두 가지 가운데서 줄글 짓기에 보다 무게를 두어야 한다. 학년이 오를수록 더욱 그러하다. 과학스런 사고력을 기르는 짓기도 있어야 하고, 지혜사랑(사색)을 기르는 짓기도 있어야 하고, 예술적 심미감을 기르는 짓기도 있어야 한다. 어느 한 곳에 치우친다면 자라나는 생명을 골고루 길러주지 못하고서 절름발이를 만들고 마는 죄악이 됨에 있다. 서투른 국어 교사일수록 예술적인 심미감만을 다루게 된다. 이런 교사를 만단 학생은 논리스런 글, 사색적인 글을 지을 힘이 없게 되는 불행이 따르는 것이다.

  ≪글은 자기 자신이다≫라는 명제만큼 우리를 훈련시키는 말도 그리 흔하지 않다. 글이 자라면, 자기 자신도 그만큼 자라고 있는 것

이고, 자기 자신이 자라면, 글이 그만큼 자라고 있는 것이다. 짓기의 성공은 ≪나≫라는 강열한 개체 의식에다가 솔직함, 그리고 성실에 있다. ≪나≫에 대한 강열한 개체 의식이란 곧 개성적인 글을 만들어 내게 하는 힘이다. 개성이란 곧 교양이다. 개성이 뚜렷한 글의 반대는 누구라도 쓸 수 있는바, 시시한 글(개념적인 글)이 된다. <글과 사람>, <사람과 글>은 한 덩이가 되는 것으로 속이지를 못한다. 속는 이가 있을 뿐, 속이지는 못한다.

사람이 보다 훌륭한 곳으로 향상을 꾀하려고 하면, 글을 닦아서 자신을 끌어 올리는 방법이 있다. 글을 지음으로써 생각을 넓히고 느낌을 키워나가는 도움을 받게 되는 고마움이 짓기에 있다. 생각을 키운다는 것은 지정의 개발이요, 느낌을 키운다는 것은 감성을 세련되게 하는 일이다.

성실한 사람은 성실한 글을 낳고, 거친 이는 거친 글을 낳고, 풍치는 이는 허황한 글을 쓴다. 이와 같은 명제를 거꾸로 세워 보면, <성실한 글을 씀으로써 자기도 모르는 사이에 성실한 사람이 되어 있고, 풍치는 글을 지음으로써 자기도 모르는 사이에 빈약한 사람이 되고 있다>는 논리를 이용하는 것이 짓기 교육의 처음이요, 끝이다. 빗드겐슈타인(wittgenstein)이 말하는바, "말의 형식(form of language)은 삶의 형식(form of life)이다"9)라는 명제는 위의 논리를 설명하는 데 많은 도움을 줌에 있다.

짓기에 있어서 잘못 운영되어 온 것이 우리들에게는 있다. 우리들은 "짧은 시간 안에 누가 먼저 지어 내느냐"하는 곳에 매력을 두고서 ≪빨리 짓기≫에 가치를 두어 왔던 것이다. 여기에 대한 역사스런 전통은 13세기 전반기 이규보(李奎報: 1168~1241)가 열을 올렸던바, "빨리 짓기 다툼"(走筆景)이라는 일종의 풍류에 있었던 것이

---

9) 李奎浩: 社會化와 主體性, p.133. (익문사, 1972).

다. 1215년(고종 2년 11월) 최충헌(崔忠獻: 1149～1219)을 모시고서 (충헌 집에서) 이규보와 진화(陳華)가 40 남짓한 운(라임)을 걸고 "빨리 짓기 다툼"이 붙었던바, 마침내 성대한 구경거리로 되어 백일장(白日場)이 되었으며, 이것은 오늘에 이르기까지 빨리 짓기 다툼이라는 소위 백일장의 바탕이 되어 주었던 것이다.10) 선뜻 선뜻 해치우는 놀람, 많은 사람 가운데서 제일 먼저 만들어낸다는 으쓱 으쓱한 기분으로 적어낸다. "잘된 곳"에 매력을 두는 것이 아니고, "빨리"에 가치를 두는 일종의 악순환이다. 한국 사람들에게 애써 만든다는 예술의식을 막아버렸던 역사스런 전통이 13세기에 뿌리를 박고서 한결 그대로 흘러온 것이다. 얼마나 오랜 동안 골머리를 썩여가면서, 어떤 무엇을 만들어 내었는가 하는 곳에 가치를 두는 예술 작풍에 대한 판단과는 반대쪽으로 흘러온 것이다. 얼마나 애를 쓰면서 고심했느냐 하는 곳에 기본 가치를 두는 사람들이 서양 사람들이었다.

짓기의 원동력은 "즐거움"에 있고, "즐거움"에서 나온 짓기라야만 참다운(창조스런) 짓기가 이루어진다. 즐거움을 바탕으로 한 그 위에다가 많은 그림자들을 얽어나가는 일이 곧 짓기가 됨에 있다.

---

10) 呂增東: 韓國文學史, pp.48-54(형설출판사, 1973).

13. 국어 학습의 차례

교육에는 차례가 중요하다. 학생은 배움의 차례가 되는 것이요. 선생으로서는 가르침의 차례 또는 운영의 차례가 되는 일이다. 차례를 달리 하면 같은 내용이더라도 전혀 다른 결과를 가져오는 것이다. 무엇을 먼저 배우고 그 다음에는 무엇을 먼저 배우게 할 것인가 하는 문제이다. 이와 같은 "차례"라는 말을 두고 일본말로는 課程이라고 한다.

교육의 차례에는 두 가지 모습이 있다. 학년에 따른 차례가 있는가 하면, 50분이 흘러가는 동안에 따른 차례가 있다. 학년에 따른 것은 문교부가 정하여 준다.1) 수학은 학년별 차례가 뚜렷하지마는 국어과는 그렇지를 않다. 순열을 배우고 조합을 배우고, 확률을 배운다든가, 미분을 배우고 적분을 배운다든가, 하는 학년 차례가 뚜렷하지마는 국어 교육의 차례는 그렇지도 못하고 그렇게 될 수도 없다. 초등학교에서도 "말하기·듣기·읽기·짓기(쓰기)"요, 중학교에서도 "말하기·듣기·읽기·짓기"요, 초등학교에서도 "말하기·듣기·읽기·짓기"가 할 일이기 때문이다. 말하기에 따른 단계적 발전, 듣기의 단계스런 발전, 그리고 읽기·짓기에 따른 단계스런 발전이 있을 뿐이다.

---

1) 8·15 이후 세 차례 교육차례가 공포되었다. 처음은 1955. 8. 1. 두 번째는 1963. 2. 15, 세 번째는 1973. 8. 31에 공포되었다. 이 세 번째 것은 초등학교, 중학교는 완성되었으나, 초등학교는 1974년으로 넘겨졌다.

때문에 문교부가 마련해 주는 국어 교육의 차례는 일반스런 목표에 대한 것에 그칠 수밖에 없다.

사실상 국어 교사가 고민하는 것은 50분이라는 시간상 흐름에서 무엇부터 먼저하며 그 다음에는 무엇을 할 것인가에 따른 이르는바, 학습 차례에 문제가 있다.

"어떤 초등학교 학생이, 얼마 전에 학급 여행을 갔을 때, 우리 선생님께서 설명을 하시는 바람에 경치를 망쳐 버렸어! 선생님은 계속 산의 정확한 높이와 계곡의 깊이를 얘기하지 않겠어! 그리고 그 지방의 강우에 관해서 열심히 설명하시느라고, 우리들이 거기 있는 바위들이 어떻게 형성되었나를 생각할 틈도 주지 않았어! 선생님은 자신의 풍부하고 넓은 지식을 나열하시느라고 모든 시적인 전망을 감상하지 못했어!"2)라는 사실을 기놋(Ginott)은 보기로 들고 있다.

교사는 이와 같은 잘못으로 빠지기가 쉽다. 특히 국어 교사가 빠지기 쉬운 함정이다. 서투른 국어 교사일수록 처음에 글 지은 이를 두고 이야기 한다. 한 시간으로 모자라서 두 서너 시간까지 간다. 심한 이는 칠판에 써가면서 어떤 작자의 이력서를 들고 오기도 한다. 그러는 동안 그럭저럭 1주일을 보내는 이도 있다. 그 다음에는 "시란 어떤 것이고", "소설이란 어떤 것이고", "시는 어떠해야 하고", "소설은 어떠해야 한다"는 말들로 오랜 시간을 보낸다. 그 다음에는 낭만주의는 어떠하고, 자연주의는 어떻고들 하면서 보낸다. 여기에 이르기까지를 그 교사는 헤르바르트(Herbart 1776~1841) 5단계 설에(예비·제시·연합·일반화·응용) 좇아, 예비 단계로 여긴다. 그리하여 마침내 교재로 들어가서 한 번 또는 몇 번 읽고는 뜻풀이를 하고는 "알겠지"라고 물어 놓고는 그만 넘어가 버린다.

이렇게 배운 학생은 글 지은 이를 기억하게 되고, 제목에 눈 익게

---

2) Hain. G. Ginott: Teacher and Child: 片玲子, 李炫林, 뒤침 p.98 (학문사 1974).

되었을 뿐이다. 그런가 하면 번거롭고도 어지러운 무슨 덤말 몇 개를 들었을 뿐, 얻어진 "힘"이라고는 아무 것도 없다. 선생의 설명 때문에 얻어야만 하는 시적인 전망을 감상하지 못하게 되었다는 어느 초등학교학생의 여행 경험과 똑같게 되는 것이다. 어떤 경치를 보게 하는 학습여행에서, 선생은 설명을 하지 않아야 한다는 사실이 여기에서도 경험 할 수가 있다. 어디까지나 학생 스스로가 느끼면서 생각하도록 교사는 무던히도 기다릴 줄 알아야 한다.

국어 학습을 하나의 여행으로 생각하면 좋다. 처음에도 그 글이요. 마침에도 그 글 속에서 마쳐야 한다. 글 지은 이를 모르는 것이 좋고, 설사 적혀 있더라도 여태껏 기억하고 있는 모든 것을 머리 속에서 뽑아 버려야 한다. 자꾸만 자기 스스로의 느낌을 윤택하게 하고, 자기 스스로의 생각을 깊게스리 키워 나가는 것이 국어 교육이 걸어 갈 길이다.

올바른 국어 학습은 처음부터 글로 들어가서 얼마간의 시간이 흐르고 나면 자신의 느낌과 생각을 말하게 한다. 그리하여 "말하기"가 되는 것이요, 다른 학생은 남의 이야기를 귀담아 듣는 듣기 공부, 그리고 자신의 것과 견주어 보게 하는 듣기 공부를 아울러 시킬 수가 있는 것이다. 또 읽고 다시 읽혀서 마침내 느낌과 생각을 글로 나타내게 한다. 그리하면 짓기 공부가 아울러 되고 있는 것이다. 교사는 언제나 문제를 일으켜 놓고서 읽게 해야 한다. 얻고자 하는 바가 들어 남이 없이 막연스리 읽게 하는 것은 아무런 도움이 되지 않는다. 지은 글을 놓고 다시 정리하고 다듬어 나가는 수련이 있게 한다. 그리고는 다시 말하기로 들어갈 수가 있다. 마침내 총 정리가 이루어진다. 그리고는 판단하는 곳까지 나아갈 수가 있다.

"읽기"에서 얻은 것을 "말하기"로 하고, "말하기"는 "듣기"로 이어지고, "말하기", "듣기"에서 얻어진 것이 "짓기"로 이어지고, "짓기"에서 이룩된 것을 다시 "말하기", "듣기"로 연결하는 동안, 정리하고 다듬어 나가는 "짓기"가 다시 찾아오는 것이며, 그렇게 하더라도 무엇인가를 얻지 못할 경우에는 수학 공부처럼 다시 원점으로 되돌아가기도 하는 것이다. 요컨대, "말하기·듣기·읽기·짓기"들 사이가 빙빙 도는 바퀴처럼 한 가닥의 순환성에 놓여 있게 되며, 그렇게 운영되어야 하는 것이다.

한 단원의 시간 배당이 10시간일 경우 처음의 $\frac{9}{10}$ 는 "말하기·듣기·읽기·짓기"가 서로들 이어지면서 돌게 되고, 나머지 한 시간쯤은 그 글을 둘러싼 상황이 있다면 참고 삼아 간단하게 요령 좋게스리 이야기하고는 다시 제자리로 돌아와서, 모든 것을 한 뭉치로 하고서 전체가 되는 그 무엇을 얻게 하여야 한다.

수학이 학년에 따른 차례가 중요한가 하면, 국어는 50분을 운영하는 차례가 중요한 것이다. 수학 교사는 문교부가 만든 차례대로 따라가면 되지마는, 국어 교사는 자기 자신이 만든 차례대로 운영되는 학과이다. 수학 교재는 무엇을 하라고 지시되고 명령되어 있기 때문에 시키는 대로 하면 된다. 그런가 하면, 국어 교재는 그와 같은 지시와 명령이 없을 뿐만 아니라, 많은 자료 가운데서 어느 것이 교재로 들어올지도 모르는 일이다. 국어과는 교사 자신이 문제를 만들어 일으켜야만 되는 학과이다.

자기가 운영한 국어 학습이 잘 된 것인지, 아닌지를 검증하는 방법이 있다. 외우기 공부를 시켰다면, 자신이 운영한 국어 학습은 죄악을 저질렀다고 판단해야 한다. 외우기를 잘 하면―외우기에 힘을 쓰면 창조력은 약해진다는 사실을 잊어서는 안 된다. 한국의 교육은 958년(광종 9년 5월)부터 시작한 과거 시험 때문에 외우기를 힘쓰게 되었으며, 마침내 외우기 잘하는 이들이 뽑혀서 지도자가 되어 창조력 있는 인물이 자라지를 못한 것이었다. 설사 창조스런 사람이 있었다고 하더라도 그들은 발붙일 곳이 없었기 때문에 외롭게 삶을 보낼 수밖에 없었던 것이다. 20세기 오늘에 이르기까지 "고등고시"가 있고 "입학시험"이 있다. (고등·대학)참다운 앎이란 창조력에서 평가되는 것이다.

14. 국어 실력의 평가

일정한 일이 있은 뒤에는 반드시 평가를 내려야 한다. 평가는 언제나 내일을 위해서 어제와 오늘의 일들을 반성하는 곳에 가치가 있다. 내일을 위한 것이 아니라면 평가는 아무런 소용이 없게 된다.

평가에는 남들과 견주어 보는 "견줌 평가"(상대 평가)가 있는가 하연, 남들과는 상관없이 어떤 일반스런 기준을 두고, 그곳에서 자기만이 걸어가는 길이를 재어 보고서 내리는 "혼자 평가"(독립 평가)가 있다. 오늘날·초·중·초등학교는 남들과 견주는 평가를 하고 있으며, 내학은 남들과 상관없는 자기만의 능력을 재어보는 "혼자 평가"를 하고 있다,

남들과 견주는 견줌 평가는 "수·우·미·양·가"라는 단계를 만들어 놓고, 어떤 집단의 5%를 "수"와 "가"에 밀어 넣고, "우"와 "양"을 20%씩, 그리고 50%를 "미"로 밀어붙이는 평가이다. 남들과 견주어 보는 견줌 평가 가운데서 굉장히 큰 죄악을 범하는 것이 등수를 내는 일이다. 이를테면, A는 1등을 하고, B는 5등을 하고, S는 60등을 했다는 견줌 평가도 있다. "제일"이라는 곳에 매력을 느끼는 풍토를 지난 곳이 동양 사회였다. 장원 급제라는 것을 두고서 특별 대우를 하던 지난날 과거 시험에서 울어 나온 일종의 악순환이다. 장원이라는 말 대신에 톱(Top)이라는 곳에 온갖 신경을 쓰는 오늘의

한국 사람들은 옛날 사람들과 달라진 것이 없다.

　A는 무엇에 능력이 있고, B는 어떤 곳에 힘을 지니고 있다는 내용 평가 또는 능력 평가가 서양 사람들의 것인가 하면, 사람을 막연하게 한 줄로 세워 보는 "줄서기 평가"가 동양 사회의 것이다. 미국 사람들의 평가 기준은 능력(ability)이고, 독일 사람들의 평가 기준은 생각(Denken)이라고들 한다. 사회 형성은 평가에 지배됨에 있다. 번영하고 발전하는 나라와, 뒤지면서 뒤떨어지는 나라는 여기에서 판가름이 난다.

　남들과 견주는 평가는 청소년을 무던히도 괴롭혀 준다. 그들을 경쟁의 불덩이 속으로 밀어붙여서 마침내 "시기·질투"만을 안겨다준다. 1등은 거만하고, 3등은 억울하고, 5등은 답답하고, 30등은 재미가 없고, 40등은 원망하고, 50등은 삶을 미워하고, 60등은 태어난 것을 한탄한다. 이와 같은 평가에서 건강한 사람은 하나도 길러지지를 않는다. 이렇게 자란 국민들이 서로들 어울리면서 협동될 리가 없다. 적어도 나라의 장래를 걱정하는 이들로서는 이보다 더 중요한 것도 없을 것이다. 삶이 즐겁고 나아가 한국 사람으로 태어남에 고마움을 느끼는 학교 교육이 되어야 한다. 그렇게 자란 이들이 국민이 되었을 때만이 서로들 어울려서 협동하면서—나라의 번영이 곧 참다운 나의 행복으로 받아들일 것이며—서로들 창조스런 힘을 나타내기에 이를 것이다.

　올바른 교육 활동이 운영되었다고 하더라도 평가가 그것을 뒷받침하지 않을 때는 그 훌륭한 일들도 모두 무너지고 만다. 개인의 능력을 길러주는 것이 교육 활동이다. 걸음걸이가 한 때는 빠를 수도 있고, 한 때는 느릴 수도 있다. 사람이 살아가는 일생이란 "마라톤"과 같은 것이다. 출발이 빠르다고 해서 먼저 들어오는 것도 아니다. 어떤 이가 먼저 들어올지는 아무도 모른다, 길고도 멀리 내다보면서 추근히 기다리며, 끝장을 보아야 한다는 무던한 "기다림"이 교육에서는 무엇보다 소중한 일이다.

청소년들에게 경쟁을 붙이는 일은 그들의 자람을 죽이는 일과 같은 것이다. 그들 사이를 견주어 본다는 것은 그들을 무던히도 괴롭히는 몹쓸 짓을 어른들이 장난하고 있는 셈이다. 한국 어른들의 나쁜 버릇 때문에 희생을 당하고 있는 이가 어린이들이다.

"살인 평가"에서 벗어난 것이 혼자 평가(독립평가)이다. A는 A대로, B는 B대로 걸어가는 혼자 평가가 있다. A의 걸음걸이를 B와 견주어 볼 까닭이 없다.

가장 바람직한 평가는 "혼자 평가로서, 바뀌어 짐을 자람 값"으로 읽어 나가는 평가에 있다. 이를테면, A의 말하기 경우 "바뀌어 진 것이 별반 없다", "보다 분명해졌다", "소리 느낌에 대한 변화가 왔다"들처럼 바뀜에 따른 모습을 읽어나가는 내용 평가 또는 능력 평가를 말로써 나타내어야 한다.

교육이란 달라짐을 생명으로 삼는 가치 활동이다. "바뀌어 졌다"라는 사실은 "자람"을 뜻하는 것으로 교육의 효과가 된다. "달라짐"을 높이 사는 곳이 교육의 장이요, 그에 따른 노력을 칭찬하지 않을 수 없는 곳이 학교 사회다. "바뀌어졌다"라는 사실에서 받는 흐뭇한 감정에서 비로소 교육의 보람을 맛본다. 평가의 기준이 변화의 원리에다가 두는 경우에는, 자기 자신을 바꾸어 보려고 하는 노력이 뚜렷이 애쓰는 쪽으로 나타날 것이며, 학교교육의 초점이 그와 같은 곳으로 모여지는 날에는 창조력 있는 건강한 사람들을 만들어 내는 곳이 되어, 나라는 번영되어 개인은 행복스리 될 것이다.

"혼자 평가로서 바뀌어짐을 자람 값"으로 읽어 나가는 국어 실력에 대한 평가를 보기를 들면 다음과 같다.

<말하기 평가>

(1) 1학기에는 말끝이 ■■니만, 말끝이 분명해졌다.

(2) 1학기에는 더듬더듬하던 말이, 더듬지 않게 되었다.

(3) 1학기에는 끝맺음이 안 되더니만, 끝까지 이끌고 가는 힘이 생겼다.

(4) 1학기에는 거친 말을 했는데, 고운 말을 많이 하게 되었다.

(5) 2학기에 와서는 속말에 대한 힘이 쌓였다.

(6) 2학기에 와서는 아름다운 말에 대한 힘이 생겼다.

(7) 2학기에 와서는 살아있는 말을 찾으려고 애를 쓰게 되었다.

(8) 2학기에 와서는 말하는 태도에 관심을 가지게 되었다.

(9) 2학기에 와서는 알 맞는 말을 찾으려고 애를 쓰게 되었다.

(10) 2학기에 와서는 듣는 사람을 생각하는 쪽으로 나아가게 되었다.

<듣기 평가>

(1) 2학기에 와서는 몸을 흔들면서 몸부림치던 버릇은 사라졌다.

(2) 2학기에 와서는 귀만 내어 밀던 듣기는 벗어났다.

(3) 2학기에 와서는 들은 것을 다른 것과 견주어 보는 힘까지 생겼다.

(4) 2학기에 와서는 들은 것을 그대로 살릴 수 있게 되었다.

(5) 2학기에 와서는 듣는 중간에 판단해 버리는 정도는 벗어났다.

(6) 2학기에 와서는 끝내 차근차근 듣는 힘이 생겼다.

(7) 2학기에 와서도 변함없이 귀만 내어 맡긴다.

(8) 2학기에 와서도 속말이 늘어나지 않았다.

(9) 2학기에 와서는 듣는 힘이 신중한 곳으로 발전했다.

(10) 2학기에 와서도 듣는 힘은 좋으나, 태도가 좋지 않아서 염려됨에
     있다.

<읽기 평가>

(1) 1학기까지 만도 소리읽기에만 머물더니만 뜻 읽기로 옮겨졌다.

(2) 2학기에 와서는 아름다운 말에 대한 느낌이 많이도 자랐다.

(3) 2학기에 와서는 소리물결(리듬)을 잡는 힘이 생겼다.

(4) 2학기에 와서는 그림자 더듬는 힘이 넓혀졌다.

(5) 2학기에 와서는 생각하는 힘이 깊어졌다.

(6) 1학기까지만 해도 전체의 뜻을 잡기가 괴롭더니만 전체를 한눈에 넣을 수 있는 힘이 생겼다.

(7) 1학기에는 부분을 가지고 전체로 여기던 곳에서 상당히 넓은 것이라도 한꺼번에 지닐 수 있는 힘이 생겼다.

(8) 2학기에 와서는 통일하는 힘이 생겼다.

(9) 2학기에 와서는 종합하는 힘이 생겼다.

(10) 판단을 거쳐서 비평하는 힘이 생긴 것은 2학기 때부터이다.

<짓기 평가>

(1) 그리고……그리고……만 쓰던 글이었는데, 2학기에 와서는 "때문에"라는 말을 사용하는 글을 만들 수 있었다.

(2) 만약……이라는 가설을 세울 수 있는 힘이 2학기부터 생겼다.

(3) 2학기에 와서는 문제를 일으키는 힘이 생겼다.

(4) 2학기에 와서는 깊이 뚫어 보는 힘이 생겼다.

(5) 부푼 글을 짓더니만 2학기에 와서는 진실한 곳으로 발전했다.

(6) 죽은 말과 산 말에 대한 생각 없이 글을 쓰더니만, 2학기에 와서는 살아있는 말을 찾는 데 애를 쓰는 쪽으로 발전했다.

(7) 종잡을 수 없는 겉치레를 많이 하던 곳에서, 2학기에 와서는 알맞음을 찾는 쪽으로 발전했다.

(8) 2학기부터 읽어 줄 사람에 대한 생각이 싹텄다.

(9) 2학기부터 글을 쓰는 것이 아니고, 글을 만든다는 생각이 싹텄다.

(10) 글을 만들어 놓고 몇 번이라도 읽어 보는 버릇이 2학기부터 생겼다.

(11) 2학기부터는 말과 싸우는 단계에 이르렀다.

(12) "글은 사람됨이다"라는 명제가 앎을 거쳐서 인식의 단계에 이른 것은 2학기부터이다.

발전에 따른 바뀜에 가치를 두고서 만든 평가를 보기로 들은 셈이다. 평가란 가치를 다루는 지혜의 과제이기 때문에 깊고도 넓게, 그리고 멀리 종합되게 보아야 한다.

"이해 태도 기능"이라는 가름으로는 국어 실력이 평가될 수가 없다. 기능을 두고 평가 할 수 있는 과목은 자연과학 계통이다. 국어 실력을 가름 하는 것으로는 ≪사고력・이해력・상상력・판단력・창조력・감동력≫이 본질이 됨에 있다. 이것을 보다 좁혀서 정리하면 ≪느낌・생각・판단≫으로 가름되는 것으로, 국어 실력의 평가 기준은 오늘날 이름만 붙어있는 ≪이해・태도・기능≫이 될 수가 없는 바, 마땅히 ≪느낌・생각・판단≫으로 바로 잡혀야 함에 있다.

15. 교 사

　교사는 괴로운 일을 맡은 사람이다. 유쾌한 직업은 결코 아니다. 새 비둘기를 기르는 일은 재미있는 일 가운데 든다. 나무나 꽃을 가꾸는 일은 보다 즐거운 일이다. 이들에게는 일반성이 주어지며 그대로 적용되기 때문이다. 사람을 기름에 있어서는 일반성이 주어지지를 않는다. 사람을 기르는 데 자신 있게 성공한 이는 인류 역사상 그리 흔하지 않다. 이렇게 하면 된다는 그 무엇이 있다고 하더라도 예외가 많이 생긴다. 적용되는 수도 있고, 안 되는 수도 있다. 소년 시절을 엄격하게 키워야 한다는 주장하는 이가 있는가 하면, 자유스리 키워야 한다는 이도 있다. 어느 것이 맞고 어느 것이 틀린 것인지, 아는 이는 아무도 없다. 교육이 어렵고 일정한 원리와 체계, 그리고 질서를 요청하는 학문이 되기 어려움이 여기에 있다.

　"사람을 기르기는 뜻대로 되지 않는 것이야!"라고 한탄하는 노인들의 체험만이 언제나 돌아다닌다. 그들도 그런 말을 하는 노인들 말을 들으면서, 청소년 시절을 보내어 왔다. 당신도 그때는 무슨 말인지를 알지 못하고서 자라왔지마는 어느덧 그도 노인이 되어 똑같은 그런 말을 하게 된 것이다. 인류는 교육이라는 과제를 두고 언제나 이렇게 돌림수가 되고 있는 것이다. 그리하여 사람들은 신비스러운 어떤 힘에 교육을 맡기고 있다. 때로는 "운수"라는 말을 가지고 유쾌하게 달래어 왔던 것이다. 교육이란 정말 교묘하고도 신비스러운 것이다. 하지만 여기에도 분명 진리가 있을 것이다. 우리들 눈으로 발견되기가 어려운 곳에 있을 뿐이다.

복잡하고 교묘한 인간을 기르고 키워나가는 일은 괴로운 일이라고 함이 옳다. 교직을 천직이라고 달려들다가 쓰라림을 맛보고 마침내 뛰쳐나온 사람들이 많이 있다. 괴로운 직업이요, 욕을 얻어먹기 위해서 교사직을 고른 것이라고 하면, 실망하지도 않을 것이며, 괴로운 일도 유쾌하게 받아 넘길 수가 있을 것이다.

사람을 기르고 키우는 데 있어서 관심을 많이 가져서 좋은 경우도 있지마는, 도리 어 반감을 사고 적개심을 품는 경우가 있다. 교육에 일반성을 얻기 어려움이 이와 같은 것이다. 많은 관심을 가지고 욕심(열성)을 부리다가 실패하는 교사들이 많이 있다. "욕심을 부려서는 안 된다." 이것만은 일반성일지도 모른다. 추근히 기다려야 하는 바, 어디까지나 자발하고 자율하는 것이 참다운 사람이기 때문이다. "잘 해라!", "잘 해야만 한다"라고 하면 실패하는 경우가 더 많이 생긴다. 그렇다고 해서 전혀 관심을 가지지 않는다고 하면, 교사로서는 죄악이다. "관심을 가지면서 도 욕심을 부리지 않는다"라는 말은 훌륭한 교사를 만드는 가르침이다. 여기에서 잠시 기늣(Ginott)의 "교사와 부모를 위한 연구"를 들어봄 직하다.

<훌륭한 교사들은 가르치는 직업이 성직과 같은 권위를 가지고 있다고 믿지 않는다. 그들은 설교를 늘어놓거나 도덕성의 여부를 따지거나 하지 않는다. 그들은 정죄하지도 약속을 요구하지도 않는다. 그들은 다만 현재를 취급한다.[1] 유능한 교사는 아동들을 자기의 자연 그대로의 친구로 보지 않는다. 그는 아동들을 미움과 사랑, 동시에 이율배반적인 양면성을 가지는 복잡한 인간으로 본다. 어린이들

---

[1] H. G. Ginott: Teacher and Child: ibid. p.41.

은 교사에게 의존하게 되고, 또 이러한 의존심은 적개심을 일으킨다. 그리하여 이런 적개심을 줄이기 위하여 교사는 의도적으로 어린이들에게 독립심을 경험할 수 있는 기회를 제공한다. 자율성을 많이 가지면 가질수록 적개심은 그만큼 더 줄어지고 자립심이 보다 더 강해지면 강해질수록 다른 사람에 대한 분개는 그만큼 줄어든다.2) 교사는 "너"로 시작하는 말보다 "나"로 시작하는 말을 사용함으로써 자신을 보호하고 학생들을 안전하게 한다.3) 문학스런 말로 기술하는 칭찬은 아동들로 하여금 생각하고 추리하도록 하며 칭찬의 여운의 메아리를 불러일으키고, 아동으로 하여금 정당하게 결론을 끌어내게 한다.4) 비록 아이들이 선생을 무시하고 반항해서 달려들지라도 교사는 어디까지나 자비심의 가르침에 따라 살아야 한다. 어떤 아이는 어른의 반응을 이끌어내기 위하여 고의로 나쁜 짓을 저지르는 수도 있다. 어른들에 대한 이러한 자기 신념의 증거를 얻기 위해서 어른들을 약이 오르도록 자극하고 처벌 주도록 말썽을 불러일으킨다. 그 아이는 아마 자기가 그와 같은 힘을 가지고 있다는 것도 모르고, 거기에 대한 책임감도 느끼지 않을 것이다. 아이들은 무모하게도 끊임없이 사건을 일으키고는 그 희생자가 자기 자신이라고 느낀다. 어른들은 이와 같은 아이들의 자기 패배적인 계획에 따라 가기를 거절하고 그들의 장단에 맞추어 춤추기를 거부함으로써 이런 부류의 아이들을 가장 잘 도와줄 수 있다. 교사는 아이들이 자기 기분을 결정짓고 자기 환경을 만들어 주도록 허락해서는 안 된다.>5)

어린이가 자람에 있어 밑거름이 되는 것은 학교가 아니고 집안이다. 집안이 균형을 잃으면 그만큼 균형을 잃으면서 자란다. 부모에게

---

2) ibid. p.976.
3) ibid. p.71.
4) ibid. p.123.
5) ibid. p.129.

적대 감정을 품으면서 자란 아이가 학교에 오면, 선생에게 적대 감정을 품는다. 어머니 쪽보다 아버지 쪽이 보다 심하게 나타난다. 사람됨에 있어서 직접적이고도 근원적인 곳은 집안이며 부모들이다. 많은 것을 부모들로부터 배운다. 부모와 친하게 자란 이는 사회생활이 원숙하고, 부모를 없인 여기면서 자란 이는 남들을 없인 여기면서 살아가고, 부모를 존경하면서 자란 이는 남들도 존경하면서 살아간다.

서로들 다른 집안에서 자라온 이들을 학교라는 사회는 한꺼번에 받아들여 똑같은 방법을 던진다. 그리하여 다른 반응을 보여 주기에 이른다. 교사의 괴로움은 여기에 있다. 더구나 청소년에게 가난한 것은 이해하는 힘이다. 이해하는 힘은 노인이 지니는 선물이기 때문이다.6)

일부러 모르는 체 하는 이는 훌륭한 교사이다. 일부러 틀리게 해서 학생들로 하여금 바로잡음을 받는 방법도 쓰는바, 그렇게 함으로써 학습 의욕을 일으키고 자신감을 지니게 한다. 훌륭한 교사일수록 학습 시간에 말을 아끼면서 적게 하고 학생들로 하여금 말을 많이 하도록 운영한다. "교사가 성급하게 해결 방안을 제시하게 되면 어린이들은 문제를 해결하는 능력을 몸에 익힐 기회와 자기 자신을 신뢰할 기회를 잃고 마는 것이다."7)라고 한 기놋(Ginott)의 말은 틀림없는 사실이다.

훌륭한 교사일수록 향상·발전하는 쪽으로 언제나 눈에 뜨이지 않도록 끌고 간다. 교육은 암시에 방법이 있고, 자기 발견을 통한 자각 반성 나아가 자발·자율에 생명이 있다.

처음으로 교단에 선 이는 소리를 크게 지르고, 천장이나 벽을 쳐다보면서 50분 동안 혼자 지껄이고 나간다. 이 청년 교사는 열변을 뱉었다고 만족스리 여기곤 한다. 그러는 동안 학생들은 그 시끄러운

---

6) Francis, Bacon: Essays: 金永喆 뒤침 pp.215~216 (시문출판).
7) H. G. Ginott: Teacher and Child. ibid. p.95.

목소리에 귀가 염증을 내고 뒤죽박죽으로 지껄여댄 바람에 통일된 그 무엇이 있을 리 없다. 이를 두고 편의상 1단계 교사라고 해둔다. 이와 같은 햇병아리 시절을 얼마만큼 지닐지는 사람에 따라 다르지마는 전혀 가지지 않고 높은 단계로 들어가는 이들도 있다.

2단계교사는 옆방에 방해되지 않을 만큼 목소리는 시끄럽게 되지는 않았으나, 학생들에게로 눈이 옮겨지지는 못한다. 50분 동안 혼자 지껄이는 것은 마찬가지이다. 교사 자신은 만족스리 여기는 시절이기도 하다.

3단계 교사는 자신의 눈을 학생에게로 돌릴 수 있게 되었다. 하지만 막연한 앞일뿐 학생들을 자기 눈에 집어넣은 것은 아니다. "그것도 모르느냐"고 한숨을 쉬기도 한다. 자기도 그만한 나이에 모르고 있었다는 것을 잊어버리고 있다. 영원히 잊어버리고 지내는 이들도 많다. 그들은 여기에서 한 걸음도 더 발전하지를 못한다.

4단계 교사는 10명 정도의 학생을 자기 눈에 넣을 수가 있다. 문제를 던져 보기도 하지만 잘 되지 않는다. 여기에서부터 교사는 조금씩 고민을 하게 된다. 교사가 설명하는 기간임은 마찬가지이다.

5단계 교사는 40명 정도의 학생을 자기 눈에 넣을 수 있는 힘이 생겼다. 재치가 붙고, 웃음이 생긴다. 아직도 교사 자신이 말을 많이 하는 편에 서 있기도 하다. 교사가 이 5단계를 벗어나기는 어렵고도 힘 드는 일이다. 여기에서부터 발전하려고 하면, 교사 자신에게 깨우침이 와야만 된다. 여태껏 자신이 생각해온 것에 대하여 옳고, 틀림을 가릴 줄 알아야 하는바, 쉬운 일은 아니다.

6단계 교사에 이르면, 몇 사람이든 교실 안에 들어 있는 학생들을 전부 눈에 넣을 수 있게 된다. 교사는 말을 적게 하고, 학생들이 말을 많이 하는 학습으로 운영한다. 그러나 학생들로 하여금 토론이 되고 마는 어지러움을 붙잡아 둔다든가 이끌고 갈 능력이 없어서 무던히도 고심을 한다. 이 교사는 "효과"를 두고 골머리를 앓게 되며 효과에 대한 강열한 의식이 자라고 있는 것이다. 시간을 마치고 나면 언제나 후회스러워 한다. 그리하여 만족스러운 학습시간을 가져보지 못하게 된다. 가야 할 곳과 길은 훤히 트여 있지마는 제자리걸음일 뿐, 나아가지를 않는 괴로움이 있다. 선생이 후회를 하면 할수록 학생들에게는 무엇인가를 얻게 되어 만족스리 되어진다.

마지막이 되는 7단계 교사에 이르면, 우선 첫째로 눈에 뜨이는 것은 여유가 있음에 머문다. 6단계 교사가 말을 적게 하는가 하면, 7단계 교사는 말을 아낀다. 학생들의 움직임을 전부로 삼되 토론이 되지 않을 만큼 목표 지점으로 슬금슬금 이끌고 갈 힘이 있다. 종합적이고도 통일된 곳으로 이끌고 감을 언제나 놓치지 않는다. 알면서도 모르는 체 하고 일부러 틀리게 하여 학생들로 하여금 바로 잡게도 한다. 6단계 교사가 효과를 두고 고심하는가 하면, 7단계 교사는 가치에 생명을 걸기에 이른다. 7단계 교사는 욕심을 부리지 않는다. “때가 되면 알겠지!”라는 말을 입버릇처럼 사용하면서 살아간다.

글 가르칠 선생은 많아도 사람 가르칠 스승은 드물다.

16. 국어 교사

국어 교사가 다루는 것은 첫째도 말이요, 마지막에도 말이다. 말을 하고, 말을 듣고 말로 된 글을 읽고, 말로써 글을 지으면서 살아가는 우리들 삶의 편애에서 도움을 주고자 하는 것이 국어 교사이다. 우리들의 경우 그 말은 한국말이며, 한국말을 통하여 한국을 번영케 하고 한국사람 개개인을 행복 되게 이끌고자 하는 것이 국어 교사에게 주어진 사명이다.

한국말이 없어지면 한국은 없어지는 것이다. 오늘날 한국 사람들의 자기발견(주체성)을 위하여 "국사"공부를 시켜야 한다고 하는 이가 있을지 모르지마는, 그 한국사를 일본말로 썼을 경우, 또는 영어로 썼을 경우를 생각해볼 필요를 느낀다, 요컨대 한국의 얼이 담긴 한국말로 그 한국사를 썼을 경우에 한하여, 참다운 한국 사람들의 자기발견이 일어나는 것이다. 사실상 한국 사람들의 자기발견은 한국말(배달말)에서 이룩되는 것이며, 한국 사람의 생기도 한국말의 생기에서 나오게 되는 것이다. 사람이 지니고 있는 모든 정신 능력을 균형 있게 조화스리 길러주어야 하는 것이 국어 교사의 할 일이기 때문에 어느 학과의 교사보다도 힘겨운 일이다. 감성도 길러야 하고, 지성도 열어야 한다.

국어 교사의 능력을 차례대로 가름 하면 대충 1단계 국어 교사는

"말하기·듣기·읽기·짓기"를 50분 동안 언제나 골고루 다루어야 한다는 사실을 두고, 왜 그렇게 해야 하는지를 모른다. 혼자 지껄이며 학생들은 듣기만, 하는 것으로 마침내 노트를 깨끗이 정리한 학생을 실력 있는 학생으로 판정한다. 2단계 국어 교사는 "말하기·듣기·읽기·짓기"를 50분 동안 골고루 다루어아 한다는 사실을 알고 있기는 하지마는 인식의 단계에는 이르지 않는다. 교사가 혼자 지껄이는 운영을 하기는 마찬가지이다. 3단계 국어 교사는 "말하기·듣기·읽기·짓기"를 50분 동안 언제나 골고루 다루어야 한다는 것을 알고서 그대로 해 보지마는 뜻대로 운영이 되지를 않는다. "짓기"가 그렇게 되지 않아서 "짓기"는 숙제로 돌려 보기도 하고, 따로 시간을 마련하기도 한다. 오늘날 국어 교과목 가운데서 "짓기"가 따로 떨어져 나간 것은―옛날 일본 사람들이 했던 짓으로―균형을 잃지 않는 가운데 종합스리 말을 다루어야만 말에 대한 참다운 힘(실력)이 생기게 되는 본질에 어긋난 일이다. 노트를 검사하는 정도는 벗어났지마는, 말을 많이 하는 모습은 크게 달라지지를 않았다. 4단계 국어 교사는 국어 교사보다 더 어려운 교사가 없음을 알게 된다. 이렇게 해도 안 되고 저렇게 하니 뒤죽박죽이 됨을 경험하는 단계로서 매우 괴로워한다. 여태껏 자기 자신이 해온 것이 잘못된 것이었음을 깨닫게 된다. 5단계 국어 교사는 재치가 붙고 웃음이 조금씩 생기고는 문제를 조금씩 던지기도 한다. 하지만 설명 중심을 벗어나지 못한다. "말하기·듣기·읽기·짓기"를 골고루 운영할 힘은 아직 없다. 여기를 벗어나면 훌륭한 국어 교사가 되는 길이 트임에 있다.

6단계 국어 교사에 이르러 비로소 "말하기·듣기·읽기·짓기"를 50분 동안 언제나 골고루 다루어야 한다는 것이 인식의 단계에 이른다. 그리하여 온갖 힘을 기울여 균형 있는 운영을 꾀한다. 잘되지는 않지마는 무던히도 애를 쓴다. 이 교사에게 눈이 트인 것은 "효과"라는 문제이다, 교사가 말을 적게 하고 학생 활동이 많아진 곳으로 발전되었다. 가르치는 것이 교사가 아니고, 배워서 익히게 하는 것이 교사라고 느낀다.

7단계 국어 교사에 이르면, 가치에 생명을 걸게 된다. 학생들은 언제나 "시간이 벌써 지났구나!"하는 느낌으로 바쁘고 즐거우면서 힘을 얻게 된다. 그리고는 "옳지, 그렇게 되는구나!", "저것을 알리려고, 선생님이 이토록 애를 쓰셨구나!", "그것 참 재미있구나!", "무슨 글이라도 가지고 오려 무나!"하는 느낌을 가지게스리 운영한 교사이다. 이 7단계 교사로부터 학생들은 "힘"이 길러짐에 있다.

이들과는(1단계~7단계) 달리 죄악을 범하는 국어 교사가 있다. 그 죄악스런 국어 교사도 일곱 가지가 있다. <옛이야기 풀이로 일을 삼는 사람>, <글 지은이(작자)에 대한 이야기를 일로 삼는 사람>, <외우기를 힘쓰게 하는 사람>, <철자법만 따지는 사람>, <표준말만 따지는 사람>, <소리 값에 열을 올리는 사람>, <시인 소설가를 만들려고 하는 사람>들 일곱 가지의 모습이 죄악을 저지르고 있는 국어 교사이다. 이들은 국어 교사가 될 수 없고, 되어서도 안 된다.

나라·겨레가 바라는 국어 교사는 겨레를 행복 되게 만들어 나간다는 3차원의 세계를 강열하게 의식하고서, 그에 따른 운영에 애를 쓰는 사람이다. 이를테면 "말하기·듣기·읽기·짓기"가 한 덩어리라는 사실을 참다운 앎으로 받아들이고서, 그를 통하여 사람이 지니고 있는 정신 능력으로서의 감성과 지정을 아울러 균형 있고 조화스리 힘을 길러 주려고, 하는 사람이요, 그 얻어진 힘을 통하여 행복한 개인이 되게끔 하는 곳에 강열한 목표 의식을 지니고 있는 사람이다.

올바른 국어 교육이 이루어지는 날에는 농부가 시를 쓰고, 직공이 소설을 짓고, 판사가 시필을 쓰고, 우편배달부가 희곡을 쓰고, 점원이 자서전을 남기는 문학풍토가 오게 되는 것이다. 그때야말로 한국 문화는 다양한 모습으로 생기에 넘쳐흐르게 될 것이다.

참다운 교육자, 그리고 참다운 학자는 언제나 현재를 이해하며, 지난날의 시련을 거울로 삼고, 앞을 내다보는 눈으로 장래를 위해서 오늘 속에 그 뿌리를 깊이 심어 둔다. 그들은 살았을 때 상 받기를 바라지 않고, 죽고난 뒤에 겨레의 이름으로 훈장 받기를 바란다. 때문에 그들은 언제나 외롭다. 그들은 다가오는 장래 사람들과 친하기 때문이다.

17. 대학의 국어과 교육

새로운 문제를 일으킬 수 있는 힘을 기르는 곳이 대학이다. 그 문제는 언제나 가치에 직접 이어지는 것으로, 가치가 없는 것은 문제로 성립되지 않는다. 한국의 대학교육, 그 가운데서도 "한국학"은 엄밀한 뜻에서 8·15 해방(1945) 이후로부터 비롯됨에 있다. 일제 압박 시대에 대학(경성제국대학)이 있었지마는―그들의 식민지 계획 아래 운영된 것으로―한국 사람들을 위한 것으로 받아들일 수가 없다.

일제 압박 시대였을지라도 갖은 고통을 겪으면서도 일어난 참다운 한국학은, 최현배 교수(연희전문학교)에 생명이 이어짐에 있다. 해방을 맞이한 한국은 많은 대학을 가지게 되는 고마움을 맛보게 되었다. 우리도 이제는 많은 세계에 눈을 뜨고 힘을 얻어서, 나라와 겨레를 사랑하는 참다운 공부를 하게 되었다.

해방 이후 오늘에 이르는 30년 동안 우리들은 대학의 국어과 교육을 어떻게 운영하여 왔느냐 하는 물음 앞에 엄숙한 그 무엇을 느끼게 한다. 그 사이 많은 분들의 애쓴 보람으로 국어국문학의 서른 살 나이로는 뒤지지 않을 만큼 자랐다고 해도 좋겠다. 그렇다고 해서 만족스리 여기고 있을 것만도 아니다. 그 동안 잘못 운영된 것을 바로 잡고서 오늘과 내일에 이바지되는 곳으로 뜻을 모아야 할 뿐이다.

사실상 그동안 "가치"라는 문제를 두고서 고심하지 않았던 탓으로 어떤 공부를 시켜야 하겠다는 과목에 대한 인구가 없었다. 적어도 30년이 흐른 오늘에 와서는 반드시 일어날만한 문제인 것만은 틀림없다.

한국말에 따른 모든 진리를 밝혀내어야 하는 "한국어학"은 그 동안 "언어철학·언어사회학·언어심리학·언어미학"이라는 많은 세계들에 대하여 눈을 감아왔던 것이다. 우리들은 그 동안 "언어현상학"만을 다루어왔고 그 가운데서도 "소리"에 대한 것만을 열심히 해온 것이다. "소리"란 말을 이룩하는 기초 단위로서(소리＋뜻＝말), 나라말을 적기 위하여 또는 남의 나라 사람들이 한국말을 알고 저 했을 때, 무엇보다도 먼저 관심을 가지는 일이다. 소창(小倉)이 그러했고, 하야(河野)가 그러했다. 높은 차원의 학문을 하기 위하여 가장 기초가 되는 것이 현상학이다. 있는 그대로 사진 찍듯이 들어내는 현상학 없이는 높은 곳으로 올라설 발판이 없게 된다. 있는 그대로의 현상을 디디고서 마침내 "언어철학·언어사회학·언어심리학·언어미학"으로 나갈 수가 있게 되는 것이다 현상미학은 응용학(언어철학·언어사회학·언어심리학·언어미학)을 위한 기초 자료로 이바지되었을 때만이 가치를 지닌다. 있는 그대로 (현상)를 진리로 착각해서는 안된다. 있는 그대로 어디까지나 하나의 모습이며, 많은 모습들이 종합되면서 가치로 통일되는 질서 체계를 두고 우리들은 진리라고 부른다. 말이 지니는 모든 모습들을 있는 그대로 들추어내는 현상학도 반드시 있어야 한다. 그것이 모든 응용학을 위한 기초 자료가 되어주기 때문이다.

우리의 한국 어학계는 앞으로 높은 차원의 세계로 눈을 떠야 한다. 그렇게 하려고 하면 우선 지혜사랑(philosophy)을 공부해야만 하고, 한국 문학을 공부해야 하고, 한국 역사·세계사·문화사·사회학·심리학·미학들을 열심히 공부해야만 한다. 사실상 국어학을 전공하는 사람만큼 일방통행으로 좁다란 골목길을 걷고 있음도 드물었다. 알아야만 하는 많은 세계를 두고 일부러 눈을 감아왔던 것도 사실이다. 골목길이란 언젠가는 더 나아갈 수 없는 막힘이 오고야 마는 것이다. 한국말이 어떻게 운영되어 왔고, 어떻게 운영되고 있는가를 참되게 알려고 하면, 한국 문학 공부 없이는 안 된다.

　소창(小倉進平)은 "한국 글자(한글)를 둘러싼 모든 자료를 주어모아서 ≪朝鮮語學史≫라는 이름을 주는 엉터리 책을 내어놓았다(1920, 1940). 해방 이후 한국어학계는 어찌된 셈인지 여기에 대한 반성이 없이 그대로 강좌가 이어왔다. ≪한국어학사≫란 한국말을 과학스리 연구한 시간성에 따른 흐름을 두고 이르는 말인데 우리들로서는 아직 "한국 어학사"를 엮을 만한 연구의 시간성이 주어져 있지 않은 셈이다. 소창(小倉)은 "말"과 "글자"를 구별하지를 못한 셈인데, ―1920년대의 일본 사람 실력으로서는 "말"과 "글자" 사이에 있어서 "글자"란 일종의 기호에 지나지 않는다는 사실을 알아내기란 무리한 일이었다. 우리들에게 시급한 것은 "한국 어학사"가 아니고 "한국 문자사"도 아니고 오로지 ≪한국말의 역사≫이다.

　한국 어학계가 높은 차원의 가치스런 세계를 두고, 눈을 감아왔던가 하면, 한국 문학계는 어리석음에 있었다. 그 어리석음은 "고대"와 "현대"라는 이름을 주고는 굳은 벽을 쌓고서 두 동강이가 난 공부를 시켜왔다. 글자에 지나치게 얽매인 나머지 현장만으로 본 또 하나의 악순환이었다. 그리하여 마침내 고전 문학·현대 문학이라는 말로 되어버렸다. 이렇게 잘못 운영된 밑바닥은 잘못된 문학사관(文學史觀)에서 온 것이다. 이를테면 역사의 흐름을 나무의 자람으로 비유한 곳에서 온 잘못이었다. 옛날 나무는 자라서 이미 죽어버리고 새로운 씨가 서양에서부터 와서(일본을 거쳐서) 심겨져 있다는 식물사관(植物史觀)이다. 새로 심겨진 나무(서양의 씨)가 늙은 나무가 되어 죽고(언젠가는 죽고 마니까), 그 다음의 씨는 어디에서 올 것인지를 묻는다면, 모두 입을 다물고는 할 말이 없어 한다.

　우리나라에서 문학의 역사보기(史觀)를 나무의 자람처럼 본 것은 조윤제(趙潤濟) 교수로 비롯됨에 있다. 1937년에 내어 놓은 그의 조선시가사망(朝鮮詩歌史網)에서, 새로운 시(詩)가 싹이 틈(新詩의 萌動)이라는 말을 썼다. 2년 뒤(1939)에 김태준(金台俊)이 조선소설사(朝鮮小說史)를 내어놓았던바, "발생기·난숙기·발아기"라는 이름을 준 것이다. 해방 이후 조윤제 교수는 "태동 시대·형성 시대·위축 시대·소생 시대·육성 시대·발전 시대·반성 시대·운동 시대·복귀 시대"로 나눈 국문학사(1949)를 내어놓았다. 그 뒤 1954년 김사엽(金思燁) 교수는 개고 국문학사(改稿 國文學史)를 내어놓았던바, 새로운 문예가 싹이 틈(新文藝發芽)이라는 말을 했다. 이로부터 5년 뒤가 되는 1959년 이병기(李秉岐)·백철(白鐵) 교수는 어울려서 국문학전사(國文學全史)를 내어놓았다. 전사(全史)라는 말도 우습지마는 식물사관이 굳어지다가 보니 그런 이름이 있을 듯한 풍토가 되고 만 것이다. 그리고 문학사를 두 사람이 어울려 쓴다는 것도 우스운 일이지마는—역사란 보기눈(史觀)이 생명이기 때문에—이 책은 고전문학사(이병기)·신문학사(백철)·국한문학사(이병기)로 된바, 세 동강이가 난 책이다. "고전문학사"에서는 "발생·성장·난숙·발전·발달"이라는 이름을 준 것이고, "신문학사"는 문인들 서클 활동인 문단 이야기를 엮고 있다. 그리고 "국한문학사"는 붙이기로써(자료) 뒷자리를 메우고 있다.

　여기까지 이른 한국 문학계는 ≪문학사≫를 마치 "문학사전"으로 착각하는 경향까지 생기기도 한 것이다. <이런 글이 있음에도 불구하고 누구의 문학사 책에는 한 마디의 말도 없으니 문학사 책에 꼭 넣어야 한다>든가, <1935년이 맞는 것인데도, 누구의 문학사 책에는 1937년으로 되어있으니, 꼭 고쳐야 한다>는 말도 나오게 되고, <한글로 적혀진 것이 나오기만 하면, 발견에 따른 자신의 감격에 넘쳐서 마침내 문학사적 의의가 크다>는 말들을 입버릇처럼 사용하여 오기도 했다.

　그럴 수밖에 없었던 것이, 지난날 문학사들이 문학의 흐름을 보는 눈이(史觀) 미리 정하여진 나머지, 논리적 질서 아래 문학사가 쓰여진 것이 아니고, 작품이 나온 시간상 차례대로 "작품·작자·판본·내용"을 알리고는 또 다음 것으로 넘어가는 문학사전 식이였기 때문에 그런 말이 나온 것이다. 이를테면 "문학사"를 "문학사전"으로 착각한 탓으로 이런 말들이 나오게 된 것인데, 그에 따른 말미는 "과학으로서의 문학사" 의식이 없었기 때문이다. 문학의 조건이 까다로운 것을 받아들이고서, 그것들을 모두 종합하여 통일된 질서체계 위에 올려놓아야만 비로소 문학사의 요건에 충족되는 일이다. 이를테면 "만든 이·만든 글·읽는 이·효과·영향·반응"들이 "예술론·인식론·사회학·가치론·해석학·심리학"들의 모든 면에서 종합되게 통일되면서 나아가 그것들이 과학스런 질서 위에 올라서면서 마침내 미학의 체계로 가름되어야만 "문학사"가 되는 것이다. 이와 같이 까다로운 조건을 지니고 있는 문학사에 충성을 다하면서 나는 1973년에 ≪한국 문학사≫를 내어놓은 바 있다.1) 문학이란 새싹이 트이는 것도 아니고 죽는 일도 없다. 언제나 쉬지 않고 흘러가는 것으로 때에 따라 그 모습이 바꿔 어진 흐름이 있을 뿐이다. 한국 문학이란 한국 땅이 없어지지 않는 한, 한국 사람들에 의하여 한국말로 영원히 흘러가는 것이다. 강물처럼 언제나 끊임없이 흘러가는 것이다. 그 흐름을 두고서 자기 자신을 중심으로 "고대·중세·근세·현대"라고 이름 주어서도 안 된다. 사람들은 언제나 자기가 살고 있는 때를 현대로 계산하기 때문이다. 시간의 흐름이 흔들리지 않아야 하고, 그렇게 되려고 하면 "나"도 아니고, "너"도 아닌바, 누구에게도 맞아 나가는(50세기 사람들에게도) 어떤 그 무엇(객관치)이 되지 않고서는 안 된다. 누구에게도 맞는 그 무엇은 "하늘"로써, 하늘에서 지켜보면서 내려다보는 것

---

1) 呂增東: 韓國文學史, (형설출판사 · 1973).

이어야만 한다. 그렇게 되면 "고대"도 없고, "현대"가 없으면서, 5세기가 있고, 18세기가 있고, 20세기가 있고, 30세기가 있을 뿐이다. 그리고 자기 자신을 중심으로 해서 볼진댄 언제나 과도기가 있기 마련이고, 그것도 그렇게 느껴짐에 있을 뿐이다. 사실상 과도기란 시간에서는 없는 것으로, 역사란 과도기의 연속이라고 하면 보다 논리스런 곳에 이른다. 두 번 다시 없는 사건의 연속으로 시간이 흘러가고 있을 뿐이다.

한국 문학의 강좌는 하루 속히 식물사관(植物史觀)에서 나온 옛글(古典)·오늘날 글(現代)이라는 유치함을 벗어나서 장르별로 시간성을 뚫어야하고. 한국소설론을 강의하는 이는 15세기부터 20세기까지 뚫어야 하고, 한국 시론을 강의하는 이는 기원전부터 20세기까지 뚫어야 하고 한국 시필(Essay), 한국 수필(Miscellany)·한국 희곡·한국 비평·한국 연극, 모두 그러해야만 한다. 15세기 한국 소설·18세기 한국 소설·20세기 한국 소설·19세기 한국 시론·20세기 한국 시론들로 나타나야만 한다. 제발 새로운 문학(新文學 new literature)이니, 새로운 소설(新小說 new novel)이니, 새로운 모습의 시(新體詩 new style poetry)이니 하는 상품 광고에서 나왔던─듣기조차 부끄러운─지난날의 잘못된 이름을 벗기어야 한다. 그리고 1894년(갑오년 1단계 일본 침략)에서 1905년(을사년 2단계 일본 침략을 거쳐 마침내 3단계 일본 침략인 1910년 "경술년 나라 잃음")에 이르는 17년 사이를 두고, 일본 침략자들이 우리들에게 속임수로 사용하였던 소위 "開化期"라는 일본말─듣기만 하여도 서러운바─사용하는 것은 나라와 겨레라는 이름 아래 용납되지 않는다. 이를테면 開化期文學이니, 開化期小說이니 하는 이름들을 하루 속히 깨끗이 씻어야 한다.

20세기 소설을 외면하고서 18세기 소설을 강의하고, 17세기 소설을 외면하고서 20세기 소설을 강의하는 우스운 길을 걸어가고 있음이 우리들의 대학 국문과이다. 그리하여 자꾸만 끊어질 수밖에는 없고, 마치 두 나라가 있었던 것처럼 되고 말았다. 한국 문학이 그렇게 된 것이 아니고, 생각하는 이의 잘못에서 온 것뿐이다. 옛날 문학(古典文學) 전공이니, 오늘날 문학(現代文學) 전공이니 하는 유치하고도 부끄러운 소리를 이제는 버리고, "문학사 전공·소설 전공·시 전공·시필 전공·수필 전공·비평 전공·희곡 전공·문체 전공"들로 바로 잡아 나가야 한다. 아직 그렇지 못할 바에는 장래의 갈림을 위해서도 "국어학" 전공처럼 "국문학" 전공으로 한 뭉치로 묶여져야만 한다.

"말·사람·땅"들의 세 가지 단위가 뭉쳐서 기록으로 충족 되었을 때 문학이라는 기본 요건이 겨우 충족되는바, 여기에서 한국 문학의 경우는 남의 나라 말로 하던 때와, 한국말로 할 수 있던 시대로 일관되게 보아야만 한다. 한국말로 적고 싶어도 적을 수 있는 글자가 없었기 때문에 어찌할 수가 없었던 시대(−15세기 전반기)를−불행한 일이지마는−충분히 인정해야만 한다.

국어학계·국문학계가 다 같이 고심하면서 다루어야 할 것은 한국말(배달말)이다. 국문학을 전공한답시고 한국 어학을 외면하는 일이나, 한국 어학을 한답시고 한국 문학을 돌보지 않는 일로 우리들은 운영되어 왔다. 정신과학은 넓은 바탕 위에 종합되게 이루어짐에 있다.

다음으로는 "말과 문학" 사이를 하나로 이어 보는바, "한국말"과 "한국 문학" 사이의 관계를 연구하는 "한국 어문학"이라는 학문을 개척하여야 한다. 그리고는 마침내 응용학으로서 중요한 것이 "국어 교육론"이다. 우리들이 국어학 국문학을 연구하는 것도 "한국말을 어떻게 운영할 것이며", "한국말을 어떻게 어디로 이끌고 가야만 할 것인가"에 대한 명석한 답을 얻기 위한 것이라고(국어 교육론) 해도 좋겠다. 창조적이고도 생기에 찬 후손들을 만들려고 하면 배달말을 어떻게 일으켜서 어떻게 키워나가야 할 것인가에 따른 답으로서 겨레 앞에 내어놓는 것이 "국어 교육론"이다. 응용으로서 또 중요한 것이 "국어미학"이다.

　마침내 사회의 각계각층에서(언론·출판·법원·은행·회사……), 한국말을 공부한 사람을 찾게 되어야만 대학의 국문과는 얼마간 성공한 셈이 된다. 각계각층에서 국문과를 찾게 되려고 하면, 배달말이 생기 있게 일어나지 않으면 안 된다, 국문과에 들어와서 실망하는 학생이 나오지 않도록, 힘을 얻는 학생이 되도록—가치를 두고 고심하는 교수가 되어야 한다. 복된 사회 만들기를 통한 나라 사랑을 위하여 언제나 앞을 내다보면서 사회의 길잡이가 되는 연구들이 교수의 강의가 되어야 한다. 사회가 앞서고 대학이 도리어 이끌려 가는 경우가 된다면 교수는 할 일을 다 하지 못하고 있었던 것이다. 교수가 빠지기 쉬운 함정은 자랑 삼아 하는 공부로서 이르는바, 소위 현학(pedantry)이다.

　진리에 대한 검증을 어린이들에게 돌려서 실험하는 방법이 있다. 어떤 무엇을 두고 초등학생들에게 물어보아, 그들이 알기 쉽다고 하면, 그것은 곧 진리였다는 판정을 얻는 방법이다. "말"을 둘러싼 것들이 더욱 그러하다. 예컨대, 오늘날 청소년들이 한자(漢字) 익히기를 짜증내고 한결 싫어함을 두고, 올바른 해석을 할 줄 알아야 한다. 한자(漢字) 익히기를 두고서 죽기처럼 싫어 한다는 곳에 ≪진리≫가 있음을 발견·검증하는 일이다.

18. 국어 정책

　한국말을 어떤 곳으로 끌고 가야만 하겠다는 결론이 나오면 정책이 그것을 뒷받침하지 않으면 안 된다. 우리들은 "말"을 두고 고심할 단계에는 이르지 못하고 글자를 두고 오랜 세월 동안 고심하고 있다. 이를테면 뜻글자인 한자를(漢字) 어떻게 대우하느냐 하는 문제이다. 현상을 중시하는 이들은 사용하자고 주장하기에 이르러 마침내(1970년) 한자를 가르치는 일이 중·초등학교에서 다시 고개를 치켜들기 시작했다. 그런가 하면 "가치"에 지혜를 모우고서 모든 사물을 판단하는 이들은 지난날의 악순환을 절감하고서 다가오는 후손들에게는 그런 불행을 안겨 주지 않으려고―나이가 한국 사람의 자기 발견은 한국말로 이룩되지 않으면 안 된다 것과, 살아있는 한국말을 일으켜야만 생기 있는 겨레가 된다는 명제 아래 한자(漢字)를 물리쳐야 한다고 주장한다.

　이들 두 가지의 생각 가운데 어느 하나는 반드시 틀린 것이다. 현재 있는 그대로의 모습을 중시하는 현상학은 지난날과 장래를 두고서 일관된 해석학을 거부하기 때문에 논리가 서지 못하는 약점이 있다. 장래를 넘어다보는 가치관에다가 지난날의 악순환을 적용했을 때 얻어지는 답이 가장 명석한 논리에 이를 수가 있다. 그렇다고 하면 뜻글자인 중국 글자는 미련 없이 버려야 한다. 옛날 한문책을 읽어야 될 학과에서만이 대학에서 배우고 익히면 될 뿐, 온 겨레가 그 많은 기호를 두고 고생할 까닭은 없다.

한국말·한국 문학을 연구하고 사랑하는 이들이 한자를 배워야 한다고 주장하는 이가 있다면, 이것은 자기모순임과 동시에 조금 슬픈 일이다. 오늘에 이르기까지 "국어학사", "국문학사"들을 보면, "한자 때문에 한국말이 박해를 당했고, 한자 때문에 한국 문학이 빛을 보지 못한 것이라고 하면서 조상을 원망하는 글로 한결 가득차있다." 그렇게 주장된 그 책들이 어찌된 셈인지 거의가 한자로 이룩된 글이라고 하는 사실 앞에 또 하나의 자기모순을 안고 있다.

한문만을 읽어온 선비(한문학자)들은 해방 이후 자신들의 세계가 무너짐에 대한 허전함을 부둥켜안았을 뿐, 자기 아들이나 손자들도 자기처럼 한문을 또 배워야 할 것인가에 대한 물음 앞에는 반대한 그들이었다. 그런가 하면 한자(漢字)는 알되, 한문(漢文)은 모르는 층―제사 때 축글 쓸 정도의 실력자―들이 한자를 가르쳐야 하고 배워야 한다고 열변을 뱉기도 했다. 70년대에 들어 와서는 일제 압박 시대 일본 선생들로부터 한자를 조금 배워 익힌 국민 대중 가운데서―축글 정도의 뜻풀이도 안 되는 사람―청소년들에게 한자를 가르쳐야 한다고 주장하는 일은 우리들에게 많은 교훈을 안겨준다. 뜻글자(漢字)는 교묘하게도 몇 개를 알기 시작하면, 아편 같은 마약성이 있기 때문이다. 중·초등학교에서 아무리 그 한자를 가르쳐도 이제는 우리들에게도 비평·판단을 통한 자기발견이라는 지성이 열려 있기 때문에 역사적 물결이 옛날처럼 한자 편에서 주지를 않는다. 이를테면, 글자란 말의 소리를 적는 일종의 기호에 지나지 않는다는 사실을 알았기 때문이다.

우리도 이제는 소리를 적는 기호(글자)를 두고 머리를 쓰지 말고, 프랑스 사람들이 프랑스말을, 독일 사람들이 독일말을, 영국(미국) 사람들이 영어를 사랑하는 것처럼, 배달말을 일으켜서 배달말을 사랑하는 강열한 풍토가―자기반성을 통한 자기발견이―한국 사람들에게 빨리 와야 한다. 우리 글자(한글)도 이제는 가치에 따른 비평을 거쳐서 올바르게 다듬어 볼 때가 오기도 한 것이다. 모자라는 것은 새로 만들고, 쓸모없이 거추장스러운 것은 없애 버릴 때도 왔다는 말이다.

우리 글자 가운데서 ≪애≫는 분명 없애야 한다. 그리고 ≪웨≫자도 없앰이 좋다. 우리들에게 아쉬운 것은, 소리로는 ≪R≫과 ≪l≫ 소리가 있는데도, 글자로는 ≪르≫자밖에 없다는 것과, "B", "D", "G"에 해당하는 소리는 있으나 그 소리를 적을 글자가 없다는 사설에 있다. 첫소리에 울림소리(유성음)가 되는 것을 피하는 현상이 있다고들 하지마는, 글자가 없었던 탓으로 기회가 주어지지 않은데서 온 일종의 입버릇밖에는 아무 것도 아니다. 글자가 말의 소리를 적는 기호밖에 지나지 않지마는 입버릇을 만들어서 마침내 굳혀주는 무서운 힘을 지니고 있다. "소리느낌"에 있어서 유쾌한 소리로 으뜸가는 ≪르≫소리를 어디서나 생기 있게 일으켜야 한다. 첫소리에 나오는 "르"소리를 잘라서 막아 버린 약속(첫소리 막음)은 아름다운 한국말 발전에 굉장히 큰 죄악을 저지르고 있다. ≪니≫도 마찬가지이다. 어떤 현상을 두고서 절대치로 착각해서는 안 된다, 방향제시에는 반드시 "가치" 문제가 따라야만 한다. "르"소리가 아름다움의 소리 값인데도, 첫소리에서 서양 말을 적을 경우에는 소리를 내어 주고, 한국·중국·일본말을 적을 경우에는 "르"소리를 막는다는 약속은 논리가 서지를 않는다. "라디오"를, 말할 경우에는 "르"소리를 내어 주고, "理髮所"라는 일본말을 적을 경우에는 "르"소리를 막아버림은 우스운 일이다. 첫소리에서 아무리 막아도 "님"을 막을 길은 없고, 막아서도 안 되는 배달말의 재산이 "님"이다. 그리고 ≪할 리가 없다≫의 경우 그 ≪리≫도 막을 길이 없다.

표준말은 고운 말·아름다운 말을 다루는 "언어미학"에 기준을 두어야 한다. 오늘날 약속되고 있는 "말의 세력"(서울현재·중류)에 기

준을 둘 진데, 한국말의 장래는 "가치 세계"와는 다른 길을 걷게 된
다. 이를테면, 세력에 따라 제멋대로 흘러갈 뿐이요, 그 세력을 더듬
기에 바쁠 뿐 언제나 있는 그대로의 현상이 되어버려서 다양하고도
풍위 있으며, 생기 있는 한국말이 일어나지를 못한다. 입말에서 보다
글말에서 더욱 그러하다.

대종말(표준말)에는 방향 제시가 있어야 할 뿐, 낱말을 많이 약속
해 두면 둘수록 마침내 그 약속에 묶여서 말이 생기를 잃게 되어 발
전하지를 못하는 함정에 빠진다. 이를테면 "거센소리", "된소리",
"사잇소리"는 언어미학상 불쾌한 소리 느낌을 주기 때문에 되도록이
면 그 소리들을 피하도록 하는 약속이 표준말의 방향 제시요. 표준
말의 약속이 되어야 한다.

우리말로만 된 ≪배달말사전≫이 빨리 이루어져야 한다. 앞으로의
국어국문 학계에서 누군가의 애쓴 보람 끝에 겨레 앞에 내어 놓을
거룩한 일은 이 "배달말 말광"에 있다.

우리들의 글자를 보다 고쳐 나가려고 하면, 하루속히 "풀어쓰기"로
나아가야 한다. 그렇게만 되면 그 거추장스럽고 알쏭달쏭한 철자법이
쓸모없게 되는 고마움이 있고, 인쇄출판에 비용이 적게 들어서 책값
이 싸지는 바, 문화 혁명이 손쉽게 우리들 앞에 선물로 떨어진다.

여기에서 한 걸음 더 발전하려고 하면, 배달말을 "로마자"로 적는
날이 와야 한다. 이곳이 글자 문제의 마지막 봉우리가 됨에 있다. 글
자란 소리를 적는 기호에 지나지 않는다는 강열한 의식이 없으면 "로
마자로 한국말 적기 문제"는 좀처럼 이해되기가 힘 드는 일이다. 얼
은 말에 담겨 있는 것이지, 기호(글자)에 있지를 않다. 영국(미국) 말
의 글자, 프랑스말의 글자, 독일말의 글자, 이탈리아말의 글자, 그리스
말의 글자, 그 밖에 많은 나라들이 로마자라는 기호를 도구로 사용할
뿐—소리를 적는 기호로서는 모든 면에서 가장 우수한 것이 로마자이
다—말은 모두 다른 것이다. 마치 0·1·2·3·4·5·6·7·8·9라

는 기호를 세계 인류들이 모두 이용하고 있는 것과 같은 것이다. 기호에는 임자가 없는바, 인류 공동의 재산으로 편리함에 가치 기준이 있을 뿐이다.

초등학교에서부터 초등학교의 국어 교과서를 다양하게 만들어 내어서 자유 경쟁이 되도록 하여 단조성을 벗어나야만 한다. 죽은 이는 이름을 밝히지마는 살아있는 사람의 글은 이름을 밝히지 않음이—이름에 허덕이는 한국 풍토를 바로 잡는 데도 도움이 되고, 내용을 중시하는 풍토가 되는 데도 도움이 되는 일이다.

배달말을 생기 있게 일으키고, 배달말을 사랑하는 겨레가 되게스리 하나의 정책으로 밀고 나가기 위하여 문교부 안에 "나라 말 사랑"이라는 어떤 부서를 두었으면 한다. 자지발견이라는 주체성도 한국말이 일어나지 않고서는 안 되는 일이요 나라사랑의 마음도 한국말에서 나오지 않으면 안 되는 일이요, 창조스런 겨레가 되는 힘의 근원도 한국말이 생기 있게 일어나는 힘에서 나오는 것이다.

한국의 얼은 한국말에서 나오고, 한국말이 아니고서는 한국 얼이 심겨지지 않으며, 한국말로 학문이 되지 않고서는, 한국에서 학문은 심겨지지 않는다.

19. 문교부 마련
"국어과 교육 과정"

초·중·교 전문학교의 ≪국어과 교육 과정≫은 문교부가 마련해 주는바—실제에 있어서는 그에 따른 위원회가 만드는 것이지마는—여기에 대한 많은 연구가 학계에서 있어야만 될 일이지마는 거의 없었다고 해도 틀린 말은 아니다. 이 중대한 일을 두고 학계(국어 교육학계·국어국문학계)는 외면하면서 왔던 것도 사실이다. 근본 문제를 두고 생각해본 이는 없고, 틈틈이 교과서를 두고 잘못된 글자 발견 같은 것은 있어왔다.

초·중·고 전문학교의 "국어과 교육 과정"은 어떻게 짜여져야 할 것인가에 대한 일반스런 원칙에 따른 답을 얻고자 함이 이 대목이 바라는 일이다. 편의상 오늘날 실시되고 있는 그 "국어과 교육 과정"을 놓고 분석·검토한 뒤에, 그것을 바탕으로 애당초 얻고자 하는 곳으로 돌아가는 방법을 취하기로 한다.

≪초등학교 국어과 교육 과정≫

문교부 공포(1973. 2. 14)

가. 목 표

  (1) 일반 목표

 (가) 일상생활에 필요한 국어의 경험을 넓히고, 정확하게 이해하며 적절하게 표현하는 기능을 길러서 언어생활을 원활히 할 수 있게 한다.

 (나) 국어를 통하여 지식을 넓히고 문제를 해결하는 힘을 길러서, 발전하는 사회에 적응하게 하고 앞길을 개척해 나가는 바탕을 마련하게 한다.

 (다) 국어를 통하여 바르게 사고하고 자주적으로 판단하는 힘과 아름다운 마음씨를 길러서, 건실한 국민으로서 자라게 한다.

 (라) 구어에 대한 관심을 높이어, 국어와 국어로 표현된 우리 문화를 사랑하고 나아가 민족 문화 발전에 이바지하려는 마음을 가지게 한다.

  (2) 학년목표

나. 내 용(지도사항 및 형식)

다. 지도상의 유의점

  (1) 국어의 교육은 국어과의 교육활동뿐 아니라 모든 교육 활동을 통하여 이루어지므로, 국어에서는 어린이의 언어생활을 원활히 할 수 있는 바탕을 마련하기 위하여, 다른 교과 활동 및 특별 활동이 지도와 유기적으로 관련지어 국어 학습에 관한 기본적인 사항을 다루도록 한다.

  (2) 어린이의 언어활동을 중시하고, 어린이의 언어활동이 주체적으로 행하여지도록 할 것이며, 말하기, 듣기, 읽기, 쓰기의 지도가 원칙적으로 종합적으로 이루어지도록 한다.

(3) 말하기, 듣기는 편의상 그 목표나 내용에서 분리하여 서술하였으나, 실제지도에 있어서는 같은 과정에서 그 활동이 이루어지므로 이를 감안하여 적절히 지도한다.

(4) 어린이의 언어 실태와 지역적 특정을 조사, 분석하여 모든 교육 활동에서 국어의 순화에 힘쓰도록 한다.

(5) 국어 학력을 기름에 기본이 되는 지도 사항을 체계화하고 이를 심화, 확충하여 지도할 수 있도록 내용을 짰으므로 실제 지도에 있어서도 어린이의 언어 발달 단계를 고려하여 의도적이며 계획적으로 지도하도록 한다.

(6) 국어 학력의 신장은 언어생활의 원활에만 그 목적이 있는 것이 아니라 언어를 통하여 얻은 내용의 가치를 캐는 데에도 목적이 있으므로 이를 감안하여 지도 하도록 한다.

(7) 말하기, 듣기는 두 사람 이상으로 구성되는 언어활동이며 언어생활 전반에서 이루어지는 활동이므로 말하기, 듣기의 지도에 있어서는 음성 언어 교재를 활용하여 지도할 뿐 아니라 학교 교육 전반을 통하여 지도하되, 언어생활 환경을 잘 갖추어 지도의 효과를 거두도록 한다.

(8) 읽기, 쓰기는 의사소통의 수단이라는 면에 있어서는 말하기, 듣기와 기능적으로 같으나, 전달의 상황에 있어서는 말하기, 듣기의 경우와는 다소 달라 간접적이며 한 사람의 머리 속에서 행하여지는 면이 강하므로 이 영역의 지도는 한 층의 도전으로 행하도록 한다.

(9) 읽기의 지도에 있어서는 독해력을 기름에 힘쓸 뿐 아니라 독서 활동도 활발히 할 수 있도록 하며, 제재 전정의 기준에 따라 풍부한 읽을거리를 선정하여 읽게 하고 건실한 국민으로서, 자랄 수 있는 바탕을 마련한다.

(10) 쓰기의 지도는 모든 학습 활동 가운데에서 행하되 어린이들

의 실태나 지도의 효과를 감안하여 쓰기 활동을 주로 하는 학습 계획을 세워 지도의 단절이 없이 계속적으로 지도하도록 한다.

(11) 글씨 쓰기의 용구, 용재의 선정은 어린이의 건강, 쓰기 능력의 신장에 직결되므로 어린이의 심신 발달의 단계를 감안하여 글씨 쓰기의 실효를 거두도록 유의한다.

(12) 말의 쓰임의 지도는 말하기, 듣기, 읽기, 쓰기의 모든 영역을 통하여 하되, 언어활동의 기회와 지도 사항의 계열을 유기적으로 관련 지어 지도의 효과를 거두도록 한다.

(13) 연간 계획을 수립함에 있어서는 다음과 같은 점을 감안하도록 한다.

(가) 당해 학년의 '학년 목표'를 가장 효과적으로 달성할 수 있도록, 당해 학년의 '내용'을 바탕으로 그 학년에 알맞은 언어활동을 선정한다.

(나) 전후 학년의 연간 계획과 계열을 세운다.

(다) 당해 학년 언어 영역의 '주요 형식'을 고려하여 제재 선정의 기준을 적절히 구체화 한다.

(라) 어린이의 개인차, 지역차, 특성, 어린이의 생활환경의 실태 등을 고려한다.

(마) 학교 교육 전체와 유기적으로 관련을 짓는다.

(14) 각 학년 언어 영역의 '지도사항'은 그 언어의 영역의 '주요형식'을 통하여 지도한다.

≪중학교 국어과 교육 과정≫

문교부 공포(1963. 2. 15)

I. 목 표

국어 교육의 목표를 생각하려면 국어 학습 지도의 대상이 되는 언어의 기능을 살펴보고, 그것은 우리가 사회생활을 하여 나아가는 데 어떠한 구실을 하는 것인가에 대하여 생각해 볼 필요가 있다.

(1) 언어는 인간의 사회생활을 통하여 서로 교섭하고 결합하는 가장 기본이 되는 수단이다. (사회 형성의 기능)

(2) 언어는 개인의 생각을 나타내는 것으로 특히 언어 예술로서의 언어는 우리들의 인간성을 형성하며 국민적인 사상 감정을 도야하는 것이다. (인간 형성의 기능)

(3) 언어는 문화를 매개하는 것으로 모든 학문이나 기술이 언어로써 표현되고 전달 계승되는 것이다. (문화 전달의 기능) 이러한 언어의 기능을 충분히 발휘하기 위한 국어 학습 지도의 목표에 대하여 이를 말하기, 듣기, 읽기. 쓰기(글짓기)의 네 부면으로 나누어 생각하면 다음과 같다.

말하기

1. 자기의 의사를 정확하게 말할 수 있다.
2. 자기가 한 말의 효과가 바로 나타날 수 있도록 이야기 한다.
3. 듣는 사람의 마음을 움직일 수 있도록 이야기 한다.

듣 기

1. 남의 이야기를 듣는 목적에 맞도록 바르게 듣고 정확하게 판단할 수 있다.
2. 남의 이야기를 비판적으로 들을 수 있다.

읽 기

1. 글을 읽는 목적에 맞도록 바르게 읽을 수 있다.
2. 문학작품을 바르게 읽을 수 있다.
3. 문장을 빨리 읽고, 많은 글을 읽을 수 있다.

쓰 기(글짓기)

1. 자기의 생각을 잘 정리하여 분명하고 바르고 알기 쉽게 쓸 수 있다.
2. 읽는 사람의 마음에 자기의 생각이나 느낌이 그대로 반영될 수 있도록 글을 쓴다.
3. 개인적인 글을 쓸 수 있다.

이러한 국어 학습의 목표도 새 교육에 있어서의 모든 교과의 학습과 같이 그러한 습관, 태도, 기능 및 능력을 기르는 것이 되어야 한다. 국어 학습에 있어서 본질적인 것은 언어를 사용하는 기능이며 능력인 것이다.

이상을 요약하여 보면 다음과 같다.

(1) 생활에 필요한 국어의 소양을 높여 건전한 사상을 기르게 함으로써 민주 생활의 힘이 되도록 한다.
(2) 말하기, 듣기, 읽기, 쓰기의 기능을 효과적으로 사용하여 효과 있는 언어생활을 할 수 있도록 한다.
(3) 국어에 대한 이해를 깊게 하고 개성적인 표현에 익숙하게 하여 지식을 넓히고 취미를 높이기 위한 기능과 태도를 기른다.
(4) 정확하게 말하고 듣는 습관과 문학을 감상하는 힘을 길러 국어의 이상을 높일 수 있는 자각을 가지게 한다.

Ⅱ. 학년 목표

Ⅲ. 지도 내용(기초적인 언어 능력·언어 사용의 기술, 언어문화의 체험과 창조)

Ⅳ. 지도상의 유의점

1. 학습 지도에 있어서 교과서 중심에 치우치거나, 분과 학습의 형태를 취하지 말고, 단원 학습에 기반을 두어 종합적인 지도를 할 것.

2. 국어과의 지도는 국어 시간 및 기타 모든 교과 활동과 교과의 활동에서 지도하여 그 실효를 거두도록 할 것.

3. 단원 학습의 본질을 살려서 학습 문제를 중심으로 풍부한 자료를 선택 이용하며 획일적인 지도 방법을 지양하여 특히 음성 언어와 창작 지도에 힘쓰도록 할 것.

4. 학습 지도에 있어서는 학생의 개인차와 남녀별 심신의 발달 상태에 유의하여 적절한 방법을 적용하여 특히 기초 학력의 충실을 기할 것.

5. 문법은 국어의 정확한 사용을 목표로 하여 생활에서 활용되는 어법을 중심으로 지도하고 학문적 체계에 치중하지 않도록 할 것.

6. 각 학교는 지방의 실정과 학생의 실태를 고려하여 교육 과정을 재구성하여 지도의 중점을 설정하고 이를 구체화하도록 힘 쓸 것.

7. 지역의 특수성을 고려하여 단원을 설정할 때에도 (1) 사회 형성의 기능 (2) 인간 형성의 기능 (3) 문화 전달의 기능 등 언어의 기능을 고려하여 이를 만족시키도록 할 것.

8. 따로 보충 단원을 마련하여 학습 지도를 할 때에는 학습 내용에 예시된 (1) 기초적인 언어 능력 (2) 언어 사용의 기술 (3) 언어문화의 체험과 창조 등을 참고하여 지역과 학생의 특수성을 살리도록 할 것.

9. 단원 학습을 전개할 때에는 항상 다음과 같은 준비를 갖추고 계획적인 활동을 거쳐서 평가하고 재계획하도록 힘쓸 것. (1) 단원의 목표 (2) 단원의 내용 (3) 자료의 수집 (4) 도입 (5) 기본적 지도 (6) 발전적 활동 (7) 평가

10. 학생들의 자발적인 학습 활동을 장려하여 독서 습관을 기르고, 양서를 선택하여 취미를 신장시키도록 힘쓸 것.

11. 학생들의 언어 실태와 지역적 특정을 자각하도록 하여 모든 교육 활동에서 항상 언어의 순화에 힘쓰도록 할 것.

≪초등학교 국어과 교육 과정≫

문교부 공포(1963. 2. 15)

Ⅰ. 목 표

(1) 세련된 국어의 교양을 쌓아 건전한 사상의 소유자로서 민주 생활을 개선할 수 있도록 한다.

(2) 정확하고 품위 있는 말하기·듣기·읽기·쓰기의 기능을 높여 유능한 사회생활을 할 수 있도록 한다.

(3) 이해력과 표현력을 길러 식견과 취미를 풍부히 하는 기능과 태도를 기른다.

(4) 정확하게 말하고 듣는 습관과, 문학을 감상하는 태도를 길러 국어의 이상을 높이도록 한다.

(5) 일상생활에 널리 쓰이는 한자, 한문 및 고전에 대한 소양을 높인다.

이상과 같은 종합적인 목표를 다시 분석하면 다음과 같은 구체적인 목표가 드러나게 될 것이다.

1. 남의 생각을 빠르게 받아들이고 그것을 정확하게 판단하도록 한다.
2. 자기의 생각을 남이 쉽게 이해할 수 있도록 분명히, 그리고 능란하게 발표하도록 한다.
3. 언어에 대한 개념을 명확히 하여 매일 매일의 생활에 당면하는 여러 가지 문제를 효과적으로 성의껏 해결할 수 있도록 한다.
4. 주의 깊게 관찰하고 정확하게 해석하여 자기의 의견을 결정하는 버릇을 가지게 한다.
5. 방송·영화·연극·소설 등을 바르게 평가하고, 그릇된 것을 알아낼 수 있는 식견을 가지도록 한다.
6. 여러 가지 독서 기술을 체득하고, 독서의 즐거움을 알도록 한다.
7. 의사 표시의 사회적인 방면으로서의 기술을 체득하고. 아울러 인생의 반영으로서의 작품을 감상하고 창작하는 힘을 기르도록 한다.
8. 학생들이 장래에 사회에 나아가 언어 생활면에서 직업인으로서의 기능을 충분히 발휘할 수 있도록 한다.
9. 지식이나 정보를 얻기 위하여 책을 읽고 취미를 기르기 위하여 독서하는 습관을 가지도록 한다.
10. 국민적인 사상 감정을 도야하도록 한다.
11. 우리의 언어문화에 대한 바른 이해를 가지도록 한다.
12. 국어에 대한 이상을 높이고 국어 국자 문제에 대한 관심을 가지도록 한다.

Ⅱ. 국 어 Ⅰ

1. 지도목표: (말하기·듣기·읽기·쓰기)
2. 지도 내용: (말하기·듣기·읽기·쓰기)
3. 지도상의 유의점

1. 학습 지도는 교과서 및 기타 자료를 충분히 이용하여 국어과의 내용을 종합적으로 지도하는 것을 원칙으로 삼을 것.
2. 국어과의 지도는 국어 시간 및 기타 모든 교과 활동과 교과 외의 활동에서 지도하여 국어 I이 목표하는 기초적 실효를 거두도록 한다.
3. 단원 학습의 본질을 살려 문제 해결에 필요한 자료의 선정을 적절히 하고 특히 창작력을 신장하도록 힘쓸 것.
4. 학습 지도는 남녀의 심리적 특성, 표현의 특이성 등을 고려하여 세련된 언어생활을 실천하도록 힘쓸 것.
5. 문법 지도는 언어의 운용을 중심으로 하는 범위 안에서 현대 국어의 체계의 개요를 알리도록 할 것.
6. 국어 국문학의 발달은 고전 학습 자료와 유기적 관련을 지어 현대 언어나 문학을 이해하는 바탕으로 삼도록 할 것.
7. 학교에서 교육 과정을 구성할 때에는 각 지방의 실정과 언어의 실태를 참작하여 국어과의 목표를 균형 있게 달성하도록 노력할 것.
8. 단위제를 실시하여 학습 지도를 할 때에는 국어 I, II의 연관성을 긴밀히 하고, 계통적인 발전을 고려하여 운영의 적절을 기할 것.
9. 학생들의 창의적인 학습 활동을 장려 하여, 국어의 순화 및 국어 문화 창건의 바탕을 마련하도록 할 것.

III. 국어 II

국이 II는 국어 I을 심화 확충하는 과정이므로 국어 I의 내용이 되는 현대문, 고전(국어 국문학), 문법, 작문의 과정 등과 한문 과정을 포함한다. 국어 II에서는 그 정도의 차이가 뚜렷한 고전 과정과 한문 과정만을 설정하고, 그 외는 국어 I에 준하도록 한다.(대표적

이고 출전이 확실한 것)

 1. 고전과정

 (1)의의와 목표

 (2) 지도 내용

 (3) 지도상의 유의점

   1) 고전은 국어와 국문학 변천의 개요를 종합적으로 지도함을 원칙으로 한다.

   2) 교재의 선택은 그 출전이 명백한 것으로 하되, 난이도를 고려할 것.

   3) 학습 지도에 있어서는 충분한 자료를 마련하여 학생들이 흥미를 가지고 학습할 수 있도록 유의할 것.

   4) 고전의 학습은 항상 현대 언어와 현대 문학과의 관련성을 이해하게 하여 그 목표를 충분히 달성 하도록 유의 할 것.

 2. 한문과정

≪실업계 초등학교 국어과 교육 과정≫

문교부 공포 1971. 8. 24

 국 어 (1)

 (1) 지도 목표

   (가) 생활에 필요한 국어의 기능을 기르고, 언어문화에 대한 이해를 바르게 하여 언어생활의 향상에 이바지하게 한다.

   (나) 국어를 통하여 논리적으로 사고하고 자주적으로 판단하는 힘과 고상한 심성을 길러서 건실한 국민이 되게 한다.

   (다) 국어를 통하여 식견과 취미를 풍부히 하고 목적이나 상황에 따라 사상 감정을 효과적으로 표현하고 정확하게 이해

하는 힘을 길러서 발전하는 사회에 적응하게 하며 자기의 앞길을 개척하여 나가게 한다.

(라) 국어의 기능에 대한 이해를 깊게 하며 국어와 국어로 표현된 우리 문화에 대한 사랑을 깊게 하고 나아가 민족 문화 발전에 이바지하게 한다. 이 목표를 구체화하여 다음과 같이 기도 목표를 세운다.

(가) 듣기·읽기를 통하여 빠르게 이해하는 힘과 논리적으로 사고하고 자주적으로 판단하는 힘을 길러서 언어생활의 능력을 높이게 한다.

(나) 말하기·쓰기를 통하여 목적이나 상황에 따라 사상 감정을 바르고 효과적으로 표현하는 힘을 길러서 언어문화 창달에 이바지하게 한다.

(다) 국어의, 기능을 널리 이해하고, 국어에 대한 지식 및 자각을 깊게 하며 국어를 존중하고 국어 생활의 이상을 높여 그 발전에 이바지하게 한다.

(라) 문학작품을 이해 감상하고 건전한 상식을 통하여 풍부한 인간성을 길러서 화해 명랑한 생활을 하게 한다.

(마) 독서하는 습관과 효과적으로 독서하는 기능을 길러서 정확한 정보와 심오한 지식을 얻어 풍부한 생활을 하게 한다.

(바) 고전의 학습을 통하여 우리 문화의 전통, 선인의 생활감정, 우리말과 글의 옛 모습을 바르게 이해하고 민족 문화와 언어문화에 대한 인식을 두텁게 하여 민족 문화 창달에 이바지하게 한다.

(2) 지도 내용(말하기·듣기·읽기·쓰기)

(3) 지도상의 유의점

(가) 국어의 교육은 국어과의 교육 활동뿐 아니라 교육 활동 전반을 통하여 이루어지므로 국어과에서는 언어생활을 원

활히 할 수 있고 언어생활에 이바지할 수 있는 바탕을 마련하기 위하여 다른 교과 및 특별 활동의 지도와 유기적으로 관련시켜 국어 학습에 관한 기본적인 사항을 다루도록 한다.

(나) 학생의 언어활동을 중시하고, 학생의 언어활동이 주체적으로 행하여지도록 할 것이며, 말하기·듣기·읽기·쓰기의 지도가 원칙적으로 종합적으로 이루어지도록 한다.

(다) 말하기·듣기는 편의상 지도 내용에서 분리하여 서술하였으나 실제지도에 있어서는 같은 과정에서 그 활동이 이루어지므로 이를 감안하여 적절히 지도한다.

(라) 국어 학력의 신장은 언어생활의 원활에만 그 목적이 있는 것이 아니라 언어를 통하여 얻은 내용의 가치를 캐는 데에도 목적이 있으므로 이를 감안하여 지도하도록 한다.

(마) 말하기·듣기는 두 사람 이상으로 구성되는 언어활동이며 언어생활 전반에서 이루어지는 활동이므로 말하기·듣기의 지도에 있어서는 음성 언어의 교재를 활용하여 지도할 뿐 아니라 학교 교육 활동 전반을 통하여 지도하되, 언어생활 환경을 잘 갖추어 지도의 효과를 거두도록 한다.

(바) 읽기·쓰기는 의사소통의 수단이라는 면에 있어서는 말하기·듣기와 기능적으로 같으나 전달의 상황에 있어서는 말하기·듣기의 경우와는 다소 달라 간접적이며 한 사람의 머리 속에서 행하여지는 면이 강하므로, 이 영역의 지도는 한층 의도적으로 행하도록 한다.

(사) 읽기의 지도에 있어서는 독해력을 기름에 힘쓸 뿐 아니라 독서 활동도 활발히 할 수 있도록 하며 제재 선정의 기준에 따라 풍부한 읽을거리를 스스로 택하여 읽게 하고 진실한 중견 국민으로서 자랄 수 있게 한다.

(아) 쓰기의 지도는 학습 활동 가운데에서 행하되 학생들의 실태나 지도의 효과를 감안하여 쓰기 활동을 주로 하는 학습 계획을 세워 지도의 단점이 없이 계속적으로 지도하도록 한다. 또, 실용문에 비중을 두어 습작하는 기회를 많이 주도록 한다.

(자) 말의 쓰임의 지도는 중학교에서 습득한 것을 심화 확충하고 언어의 운용 면을 중심으로 하여 국어 생활에 도움이 되도록 한다.

(차) 국어와 국문학의 지도에 있어서는 그 변천의 개요를 종합적으로 지도함을 원칙으로 한다.

(카) 국어 국문학의 발달은 고전 학습 자료와 유기적 관련을 지어 지도하되, 현대의 언어와 문학을 이해하는 바탕으로 심도록 한다.

(타) 국어과에서 이수할 총 단위는 영역별로 배정하지 아니하는 것을 원칙으로 한다. 다만, 영역별로 배정하여 운영하고자 할 때에는 말의 쓰임과 쓰기를 따로 계획을 세워지도록 한다.

(파) 학생들의 창의적인 학습 활동을 장려하여 국어의 순화 및 국어 문화 창건의 바탕을 마련하도록 한다.

국어 (Ⅱ) (한문)

≪실업계 전문학교 국어과 교육 과정≫

문교부 공포(1793. 2. 14)

Ⅰ. 목 표

(1) 사회생활과 직업 생활에 필요한 국어사용의 기능을 길러서, 민주적인 사회인 및 교양 있는 직업인으로서 그 생활을 원활하게 영위할 수 있게 한다.

(2) 국어를 통하여 정서를 풍부히 하고 논리적으로 사고 판단하는 힘을 길러서 유능한 개인 및 건실한 국인이 되게 한다.

(3) 국어를 통하여 식견을 높이며 장래 할 문제를 예측하고 당면한 문제를 해결할 수 있는 힘을 길러서 자기의 앞길을 개척하고 국가 발전에 이바지하게 한다.

(4) 국어를 사랑하고 그 기능을 이해하며 언어문화에 대한 이해를 깊게 하여 국어의 이상을 실현하고 민족 문화 발전에 이바지할 수 있게 한다.

Ⅱ. 지도 내용

Ⅲ. 지도상의 유의점

(1) 국어사용의 기능 신장을 위하여서는 국어 교과시간뿐만 아니라 모든 교과 시간이 한결 같이 언어활동의 현장으로서 활용되어야 한다.

(2) 학습 지도에 있어서는 교재 및 기타 재료를 충분히 활용하여 국어과의 내용을 종합적으로 지도하는 것을 원칙으로 한다.

(3) 창의성이 풍부한 학습의 태도와 습관화로 국어과의 목표를 효율적으로 달성하도록 한다.

(4) 단위 학습의 본질을 살려 학생의 필요와 흥미에 맞는 학습을 하도록 한다.

(5) 각 학교는 그 학교의 특수성, 지역 사회의 실정, 학생의 실태 등
    을 고려하여 이에 알맞도록 교육 과정을 재구성하여 지도한다.
(6) 교재는 국어과의 목표를 가장 효율적으로 달성할 수 있는 것
    을 선정하되 특히 다음 사항에 유의 한다.
    ① 투철한 국가관을 확립하고, 국민으로서의 사명감을 깊게 함
       에 도움이 되는 것.
    ② 국어 애호의 정신을 기르는 데 도움이 되는 것.
    ③ 정서를 순화하고 논리적 사고력과 주체적 판단력을 기르는
       데 도움이 되는 것.
    ④ 긍정적인 사고방식과 협동적인 행동 유형이 담긴 것.
    ⑤ 국민 교육 헌장의 이념을 구현하는 데 도움이 되는 것.

여기에 이르기까지 초·중·고 전문하교의 국어과 교육 과정 을
간추려 옮겨서 "보기"로 삼았다.[1] 오늘날 실시되고 있는 국어과 교
육 과정(초·중·고·전문)은 "목표", "지도 내용", "지도상의 유의
점"이라는 세 부분으로 짜여져 있음을 알 수 있다. 그에 따른 차례
대로 살펴보기로 하는바, 첫째가 ≪목표≫이다.

초등학교의 경우는 "일반 목표"가 있고 "학년 목표"를 두었는바, 일
반목표가 4개 있고, 학년목표가 모두 30개(5개×6년), 그리하여 목표
아래 적혀져 있는 것이 34개가 되고 있다. 중학교의 경우. 일반 목표
(말하기 3, 듣기 2, 읽기 3, 짓기 3)는 모두 11개가 되고 있으며, 그 일
반 목표에 우스운 것은 그 글이 논문처럼 되어있다는 곳에 있다. 위에
든 보기에서 보아 왔듯이 <국어 교육의 목표를 생각하려면……으로 시
작한 말이 마침내 어떠한 구실을 하는 것인가에 대하여 생각해 볼 필
요가 있다>라는 문장으로 비롯하여 "언어"란 무엇인가에 대한 물음 앞
에 답을 내리고(3가지로) 있다. 그리고는 끝에 가서 <이상을 요약하여

---

1) 金敏洙: 國語政策論, pp.981-189 (고대·1973).

보면 다음과 같다>로 되어 있음에 더욱 우습다. 중학교에도 학년 목표를 두고 있는바, 학년마다 말하기·듣기·읽기·쓰기로 나누었는데, 1학년의 목표(말하기 10·듣기 10·읽기 11·쓰기 11)가 42개, 2학년의 목표(말하기 10·듣기 10·읽기 11·쓰기 10)가 41개, 3학년의 목표 (말하기 10·듣기 9·읽기 11·쓰기 11)가 41개가 되고 있다. 초등학교(인문계)의 것에, 우스운 것은 "종합목표" 5개를 내어 놓고는 그것을 분석한 "구체적인 목표"가 12개 있고, 나아가 국어 (Ⅰ)의 목표(말하기 20·듣기 12·읽기 61·쓰기 16)가 103개나 되고, 국어 (Ⅱ)의 목표 (고전 8·한문 7)가 15 개 되어 있다. 그런가 하면 실업계 초등학교의 목표는 모두 14개(국어 (Ⅰ)에서 10개, 국어 (Ⅱ)에서 4개)가 되어 있고, 실업 전문학교의 목표는 모두 4개로 되어 있다.

요컨대 초등학교 6학년일 경우 국어 교육 목표가 9개나 되는가 하면, 중학교 3학년의 국어 교육 목표는 52개가 되며, 초등학교(인문계) 3학년의 국어 교육목표는 141개가 되고 있다. "목표"란 일정한 방향 아래 진행되는 행동의 마지막 지점을 두고 이르는 말인데, 목표를 어디에 두느냐 하는 문제에서 첫째로 나타나는 것은 방향이요, 그 다음은 거리 문제가 됨에 있다. 우리들이 어떤 지점을 목표로 두고서 걸어갈 때 바꿀 수 없는 것은 방향이며, 그 목표 지점은 언제나 ≪하나≫이다. 초등학교·중학교·초등학교·전문학교·대학에 이르기까지 국어 교육이 가야할 지점(목표)－국어 교육이 밀고 나가야 할 지점(목표)은 같은 곳이며, 그 지점(목표)은 "하나"일 수 밖에 없는 것이다. 그것은 한국이 요청하고 한국이 바라는 어떤 지점 (목표)이기 때문에 그렇게 됨에 있다. 그 지점을 향해서 자기 능력만큼 걸어가는바, 초등학생은 그만큼 걸어가는 것이요, 중학생은 보다 앞으로 걸어가는 것이요, 고등학생은 보다 더 앞으로 나아가게 하여 마침내 그 목표 지점에 자꾸만 가까이 다가서는 운동 방식이 있을 뿐이다. 목표란 어떤 방향 아래 진행되는 이상의 세계가 됨에 있다. 국어 교육의 목표가 141개나 나왔다는 것은, 어떤 목표지점에 도달하기 위한 "도달점"마저 모조리 목표라고 착각한데서 온 것이었다. 예컨대 "말하기·듣기·읽기·쓰기의 기능을 효과 있는 언어생활을 할 수 있도록 한다."라든가, "국어에 대한 이해를 깊게 하고 개성적인 표현에 익숙하게 하여 지식을 넓히고 취미를 높이기 위한 기능과 태도를 기른다"라든가, "정확하게 말하고 듣는 습관과 문학을 감상하는 힘을 길러 국어의 이상을 높일 수 있는 자각을 가지게 한다"라든가(이상 중학교·일반목표), "식견과 취미를 풍부히 하는 기능과 태도를 기른다"라든가, "정확하게 말하고 듣는 습관과 문학을 감상하는 태도를 길러 국어의 이상을 높이도록 한다"라든가, "한문 및 고전에 대한 소양을 높인다"라는 말들은(이상 초등학교의 종합적인 목표) 모두 "목표"가 될 수 없는 것으로 이를 테면, 어떤 목표를 두고 진행되는 행동에 있어서 하나의 "도달점"에 지나지 않는 것들이다.

국어 교육의 목적은 ≪한국말과 한국 글을 통하여 행복스런 삶이 되도록 함≫에 있다. 목적이 생기면 그에 따른 목표(지점)가 정하여지는바, 여기에는 3차원의 세계가 주어진다. 1차원 세계는 실용 면이요, 2차원 세계는 인격 면이요, 3차원 세계는 개선·발전·창조하는 면이다.

이와 같은 목표지점을 두고 초등학생이 가야만 하는 ≪도달점≫이 있고 중학생·고등학생이 가야만 하는 도달점이 있고, 전문학교 학생이 가야만 하는 "도달점"이 있고 대학생이 가야만 하는 ≪도달점≫이 있다. 이 ≪도달점≫은 학생의 능력에 따라서 결정되어야만 하는 것으로 그들의 능력에 대한 충분한 연구가 먼저 있어야만 한다. 능력에 따른 ≪도달점≫이 결정되면 그 "도달점"에 따라서 ≪학습 내용≫이 결정됨에 있다. 오늘날 실시되고 있는 교육 과정에는 이 ≪학습 내용≫을 두고 "지도 내용"이라는 말을 쓰고 있다. 이와 같은 ≪학습 내용≫

을 어떻게 운영할 것이며, 어떻게 운영하여야 할 것인가에 대한 ≪학습 운영≫ 문제가 마지막으로 남는다. 학습 운영이라고 함이 마땅할 것이지마는, 오늘날 실시되고 있는 교육 과정에서는 "지도상의 유의점"이라는 말을 사용하고 있다.

요컨대, 국어과 교육 과정의 짜임은 "① 목적 ② 목표 ③ 도달점 ④ 학습 내용 ⑤ 학습 운영"으로 된 5부 조직 아래 이룩되는 것으로 "목표"에 이르기까지는 초·중·고·전문·대학에 이르기까지 한결같은 바에 놓이는 것으로 그 목표지점으로 걸어가는 능력에 따라 서로들 "도달점"을 달리 하는바 그에 따른 "학습 내용"을 짜야 할 것이며, 짜여진 그 학습 내용을 어떻게 운영하면 도달점에 이를 것인가 하는 "학습 운영" 문제로 돌아옴에 있다.

끝으로 오늘날 실시되고 있는 "국어과 교육 과정" 가운데서 잘못된 말들을 밝혀 둘 필요를 느낀다.

<"표현하는 기능을 길러서"(초등학교)·"취미를 높이기 위한 기능과 태도를 기른다"(중학교)·"국어의 이상을 높일 수 있는 자격을 가지게 한다"(중학교)·"사상을 기르고"(중학교)·"문학을 감상하는 태도를 길러"(초등학교)·국어의 이상을 높이도록 한다"(초등학교)·국어의 기능을 기르고(실업계 초등학교)·"국어의 기능을 널리 이해하고"(실업계 초등학교)·"국어 생활의 이상을 높여"(실업계 초등학교)·"독서하는 기능(실업계 고등)·"국어사용의 기능을 길러서 (실업계 전문학교)·"국어의 기능을 이해하며, 국어의 이상을 실현하고"(실업계 전문학교)>라는 말들이 국어과 교육 과정에 들어 있다.

여기에서 밝히고자 하는 것은 "기능"이라는 말을 잘못 쓰고 있다는 것과 "이상"이라는 말의 잘못 사용과, "기른다"라는 말의 잘못 사용에 있다. 기능이란 "기술의 재능을 가리키는 "技能"이라는 일본말이 있고, 작용을 뜻하는 "機能"이라는 일본말이 있는데, "국어의 기능"이란 "국어의 재능"이든 "국어의 작용"이든, 어느 쪽이든지 말

이 안 된다. "표현하는 기능", "독서하는 기능", "국어사용의 기능", 모두 말이 안 된다. "표현", "독서", "사용"에 따른 것은 "기능"이 아니고 "능력" 곧 "힘"이 됨에 있다. "기능"이라는 말이 일본말이었기 때문에 이렇게 착각을 일으킨 것이다. 그리고 "이상(理想)이라는 말의 뜻은—일본말이지마는—어떤 가치 기준 아래 설정된 희망스런 세계로서, 정신 노작에 의하여 생산되는 일종의 꿈의 세계를 두고 하는 말이다. 어떤 가치 기준이 미리 제시되지도 않은 "국어의 이상 실현"이라는 말은 논리에. 맞지 않는 유치한 말이 됨에 있다. 또한 "문학을 감상하는 태도를 기른다"라는 말이 있는데, 문학을 감상하는 데 기준이 되는 것은 "태도"가 아니고 "힘"이다. 그리하여 우리들은 그것을 두고 "감상력"이라고들 부른다. "태도"는 기르는 것이 아니고, 지니게 하는 것이요. "사상"도 기르는 것이 아니고 지니게 하는 것이다. 기르는 것에 대상은 "힘"일 뿐이다.

틀린 말은 아니지마는 교육이라는 가치 활동에서 볼 때 잘 못된 것은 "지식을 넓히고"라는 말이 국민 학교에서부터 모두 들어 있다. 오늘날의 교육은 지식을 넓히는 것이 아니고(전달 교육) ≪힘≫을 기르는 곳에 있다. 그리고 어색한 말로서는"국어에 대한 관심을 높이어" (초등학교)라는 것과 "국어·국자 문제에 대한 관심을 가지도록 한다"(초등학교)라는 말들이다. 이런 경우는 "관심"이 아니고, 마땅히 그렇게 되어야만 하는 ≪사랑≫이어야만 된다. 서투른 말로서는 "감안한다"라는 말인데, 초등학교에서부터 한결 즐겨 감안한다라는 말이 쓰여지고 있다.

교육의 본질에 어긋난 것으로는 ≪빨리≫라는 것이 중학교·초등학교(인문·실업)·전문학교 국어과 교육 과정에 모두 들어 있다. <문장을 빨리 읽고(중학교), 남의 생각을 빠르게 받아들이고(초등학교·인문), 듣기·읽기를 통하여 빠르게 이해하는 힘(실업계 초등학교), 빠르게 파악한다. (전문학교)>.

　교육은 "빨리에" 가치를 둔 것이 아니고, ≪올바른 곳≫에 가치를 둔 활동이다. 느리고 빠름에 상관없이 언제나 ≪올바름≫에 생명을 걸고 있는 것이 교육이다. 느리더라도 올바름에 있고, 빠르더라도 틀린 것은 용납되지 않는 것이 교육이다. 빨리를 강조하면 틀리기 쉽고, 경솔해진다. "빨리"에 매력을 둔 악순환을 우리들은 한국 문학사에서 보아왔다.

20. 국어 교과서의 규범

무엇이 어떻게 짜여져야만 참된 국어 교과서[1]가 될 것인가? 여기에 대한 답을 얻고자 함이 이 대목이 바라는 일이며, 얻어진 그 답은 마침내 국어 교과서는 반드시 이러해야 만 된다는 강제 규범성을 지니게 된다. 위의 물음 가운데 그 <무엇>은 국어 교과서의 <으뜸규정>이 되는 것이며, <어떻게>는 으뜸규정을 위한 <규칙>이 되어 준다.

이 물음을 풀기 위하여 무엇 때문에 국어 교육을 하게 되는가를 다시 기억할 필요가 있다. 그것은 이렇다. <나라 말(글)을 대상으로 하여 학생들로 하여금 "느낌" 또는 "생각"을 넓고도 깊게 자리 잡도록 하고, 그렇게 잡혀진 그 정신세계를 "말하기", "듣기", "읽기", "짓기"를 통하여 만족스리 충족시킬 수 있는 힘을 길러서 마침내 행복스런 삶이 되도록 하는 것이 국어 교육이 바라는 목표가 된다>. 이와 같은 국어 교육의 목표에서 우리들의 작업은 출발된다. 위에서 밝힌 그 국어 교육의 목표를 다시 간추려 보면, 이렇게 된다. <국어 교육이란, 처음에도 나라 말(글)이요, 끝에도 나라 말(글)이 그 대상이 된다. 그 나라 말 (글)은 "느낌" 또는 "생각"에 직결되는 것이라

---

1) 초등학교 · 중등학교(중학, 고등) · 전문학교 · 대학(1년)의 국어 교과서를 두고 이르는 말이다.

야만 한다. 마침내 그 나라 말(글)을 "말하기", "듣기", "읽기", "짓기"로 운영 하는 활동이 국어 학습이다.>

여기에 이르러 처음 물음이었던바, "국어 교과서는 무엇이 어떻게 짜여져야만 되는가"라는 물음이 풀려지게 된다. 그 <무엇>은 느낌 또는 생각에 직결되는 나라 말(글)이요, <어떻게>는 "느낌" 또는 "생각"에 직결되는 그 나라 말(글)을 학생들의 나이(학년)에 알맞게끔 합리스리 배치하는 일이 된다.

요컨대 ≪"느낌" 또는 "생각"에 직결되는 나라 말(글)이 학생들의 나이(학년)에 알맞게끔 합리스리 짜여져야만 참된 국어 교과서가 된다≫라는 답을 얻었다.

(1) 무엇……"느낌" 또는 "생각"에 직결되는 나라 말(글).
(2) 어떻게……학생들의 나이(정신발달)에 알맞게끔 그 나라 말(글)을 엮음.

여기에 이르러 문제는 이 두 가지로 좁혀 들었으며, 그것을 차례대로 따져 보기로 한다. 위 문제 ①인 <무엇>은 "국어 교과서는 무엇을 대상으로 해야만 되는가"라는 곳에서 나온 것으로, 이것은 곧 국어 교과서의 대상이 됨에 있다. 위에서 밝혀진 것으로, 국어 교과서가 대상으로 삼는 것은 무엇보다 먼저 나라 말(글)이었다. 영국·미국의 경우에는 ≪잉글리쉬≫가 되는 것이며, 독일의 경우에는 ≪도이첸≫이 되는 것이며, 한국의 경우에는 ≪배달말≫이 되는 것이다. 나라 말(글)이라는 조건 아래 개별스런 말이 되며, 말(글)이라는 조건 아래―대상이라는 그 기초 자료에서 수학2)과 갈림길이 되어진다.

나라 말(글)이면 모두 국어 교과서의 대상이 될 것인가? 여기에서

---

2) "수학"도 말이 아니고서는 안 되지마는(속말), 최대한 말을 물리치면서 기호를 이용한다.

부터 우리들은 조금 재미있는 문제로 들어간다. 요컨대 “지리 교과서”도 나라 말(글)로 되어 있고, “역사 교과서”도 나라 말(글)로 되어 있다는 것이 여기에 등장된다. “지리 교과서”는 지리에 대한 앎을 과제로 삼는 것이며, “역사 교과서”는 지난날을 참되게 알고자 함을 과제로 삼는 것이요, “국어 교과서”는 나라 말(글)을 통하여 정신발달에 이바지하면서, 나라 말(글)을 이용하는 힘을 기르고자 함을 과제로 삼는다.

그렇다고 하면, 다음과 같은 문제가 일어난다. “지리 교과서”, “역사 교과서”들과 구별되는 “국어 교과서”가 대상으로 삼는 그 나라 말(글)은 어떻게 되어야 하는가? 요컨대 “국어 교과서”가 대상으로 삼는 나라 말(글)에다가 어떤 한정스런 조건을 붙여야만 되는가?

이 문제는 다음과 같은 문제를 해결함으로써 보다 분명하게 풀려짐에 있다. “정신발달의 단계(stage of mental development)에 있어서 앎의 근원스런 힘을 기준으로 삼았을 경우, “수학 교과서”는 어떤 세계를 개발하기 위한 것이여, “음악 교과서”, “미술 교과서”는 어떤 세계를 개발하기 위한 것이며, “국어 교과서”는 어떤 세계를 개발하기 위한 것일까?

“수학”은 ≪생각≫3)을 개발하고, “음악”, “미술”은 ≪느낌≫4)을 기르고, “국어”는 ≪생각≫·≪느낌≫을 아울러 기르게 된다. “말”은 ≪생각≫·≪느낌≫의 두 세계를 아울러 지니기 때문에 “국어 교과서”는 ≪생각≫·≪느낌≫을 아울러 다루게 되는 것이다. “말이 생

---

3) 여기에서 말하는 ≪생각≫은 과제 상황에 대처하는 정신 기능을 두고 이르는 말이다. 영어로는 “thinking”이요, 독일말로는 “Denken”이요, 일본말로는 “思考”에 해당하는 철학 또는 심리학 용어이다.

4) 여기에서 말하는 ≪느낌≫은 실제적 세계와는 일치하지 않는 세계를 만들어 내는 것으로, 그것은 경험을 넘은 새로운 것이며, 사람의 요구 또는 감정이 던져져서 만들어지고, 자발적인 심적 활동에 의하여 만들어지는바, 구체적이고 직관적인 것을 두고 이르는 말이다. 영어로는 “imagination”이요, 독일말로는 “Phantasie”이요, 일본말로는 “想像”에 해당하는 철학 또는 심리학용어이다.

각을 이끌고, 생각은 말을 따라가며, 말은 느낌을 이끌고, 느낌은 말을 따라 간다”는 언어철학의 명제(Proposition: Aussage)를 여기에 동원하면 편리하다. 말이 없으면 사람은 생각할 수도 없고, 느낌도 지닐 수 없게 되는 것이다.

정신발달의 단계에 있어서, 개발하고자 하는 바가 같은 것끼리 모아보면, “국어”는 “수학”과 “음악·미술”을 합한 넓은 범위를 가지게 된다. 다만 그들 사이에 있어서 사용하는 재료가 서로 다를 뿐이다. 수학이 기호를 통하여 생각하는가 하면, 국어는 나라 말(글)을 통하여 생각하는 것이다. 그리고 음악이 소리를 통하여 느끼고, 미술이 그림을 통하여 느끼는가 하면, 국어는 나라 말(글)을 통하여 느끼는 것이다.

여기에 이르면, “국어 교과서”가 대상으로 삼는 나라 말(글)은 ≪느낌 또는 생각에 직결되는 나라 말(글)이어야 한다≫는 당위성이 주어지기에 이른다. ≪국어 교과서가 대상으로 삼는 나라 말(글)은 느낌 또는 생각에 직결되는 나라 말(글)이어야 한다≫는 것이 국어 교과서의 “으뜸규정”이 된다. 이와 같은 으뜸규정은 마침내 지리 교과서 또는 역사 교과서가 대상으로 삼는 나라 말(글)로부터 떨어져 나오게 만들어 준다.

보기를 들면, 백두산·금강산·지리산·낙동강·압록강·두만강 같은 땅이름—또는 사람의 이름—책이름·작품이름—사건의 이름 같은 것은 나라 말이로되, 이것들은 “느낌” 또는 “생각”에 직결되는 나라 말은 아니다. 그리하여 이와 같은 한 가지 이름씨가 많이 나오는 것은 국어 교과서가 대상으로 삼는 나라 말(글)이 되지 않는다. 다시 말해서, 한 가지 이름씨가 많이 나오는 글은 국어 교과서로서는 실격이 된다.

≪느낌≫이란 머리 속에 그려지는(imagination) 어떤 작용을 두고 이르는 말이다. 첫째 특징은 실제 세계와는 일치하지 않는 세계를 만들어 내는 것으로 이런 뜻에서 흔히 공상이라고 불려지기도 한다.

다음의 특징은 지각이나 생각과 같은 자극 또는 과제와 같은 객관적 요인에 규정되어 생기는 체험과는 달리 오로지 자유롭고 자발스런 마음의 활동에 의하여 만들어지는 것으로 대개의 경우, 그것은 구체적이고 직관적이다. 한편 그 내용이 되고 있는 낱낱의 요소가 과거에 체험 한 것이라 할지라도 전체로 종합된 것은 경험을 넘은 새로운 것이므로 이 점에서 기억과는 본질적으로 다른 모습을 가지고 있다. 또한 느낌의 내용에 있어서 자신의 뜻이 나타나는 것도 한 가지 특색이다. 그리고 대충 느낌은 자신이 가지고 있는 요구나 감정들이 던져진 것이라고 볼 수 있다. 현실세계에 있어서 사람은 자기의 요구가 채워지지 않을 때, 흔히 공상의 세계로 도피한다5).

느낌을 통하여 얻어지는 것으로, 머리 속에 그림이 그려지게 하는 어떤 힘을 상상력(imagination: Einbildungskraft)이라고 한다. 칸트(Kant)는 상상력을 두고 ⓐ "그대로 만들기" · ⓑ "조금 달리 만들기 " · ⓒ "창조스리 만들기"등 셋으로 나누었다. ⓐ의 "그대로 만들기"는 연상(association: 관련지어 그리기)에서 오는 능력이고, ⓑ의 "조금 달리 만들기"는 "직관"과 "생각하기"에다가 감성적 경험이 범주에 따라 결합되는 선험적 능력이다. 오성(understanding: Verstand)에 대하여 알맞은 직관을 부여하는 것은 감성에 속하며, 그 종합은 규정적인 자발성에서 오는 작용이다. 그 형식에 따라 감관을 선천적으로 규정할 수 있는 한, 감성은 선천적으로 규정되는 능력이다. ⓒ의 "창조스리 만들기"는 ≪판단력 비판≫에서 쓰이는 것으로서, 아름다움은 상상력과 오성의 주관적 상호작용의 일치에서 오는 쾌감이다. 이 오성과 주관적으로 일치하는 상상력은 오성의 법칙성을 그 속에 내포하는 창조적 · 미적 상상력임을 뜻한다. 이것을 두고, 취미 또는 천재의 근원스런 능력 · 미적 이념 · 나아가 표현의 능력이라고 칸트는 생각했다6).

---

5) 철학대사전: p.516 (학원사: 1973).
6) 철학대사전: p.98.

예술 창작의 문제를 다루는 심리학으로서는 분트(W. Wundt 1932~1920)·폴켈트(J. Volkelt 1848~1930)·리보오(T. A. Ribot 1839~1916)들의 업적이 있는바, 그들의 일반적 특질로서는 "직관성", "창조성", "자발성"을 들 수 있다. ⓐ의 "그대로 만들기"의 경우, 추리 또는 경험에 의하지 않고 감관 작용에 의하여 직접 바깥 사물을 알아내고 식별하는 성능으로 보고, ⓑ의 "조금 달리 만들기"에 대하여서는 재생이 아닌 변형(Umformung)을 꾀하는 성능으로 보고, ⓒ의 "창조스리 만들기"에 대하여서는, 자유와 자발스런 성능으로 보았던 것이다. 딜타이(W. Dilthey: 1833~1911)는 천재의 상상력과 미치광이의 망상을 엄밀히 구별하고 있다7).

요컨대, 느낌의 세계 속에 들고 있는 그 머릿속 그림그리기(imagination)는 《만들어 낸다》는 작용이 있다. 그 《만들어 내기》가운데 《창조스리 만들기》가 들어 있다는 점이 우리들에게는 중요한 것이다. 여기에서 우리들은 명제 하나를 얻게 된다. 《창조력은 상상력에서 나오는 것이다》라고.

느낌의 세계 가운데 상상력을 기르는 곳이 예술이다. 이를테면, 음악·미술·문학들이 느낌의 세계를 충족시켜 주는 장르가 된다. 여기에서 우리 "국어 교과서"가 받아가야만 할 것이 "문학"이며, 그것은 "시", "소절", "희곡(시나리오포함)" 수필(miscellany)들이다. 그 "시", "소설", "희곡", "수필"은 느낌의 세계를 만족스리 충족시킬 수 있는 것이어야만 된다. "느낌의 세계를 만족스리 충족시킨다"라는 말에서 만족스리 충족시킴을 받는 이는 학생이다. 때문에 학생의 나이(학년)에 알맞은 "시"·"소설"·"희곡"·"수필"이 국어 교과서가 요청하는 일이다.

느낌의 세계 가운데 "머릿속 그림그리기(imagination)에 대한 것을

---

7) ibid. p.99.

여태껏 살펴왔다. 이 ≪머릿속 그림그리기≫가 국어 교육의 중심과제이다. 그리고 이것을 기르기가 가장 어렵고 힘들며, 또한 조심스러운 것이다. 자칫 잘못하면 학생들로 하여금 ≪머릿속 그림그리기≫가 파괴되고마는 속성이 있기 때문에 그렇게도 어려운 것이다.

"느낌" 세계가 이룩됨에 있어서, 그 밑바탕이 되어 주는 힘의 원천을 감성(sensibility)이라고 부른다. 철학에서 다루는 감성이란 ① 인식론상 오성(understanding: Verstand)과 대립하며, 인식에 없어서는 안 되는 능력을 두고 이르는 말이다. 이것은 칸트의 인식론에서 밝은 모습으로 취급되었다. 그 곳에 따르면, 오성이 자발적임에 대하여, 감성은 수동적이며, 오성이 "생각하기"의 능력임에 대하여, 감성은 그 오장에 "생각하기"의 자료를 제공하는 것이며, 이 자료는 감성이 받아들이는 것이다. 감성은 자기 형식에 의하여 대상으로부터 받아들인다. ② 실천적 의미로는 감각에 관계한 모든 충동에서 일에나는 자연스런 욕구를 두고 이르는 말이 된다. 감성은 항상 이성보다 낮은 자리에 있어서 하나님 쪽이 이성임에 대하여, 동물적인 면이 감성이다. 그리하여 의지의 힘에 의해서 극복되어야 한다고 한다. 그런가 하면, 감성적 요구의 만족이 곧 행복이라고 보는 쾌락주의도 있다. 이와 같은 감성적 요구에서 나오는 쾌락을 어느 정도 부정 또는 긍정하느냐에 따라서 각각 다른 윤리관이 생긴다.8)

한편 심리학에서 다루는 감성이란, 신체가 받는 자극에 의해서 그에 대응하는 내용이 일어나는 경우, 그 자극의 예민성을 두고 이르는 말이 된다. 일상용어로서, 감정이 둔하다든가, 날카롭다든가 하는 말은 이 뜻으로 쓰인 것이다.

≪느낌≫ 세계 가운데 문제의 ≪머릿속 그림그리기(imagination)≫는 위에서 밝힌 감성(sensibility) 가운데 철학에서 다루는(인식론) 소

---

8) 철학대사전: p.16.

위 오성(understanding: Verstand)에 대립되는 인식능력으로서의 감성에 해당되는 것이다. "느낌" 세계를 다루는 "예술"이 이해되는 쪽이 아니고, 느껴지는 쪽에 서고 있다는 이론의 근거가 여기(인식론)에서 나오게 되는 것이다.

이 감성(sensibility)은 인식에 있어서의 역할이나 타당성을 논하는 인식론의 한 분야이다. Aesthetik는 보통 미학을 뜻하는데, 원래는 감관에 의해서 지각될 수 있는 것(aistheton)에 관한 학문이었다. 그리고 감성적인 인식에 관한 이론을 감성론(Asthetik)이라고 했다. 이 뜻에서 감성론은 철학사와 함께 매우 오래된 것이다. 고대·중세에서는 일반적으로 감성은 이성 또는 개념적 인식에 비하여 낮은 자리에 놓여져 있었기 때문에 감성론도 중요한 자리를 차지하지 못하였다. 르네쌍스에 이르러 우주의 감성적 다양성이 나타나고, 아름다움 속에 하나님이 나타남을 보게 되는 감성적 신학이 나오고, 17세기에는 감성론이 인식론이라는 형식으로 철학의 중심 문제가 되었다. 그 뒤 칸트에 이르러 마침내 감성이 오성과 평등한 권리를 찾게 되었다. 사람의 인식능력 가운데 오성(understanding: Verstand)은 자발적으로 통일·종합·구성의 작용을 하지마는, 감성(sensibility)은 밖으로부터 받는 자극에 의해서 다만 인상만을 받아들일 뿐이다. 이 "감성의 받아들이기"를 감수성(receptivity)이라고 한다9). 예술 교육이 모두 그러한 것이지마는, "시", "소절", "희곡", "수필"들을 통하여 학생들의 감수성(receptivity)을 넓고도 깊게 그리고 윤택스리 기르자는 것이 국어 교육이다.

감성(sensibility)을 밑바탕(능력)으로 하여 이룩되는 것으로, 정서(emotion)·무드(mood)·감정(feeling)이라는 것들이 있다.

정서(emotion)란, 슬픔·기쁨·웃음·노여움·두려움·놀람·불안·애

---

9) 철학대사전: p.16.

정 등을 모두 포괄하는 세계를 두고 이르는 말아다. 이것은 심리학적 상황에 포함되는 여러 가지 인자에 의하여 일어나는 것으로 내장 기능을 통한 넓은 범위의 변화를 거쳐서 의식에 나타나기도 하고, 행동으로 나타나기도 하는 것이다. "정서행동"은 일반적으로 대뇌 활동에서 중뇌 활동으로 옮겨지면서 이룩된다. 정서의 원인은 자극과 경향으로 나눌 수 있다10).

무드(mood)란, 미학에서 주로 정취·기분으로 불리우고 있다. 단순히 주관적인 것은 객관도가 적고, 때문에 흔들리게 된다. 주관과 객관이 종합된 무드(mood)는 미적 체험에 중요한 역할을 한다. 슐라이에르마허(F·Schleiermacher: 1768~1834)는 "예술은 무드(mood)로부터 출발되는 자유로운 생산이라고 했다. 오데브레헤트(R. odebrecht)는 감정 체험의 창조적 형성에 있어서 그 총체 감정을 무드(mood)라고 부르면서, 미적 가치체험의 중심 계기라고 하였다. 예술 가운데 서정시와 음악은 무드(mood)를 나타냄을 주된 목적으로 한다11).

끝으로 조금 복잡한 것이 "감정"이다. 감정(feeling)이란, 좁은 뜻으로는 쾌·불쾌의 반응을 뜻하고, 넓은 뜻으로는 "앎·정·의지"로 가름하는 정신세계 가운데 "정" 쪽을 두고 이르는 것이다12).

다음에는 ≪생각≫의 정신세계를 살펴 볼 단계에 이르렀다. 생각(thinking: Denken)은 과제 상황에 대처하는 정신 기능을 두고 이르게 된다. 과거나 미래에 관계되는 추상 세계를 다룰 경우에는 말의 도움이 필요하게 된다. 그리하여 사람은 말을 놀랄만큼 발달시켰다. 생각이 작용하기 위해서는 과거의 경험이 현재의 정신 과정 속에 얼마간 자리 잡고 있지 않으면 안 된다. 과제가 비교적 쉬울 때는 직접 상황을 파악함으로써 해결이 이루어지나, 과제가 어려우면 여러 가지 방법이 잇달

---

10) ibid: p.965.
11) ibid: p.975.
12) ibid: p.16.

아 모색되기에 이른다. 그 가운데서 조직적인 시도를 채용함은 보다 높은 수준에 이르는 해결법으로, 이 경우에는 목적·수단·기회에 대한 "분석", "검토"가 이루어진다. 한편 과제가 한층 더 어려울 경우에는 사상이 성숙하도록 기다리지 않으면 안 된다. 이것을 두고 "알에서 나올 기간"이라고 하는데, 이 시기가 끝날 때에는 갑자기 해결의 서광이 나타난다. 이것을 일루미네이션(illumination: 밝은 눈뜨기) 또는 인스피레이션(inspiration: 영감)이라고 한다. 일반적으로 우리들이 과제 상황에 부딪치는 경우에는 일정한 태도에 의하는 것이 보통이며, 일정한 태도로서는 상황의 한 모퉁이 밖에 파악할 수 없게 된다. 그러나 태도가 바뀌어 과제 해결에 따른 열쇠를 찾게만 되면, 과제는 한꺼번에 해결됨에 있다. 이것을 두고 "짜임의 바뀜" 또는 "중심의 바뀜"이라고 하며, 이와 같은 "짜임새"를 파악하는 것을 "통찰"이라고 한다. 과제 해결에 부딪쳐 그것을 습관적 수단으로 해결할 수 없을 경우에는 수단의 탐구가 이루어진다. 그리하여 그 수단을 바꾸거나 또는 수단 체계를 짜는 일이 일어난다[13].

"생각"을 이룩되게 함에 있어서, 그 밑바탕이 되어 주는 힘의 원천을 지성(intellect)이라고 부른다. 지성(intellect)이란, 지각을 바탕으로 하여 인식을 이룩되게 하는 정신적 성능을 두고 이르는 것으로, "비교·분석·판단·비판·추론" 등을 일으키게 하는 성능을 지성이라고 한다.[14]

지성에는 "개발"이라는 말을 쓰게 되고, 이 말이 지성(intellect)에 알맞은 것은, 열어서 깨우쳐 주지 않으면 트이지 않는 속성을 지니고 있는 것이 지성이기 때문이다. 지성을 개발하고자 하는 궁극의 목적은 학생들로 하여금 ≪논리적 사고≫를 풍부하게 지니도록 하는 곳에 있다. 요컨대, 답을 알리고자 함이 아니고, 문제를 일으켜서 문

---

13) ibid: p.472.
14) ibid: p.1043.

제 해결에 대처하는 동안 그로 말미암아 “논리적 사고”를 일깨워 키우고자 함에 있는 것이다.

여기에서 우리들은 “논리”라는 것을 두고 생각할 필요가 있게 되었다. 생각하기(thinking) 또는 “판단”에 따른 법칙을 연구하는 학문을 논리학(logic)이라고 한다. 어떻게 해야만 잘못에 빠지지 않고, 올바른 “생각하기”를 진행할 수 있는가? 그러한 나머지 참된 앎을 얻기 위해서는 어떠한 법칙과 형식을 지켜야 하는가? 이와 같은 물음 아래 “생각하기”의 규범을 연구하는 학문이 논리학이다. “생각하기”는 “직관”과 대립된다. 직관이라는 것은 어떤 사물이 시각을 통하여 마음속에 그대로 떠오르는 일—기억에 의해서—이미 경험했던 사실이 마음속에 그대로 떠오르는 일—상상에 의해서 어떤 사물을 마음속에 그리는 일 등을 가리키지마는, “생각하기”는 이러한 단순한 “직관”에 반성의 작용이 이루어지는 것이다. “생각하기”는 “직관”에 반성 작용이 주어진 것이며, 이 “생각하기”를 말로 나타낼 경우에는 “판단”의 작용으로 나타난다. 논리학이 연구 대상으로 삼는 “생각하기”의 형식과 규범에 따른 법칙은, 심리학이 연구 대상으로 삼는 “생각하기”—“생각”에 대한 실제 사실을 통한 자연 법칙—와는 구별되는 것이다. 심리학에서는 생각을 연구 대상으로 삼되, 생각하기에 있어서 그때 지켜야 할 규범으로서의 법칙을 연구하는 것이 아니고, 바르게 생각하든 그르게 생각하든 상관할 것 없이 실제 생각하는 그대로의 법칙을 연구하는 것이다. 규범 법칙을 연구하는 학문이 여러 가지가 있다. “생각하기”에 대한 규범 법칙을 연구하는 것이 논리학이요, 착함의 이상에 도달하기 위하여 지켜야 할 규범 법칙을 연구하는 것이 윤리학(ethics)이요, 아름다움의 이상에 도달하기 위하여 지켜야 할 규범 법칙을 연구하는 것이 미학(aesthetics)이다. 이들을 모두 규범과학이라고 부른다15). 논리학은 모든 학문의 바탕이 되어 준다. 논리학적 훈련이 있은 연후에 학문이 세워질 수 있기 때문이다.

≪논리스런 생각하기≫가 동원되어야만 되는 것은 모든 학문이 요청하는 직접 공통성이지마는, ≪논리스리 생각하기≫에 따른 직접 훈련을 맡은 학과가 수학과 국어(일부)이다. 때문에 수학과 국어(일부)는 모든 학문에 바탕이 되어 준다는 몫을 지니게 된다.

초등학교에서 대학에 이르기까지가 모두 길러 키우는 과정이기 때문에, 그 가운데 하나인 ≪논리스리 생각하기≫에 따른 훈련 과정이 있게 되는 것이다. 여기에서 국어 교육이 받아갈 몫은, 나라 말(글)을 통하여 ≪논리스리 생각하기≫를 훈련하는 것이다. 그러는 동안 나라 말(글)에 대한 모든 능력이 아울러 쌓여지게 되는 것이다.

≪논리스리 생각하기≫를 이룩하기 위하여 "국어 교과서"는 ≪논리스리 생각하기≫를 만족하게 충족시킬 수 있는 나라 말(글)을 요청하게 된다. 바꾸어 말하면, ≪논리스리 생각하기≫가 만족하게 이룩될 수 없는 나라 말(글)은 "국어 교과서"에 오를 수 없다는 결론에 도달한다.

여기에 이르러 비로소 "국어 교과서"는 ≪무엇≫을 대상으로 삼는가"라는 물음에 따른 답을 명석하게 얻게 되었다. "≪무엇≫을 대상으로 삼는다"라는 그 ≪무엇≫에 대한 것이 "국어 교과서"의 으뜸규정이 된다. 그 으뜸규정을 정리하면 이렇다.

"국어 교과서는 느낌 또는 생각에 직결되는 나라 말(글)을 대상으로 삼는다.", "느낌"에 직결되는 나라 말(글)은 "시", "소설", "희곡(시나리오 포함)", "수필"(일기: 편지: 위인전기 포함)등이요. "생각"에 직결되는 나라 말(글)은 "시필"(essay) "논설", "설명글"들이다.

느낌 또는 생각에 직결되지 않는 나라 말(글)은 "땅이름"·"사람이름"·"책이름"·"잡지이름"·"작품이름"·"사건이름"·"집회이름" 같은 것들이다. 때문에 이와 같은 고유한 이름들이 많이 나오는 말

---

15) ibid: p.174.

(글)은 국어 교과서가 될 수 없고, 또한 되어서도 안 된다.

국어 교과서는 ≪무엇≫을 대장으로 하에 그것을 ≪어떻게≫ 짜야만 되는가 라는 물음 가운데 ≪어떻게≫에 해당되는 것이 지금부터 밝힐 과제이다. 이 ≪어떻게≫는 국어 교과서를 위한 ≪규칙≫이 되어준다. 느낌 또는 생각에 직결되는 나라 말(글)이어야 한다는 으뜸 규정 아래, 학생의 나이(학년)에 알맞은 것으로 짜여져야 한다는 것은 하나의 공리(axiom)이다. 학생의 나이(학년)에 알맞은 나라 말(글)을 가지고 와야 한다는 당위성 가운데, "학생의 나이(학년)"라는 것이 국어 교과서를 위한 기준이 되어 준다. 학생의 나이(학년)란, 능력(ability)을 두고 이르게 되는데, 이것은 정신 발달의 단계(stage of mental development)라고 하는 그 일반성에서 해결될 성질이다.

무엇을 기준으로 하여 정신발달의 단계를 삼느냐 하는 그 무엇에 따라 많은 갈래가 나올 수 있다. 지성을 기준으로 삼는다면, 전체가 부분으로 나아가고, 막연하던 것이 분명한 것으로 나아가고, 주관이 객관으로 나아가고, 일정하지 않던 것이 확실한 것으로 나아가는 것들이다. 삐아제(J. Piaget 1896-)는 어린이의 "생각하기"가 어른의 것과는 판이하게 다른 것이라고 강조하고, 17개의 "생각하기 방식"을 설정하였다16)

감성을 기준으로 삼는다면, 사람의 일생 가운데 "머릿속 그림그리기"(imagination)가 가장 왕성할 때는 3세로부터 14세까지라고 한다17).

베이컨(F. Bacon 1561~1626)은 이렇게 말하고 있다. "젊은이의 상상력은 노인의 그것보다 훨씬 활기에 차 있으며, 그리고 그 상상력은 그들의 마음속에 잘도 흘러가는 신묘함이 있다. 노인의 열정과 활력은 실무를 위해서는 훌륭한 기상이다. 젊은이는 판단하는 것보다 창의에 더욱 적합하고, 늙은이는 의지와 감정의 힘보다는 이해력

---

16) ibid: p.968.
17) ibid: p.516.

에 있어서 보다 유리하다[18].

여기에 이르러 학생의 나이(학년)에 알맞게끔 엮는 작업에 따른 규범이 드러나기에 이르렀다. 느낌 또는 생각에 직결되는 나라 말(글)이로되, 학생의 나이(학년)에 따른 정신발달의 단계에 알맞아야 한다는 규칙 ①을 얻는다. 그리고 초등학교에서 중학교에 이르는 9년 동안의 국어 교과서는 거의 "느낌"에 직결되는 나라 말(글)로 짜여져야만 한다는 규칙 ②를 얻는다. 초등학교 국어 교과서는 "생각"에 직결되는 나라 말(글)을 차례로 차츰 늘여나가되, 그것이 "느낌"에 직결되는 쪽보다 더 많아져서는 안 된다는 규칙 ③을 얻는다. 이것에 대한 이론의 근거는 "느낌" 쪽은 나이가 많아지면 길러지지 않는 속성이 있기 때문에 느낌의 황금기가 되는 그때를 놓치지 않으려고 하는 곳에 있다. 대학의 국어 교과서도 이 규칙 ③의 적용을 받는다. 국어 교과서를 엮는 묶음 체계로는 "시", "소설", "희곡", "수필"(miscellany) "시필"(essay) 또는 "문예글", "실용글"로 나누어서도 안 되고, "느낌", "생각"으로 나누어서도 안 되고, "옛날", "오늘날"로 나누어서도 안 된다. 이것은 오로지 강조되고 있는 ≪뜻≫으로 나누어 묶어 주어야 한다는 규칙 ④를 얻는다. 이것에 대한 이론의 근거는, ≪뜻잡기≫가 국어 교육의 근원스런 바탕이 되기 때문이다. 그리고 지은 이를 밝히지 않는 것이 국어 교육에서 참된 효과를 거둘 수 있다. 지은 이를 꼭 밝혀야 할 경우에는, 그 글의 마지막에 이름을 적어 두는 짜임이어야 한다는 규칙 ⑤를 얻는다. 여기에 대한 이론의 근거는 이렇다. 글 지은 이가 실제 인물일 경우, 학생들은 먼저 그 사람(지은 이)과 부딪치게 된다. 사람을 길러 키우는 과정에 있어서 그 글을 통하여 감동을 받으면서 동화되어야만 국어 교육이 성공되는 것인데―교과서 내용이 감동을 주기에 알맞게 먼저

---

18) Bacon: Essayes:김영철 뒤침 pp.215~217(서문문고).

짜여져 있다는 전제 아래—지은 이가 나와서 거리감을 주게 만들고, 그리하여 마침내 동화를 거부하는 결과를 낳는다는 것. 글 앞에 사람이 나오게 됨으로써, 그 글을 맛보기도 전에 그 사람의 냄새를 먼저 맡으려고 하는 위험성이 있다는 것. 그리하여 마침내 그 사람의 냄새를 가지고, 글맛으로 바꾸어 놓게 되는 위험성이 따른다는 것. 그리고 차례대로 살펴나가야만 된다고 생각한 나머지, 교사는 지은 이에 대한 온갖 이야기로 많은 시간을 낭비하게 되고, 교사의 소개로 말미암아 그 글을 읽지 않아도 알겠다는 것으로, 가볍게 그리고 어름하게 처리되는가 하면, 교사의 친절한 설명 때문에 학생 스스로 글맛을 보려고 하는 애씀이 있다고 하더라도 이미 들은 그 설명(소개) 때문에 방해를 받으면서 맛보는 그 힘이 전혀 길러지지 않는다는 곳에 있다. 글 앞에 지은이의 이름을 먼저 앞세우게 한 곳은 신문이었고, 그것은 선전 효과를 노리기 위한 하나의 방법이다.

여기에 이르기까지 얻어온 결론을 정리하면 다음과 같다. 국어 교과서의 으뜸규정이 두(2)개 세워졌고, 그 으뜸규정에 따른 규칙이 다섯(5)개 얻어졌다.

으뜸규정 1. 국어 교과서는 나라 말(글)을 대상으로 한다. 남의 나라 글을 자기 나라 말로 뒤쳤을 경우, 그것은 자기 나라 말(글)이 된다.

2. 국어 교과서는 "느낌" 또는 "생각"에 직결되는 나라 말(글)을 대장으로 한다.

규 칙 1. 학생의 정신발달(능력)에 알맞은 나라 말(글)로 엮어져야 한다.

2. 초등학교에서 중학교에 이르는 9년 동안의 국어 교과

서는 거의 "느낌"에 직결되는 나라 말(글)로 엮어져야
한다.

3. 초등학교 국어 교과서는 "생각"에 직결되는 나라 말
(글)을 차례로 차츰 늘여 나가되, 그것이 "느낌"에 직
결되는 쪽보다 더 많아져서는 안 된다. 초등학교 1학
년은 "느낌" 대 "생각"이 80 : 20으로, 초등학교 2학년
은 "느낌" 대 "생각"이 75 : 25로, 초등학교 3학년은
"느낌" 대 "생각"이 70 : 30으로 국어 교과서가 짜여짐
이 정신발달(창조력 개발)상 가장 합리적일 것이다. 전
문학교(2년제)·대학도 여기에 근거를 두고, "느낌" 대
"생각"이 60 : 40으로 짜여진다.

4. 국어 교과서의 묶음 체계는 그 글이 강조하고 있는
"뜻"을 기준으로 하여 나누어 묶어야 한다. "시", "소
설", "희곡", "수필"(miscellany) "시필"(essay)로 나누
어서도 안 되고, "문예글", "실용글"로 나누어서도 안
되고, "옛날", "오늘날"로 나누어서도 안 된다.

5. 지은이를 감추어 두는 것이 국어 교육에서 가장 효과
적이다. 지은이를 밝혀야 할 경우에는 그 글의 앞에 이
름을 내지 말고, 그 글의 마지막에 이름을 적어 두어야
한다.

　이것으로써 국어 교과서의 규범이 모두 들어난 것은 아니다. 여기
에 이르기까지 얻어진 규범은 국어 교과서를 위한 기본스런 1차 규범
에 지나지 않는다. 1차 규범을 넘어서면, 또 다른 하나의 규범이 기다
리게 된다. 이것을 2차 규범 또는 내용에 대한 규범이라고 한다.

　1차 규범(으뜸규정 2: 규칙 5)을 만족스리 충족시켜 주는 것일지
라도, 국어 교과서로서 실격되는 것이 있다. 여기에서 또 하나의 규

범을 요청하기에 이른 것이다.

"느낌" 또는 "생각"에 직결되는 나라 말(글) 가운데, 그것이 지니고 있는 정신세계가 높은 차원의 것이어야만 한다는 당위성이 곧 2차 규범이다. 다시 말해서, 느낌 또는 생각에 직결되는 나라 말(글) 가운데, 그것이 지니고 있는 정신세계가 높은 차원으로 향하는 움직임이 있어야만 한다는 것이다. 그리하여 학생들로 하여금 깊은 감동을 받게 되며, 또한 어떤 일깨움을 받게 되는 것이다. 정신세계의 높은 차원이란, 사랑·참됨·거룩함·아름다움의 세계를 두고 이르는 말로, 인류가 도달하고자 하는 이상 세계이다. 이것이 소위 말하는 2차 규범이 지니는 으뜸규정이다.

학생들로 하여금 스스로 감동을 받아 일깨움이 일어나기를 바라는 곳에서 출발된 으뜸규정이기 때문에 그에 따른 규칙은 "감동"이란 문제에 직결되는 것으로, 어떻게 하면 감동을 받을 수 있고, 또한 감동을 줄 수 있을 것인가 라는 물음에 부딪친다. 즐거움을 맛본 곳에서 감동이 나온다. 이 즐거움은 높은 정신세계에서 솟아나는 반응에 한정을 두고 쓴 말이다. 친근감에서 재미가 일어나고, 재미에서 즐거움이 일고, 즐거움에서 감동을 받는다. 그리고 그 나라 말(글)이 논리에 어긋나지 않아야 한다.

으뜸규정(2차 규범) A. 1차 규범을 모두 만족스리 충족시킨 그 나라 말(글)에는 사랑·참됨·거룩함·아름다움의 정신세계로 향하는 움직임이 있어야 한다.

　　　　　　　　　B. 그 나라 말(글)은 높은 정신세계로 향하는 일깨움이 있어야 한다.

규　　　　　　　칙 a. 국어 교과서에 들어 있는 글은 학생들로 하여금 감동을 주는 것이어야 한다. 친근감에서 재미가 일어나고, 재미에서 즐거움이 일고, 즐거움에서 감동을 받는다.

b. 국어 교과서에 들어 있는 "생각"쪽 글은 논리가
명석해야 한다.

여태껏 밝혀온 으뜸규정(1차 · 2차 규범)과 규칙(1차 · 2차 규범)들
의 나눔에서 오는 번거러움을 덜기 위하여 한꺼번에 모아보면 다음
과 같이 된다.

으뜸규정 1. 국어 교과서는 나라 말(글)을 대상으로 한다. 남의 나라
글을 자기 나라 말(글)로 뒤쳤을 경우, 그것은 자기 나
라 말(글)이 된다.
2. 국어 교과서는 "느낌" 또는 "생각"에 직결되는 나라 말
(글)을 대상으로 한다.
A. 그 나라 말(글)은 사랑 · 참됨 · 거룩함 · 아름다움의 정
신세계로 향하는 움직임이 있어야 한다.
B. 그 나라 말(글)은 높은 정신세계로 향하는 일깨움이 있
어야 한다.

규   칙 1. 학생의 정신발달(능력)에 알맞은 나라 말(글)로 엮어져야
한다.
2. 초등학교에서 중학교에 이르는 9년 동안의 국어 교과서는
거의 "느낌"에 직결되는 나라 말(글)로 엮어져야 한다.
3. 초등학교 국어 교과서는 "생각"에 직결되는 나라 말(글)
을 차례로 차츰 늘여 나가되, 그것이 "느낌"에 직결되는
쪽보다 더 많아져서는 안 된다. 초등학교 1학년은, "느
낌" 대 "생각"이 80 : 20으로, 초등학교 2학년은 "느낌"
대 "생각"이 75 : 25로, 초등학교 3학년은 "느낌" 대

"생각"이 70 : 30으로 국어 교과서가 짜여짐이 정신발달
(창조력 개발)상 가장 합리적일 것이다. 전문학교(2년
제)·대학도 여기에 근거를 두고 마침내 "느낌" 대 "생
각"이 60 : 40으로 짜여진다.

4. 국어 교과서의 묶음체계는 그 글이 강조하고 있는 "뜻"
   을 기준으로 하여 나누어 묶어야 한다. "시", "소설",
   "희곡", "수필"(miscellany) "시필"(essay)로 나누어서도
   안 되고, "문예글", "실용글"로 나누어서도 안 되고, "옛
   날", "오늘날"로 나누어서도 안 된다.

5. 지은이를 감추어 두는 것이 국어 교육에서 가장 효과적
   이다. 지은이를 꼭 밝혀야 할 경우에는 그 글의 앞에 이
   름을 내지 말고, 그 글의 마지막에 이름을 적어 두어야
   한다.

a. 국어 교과서에 들어 있는 글은 학생들로 하여금 감동을
   주는 것이어야 한다. 친근감에서 재미가 일어나고, 재미
   에서 즐거움이 일고, 즐거움에서 감동을 받는다.

b. 국어 교과서에 들어 있는 "생각"쪽 글은 논리가 명석해야
   한다.

끝으로, 국어 교과서에 들어 있는 "공부할 문제"를 두고, 그에 따
른 규범을 밝힐 단계에 이르렀다.

국어 교과서의 본디글에 대한 규범이 밝혀졌기 때문에, "공부할
문제"라는 것은 그것을 위한 훈련 과정이 되어야 한다는 것이 자명
성(evidence)에 서게 된다. 답을 얻기 위한 것이 국어 교육이 아니라
는 것도 앞에서 증명되었다. 그렇다고 하면 국어 교육이 치루게 되
는 훈련이란 어떤 것일까 라는 물음에 부딪친다.

여기에 이르면 답은 쉽게 얻어 지며, 그 답은 이 책 ≪12국어 교육의

할 일≫(pp.80~99)에서 이미 밝혀진 것이다. 그에 따른 논리는 이렇다. ≪국어 교육의 할 일은 "말하기", "듣기", "읽기", "짓기"이다. 국어 교육이 하는 일이 "말하기", "듣기", "읽기", "짓기"이고 보면, 공부할 문제가 되는 그 훈련도 ≪말하기≫, ≪듣기≫, ≪읽기≫, ≪짓기≫가 되어야 함은 공리(axiom)로서 받아들여짐에 있다≫

국어 교과서의 본디글이 "느낌"쪽의 글이면, 그쪽 세계를 충족시켜 주는 "말하기", "듣기", "읽기", "짓기"가 이룩되는 것이요, "생각"쪽의 글이면, 그 쪽 세계를 충족시켜 주는 "말하기", "듣기", "읽기", "짓기"가 이룩되는 것이다.

"느낌"쪽의 대상은 ≪머릿속 그림그리기: imagination≫이요, "생각"쪽의 대상은 ≪논리스리 생각하기: logical thinking≫가 된다. 여기에 이르면, 마침내 명석한 규칙을 얻게 된다. 이를테면, "느낌"쪽의 글에 대한 "공부할 문제"는 ≪머릿속 그림그리기≫에 대한 "말하기", "듣기", "읽기", "짓기"가 되는 것이요, 또한 그렇게 되어야 한다. 그리고 한편 "생각"쪽의 글에 대한 "공부할 문제"는 ≪논리스리 생각하기≫에 대한 "말하기", "듣기", "읽기 ", "짓기"가 되는 것이요, 또한 그렇게 되어야 한다. 여기에서 "공부할 문제"에 대한 규칙 ① ②를 얻는다.

다음에는 ≪머릿속 그림그리기: imagination≫와 ≪논리스리 생각하기: logical thinking≫를 어떤 차례로 "말하기", "듣기", "읽기", "짓기"를 펴나가야만 하는가 라는 물음에 부딪친다, 이 차례는 언제나 큰 곳에서 작은 곳으로 이르는 차례가 되어야만 한다. 다시 말해서 종합된 큰 덩어리를 먼저 얻어야만 한다. 이것을 인식론에서 이야기할 경우, 직관의 앎(intuition)을 먼저 동원하는 것이다. 왜냐하면, 직관은 대상의 모습과 본질을 파악하는 인식작용으로서 오성적 생각하기보다 우월하여 고차적이며, 때에 따라서는 최고의 인식능력으로서 이성적 인식능력에 속하기[19] 때문이다.

분석이란, 직관의 앎이 정확했던가를 검증하는 하나의 방편에 지나지 않는다. 어떤 대상에 대한 우리들의 앎이 그 대상을 분석함에서부터 마침내 종합된 것을 알게 되는 과정이 아니다. 어떤 대상에 대한 우리들의 앎은, 언제나 직관(intuition)의 힘을 통하여 종합된 낱덩이가 얻어지는 과정이다. 이것이 규칙 ③ ④에 대한 이론의 근거이다. 국어 교육은 "느낌"쪽이든, "생각"쪽이든, 이 직관의 앎에 따른 힘을 기르는 훈련 과정인 것이다.

여기에 이르기까지 밝혀온 "공부할 문제"에 대한 규칙을 정리하면 다음과 같다.

"공부할 문제" 규칙

1. "느낌"쪽의 글에 대한 "공부할 문제"는 ≪머릿속 그림그리기≫에 대한 "말하기", "듣기", "읽기", "짓기"가 되어야 한다.
2. "생각"쪽의 글에 대한 "공부할 문제"는 ≪논리스리 생각하기≫에 대한 "말하기", "듣기", "읽기", "짓기"가 되어야 한다.
3. "말하기", "듣기", "읽기", "짓기"를 펴나가는 차례는 언제나 큰 곳에서 작은 곳으로 이르는 차례가 되어야 한다.
4. "말하기", "듣기", "읽기", "짓기"의 훈련은 언제나 직관의 앎에 따른 힘을 기르는 것으로 되어야 한다.

이와 같은 규칙들을 실제 활용하여 보기를 들면 다음과 같다. 그리고 이 규칙들은 초등학교에서 대학에 이르기까지 한결 같은 규범이 된다.

"느낌"쪽의 글일 경우(시 · 소설 · 희곡 · 수필)

---

19) 철학대사전: p.1049.

≪공부할 문제≫

1. 말하기
  이 글을 읽고 난 뒤에, 가장 먼저 그리고 크게 머릿속에 떠오르던 그 어떤 그림(느낌)을 두고 서로 이야기 해보자.
2. 듣 기
  다른 학생들이 이야기한 것과 나의 것을 서로 견주어 보면서, 어느 쪽이 보다 큰 것이었던가를 스스로 재어보자.
3. 읽 기
  읽기에 따라서 그 느낌이 달라지는 일은 없는지? 이것을 문제로 삼고 그것을 해결하는 쪽으로 서로 나누어 여러 가지 모습으로 읽어보자.
  이와 비슷한 느낌의 글을 서로들 하나씩 가지고 와서 나누어 읽어보기로 하자.
4. 짓 기
  이 글을 읽고난 뒤에 가장 먼저 그리고 크게 머릿속에 떠오르던 그 어떤 그림(느낌)을 다치지 않도록 조심스럽게 말로 나타내어 보자.
  "생각"쪽의 글일 경우(시필·논설·설명)

≪공부할 문제≫

1. 말하기
  이 글을 읽고 난 뒤에 가장 먼저 그리고 크게 생각되던 것을 두고 서로 이야기 해보자.
2. 듣 기
  다른 학생들이 이야기한 것과 나의 것을 서로 견주어 보면서, 어느 쪽이 보다 큰 것이었던가를 재어 보자.

3. 읽 기

① "그리고", "그러나", "그리하여", "그러하므로", "때문에"같은
   말이 나오거든 눈을 부릅뜨면서 보다 깊이 생각하고서 읽어
   보자.

② 무엇과 무엇 사이에 대한 관계를 맺고 있는 "와", "과"같은 말이
   나오거든, 눈을 부릅뜨면서 보다 깊이 생각하고서 읽어 보자.

③ "왜", "만약"같은 말이 나오거든, 눈을 부릅뜨면서 보다 깊이
   생각하고서 읽어보자.

④ 글이 끝날 때까지 그 글의 임자말을 꼭 챙기면서 읽어보자.

4. 짓 기

   이 글을 읽고난 뒤에 가장 먼저 그리고 크게 생각되던 것을 두고
똑바르게 말(글)로 나타내어 보자.

   이 "공부할 문제"의 반칙은 다음과 같다.

   반 칙

1. "느낌"쪽의 글은 전체뜻(total meaning)[20] 잡기를 해서는 안 된다.

2. "느낌"쪽의 글을 분석(문단 나누기)하면 안 된다.

3. "느낌"쪽의 글은 하나의 답이 나와서는 안 된다. 사람마다 느낌
   의 차이가 있는바, 그것은 풍부하면서 세련된 느낌과 빈약하면서
   거친 느낌의 차이로 나누어질 뿐이다.

4. "생각 쪽의 글은 논리가 생명인 바, 논리 밖에 어떤 것도 문제되
   어서 는 안 된다.

5. "생각"쪽의 글이 분석(문단 나누기)될 경우는, 언제나 이미 얻어
   진 "전체뜻"에 대한 검증으로만이 이용되어야 한다.

6. 외우기(익히기)를 시켜서는 안 된다.

---

20) <전체의 뜻>을 두고, 일본말로는 主題라고 한다.

21. 문학 교육

나라 말글을 다루는 것이 국어 교육이다. 그 말글에는 어느 나라이든 두 가지로 나누어진다. 그 가운데 하나는 논리스런 글이요, 다른 하나는 "글예술"이다. 논리스런 글이 과학인가 하면, 글예술이 곧 문학이다. 그리하여 국어 교과서는 이 두 가지를 학생의 정신발달 단계에 근거해서 알맞게끔 엮어나가는 것이다. 국어 교사가 어려운 점이 어디에 있는가 하면 논리스런 글도 다루어야 하고, 글예술도 다루어야 하기 때문이다. 이 사실을 다른 교과와 견주어 말한다면, 국어 교사는 수학교사의 몫도 있어야 하고, 음악·미술 교사의 몫도 지녀야 된다는 요청이 있기 때문이다. 이 두 가지의 몫을 인식능력에 근거를 두고 가름하면 논리스런 글은 생각하기 (thinking)에 드는 것이요, 글예술인 문학은 느낌(imagination)에 드는 것이다. 여기에서 다루고자 하는 것은 느낌의 세계인 문학교육이다.

문학교육에 있어서 교사들이 가장 알고자 하며, 가장 답답한 것이 다음과 같은 문제들이라고 나는 믿고 있다.

① 시를 어떻게 가르칠 것이며, 그 시를 학생들이 어떻게 배워야 하는가?

② 소설을 어떻게 가르칠 것이며, 그 소설을 학생들이 어떻게 배워야 하는가?

③ 희곡을 어떻게 가르칠 것이며, 그 희곡을 학생들이 어떻게 배워야 하는가?

④ 수필(miscellany)을 어떻게 가르칠 것이며, 그 수필을 학생들이 어떻게 배워야 하는가?

이 ①②③④의 물음에 답을 내리려고 하면, 시·소설·희곡·수필을 통하여 학생들로 하여금 무엇을 얻게끔 하려는 것일까라는 문제가 먼저 풀려야만 된다. 그리하여 나는 다음과 같은 문제를 무게 있게 일으켜 그에 따른 풀이를 하기로 서두른다.

1. 문학교육은 어떤 힘(power)[1]을 기르기 위한 것일까?

초등학교, 중학교, 초등학교, 대학에 이르기까지 시를 공부시키는 그 일은 학생들로 하여금 어떤 힘을 기르기 위한 것일까? 소설·희곡·수필도마찬가지이다. 이 문제야말로 국어 교사가 많은 학생들을 배에 싣고 항해하는 그 도달점이 되는 것이다.

다시 원점으로 돌아와서 보건대, 사람의 정신 기능에는 "생각"쪽과 "느낌"쪽이 있다. 생각 쪽에는 터져서 열리는(개발성) 속성이 있는가 하면, "느낌"쪽은 "아름다움"과 "추함"또는 "풍부함"과 "빈약함"이라는 기준을 가지게 된다. 여기에 이르러 문학교육은 그 실마리가 풀리게 된다. 그것은 느낌의 세계 가운데 "아름다움"과 "풍부함"이라는 두 가지의 정신 기능을 키워서 기르는 것이 문학교육이 바라는 최대 최고의 도달점이라는 것이 발견되기 때문이다. 그리하여 <문학교육은 느낌의 세계를 아름답게, 그리고 풍부하게 키워서 기르는 것이다>라는 명제를 끌어내었다.

"느낌"을 일으키는 그 근원적인 힘(power)을 이매지네이션(imagina-

---

1) 여기에서 사용한 힘(Power)이란 말은 인식론에 근거를 둔 정신 기능(mental faculty)이란 뜻으로 쓴 것이다.

tion)이라고 한다. (이것을 두고 일본 사람들은 像想力이라고 뒤쳤다.)
"이매지네이션"이란, 눈에 보이지 않는 것으로 오로지 머릿속에서 그
림을 이루게 하는 정신 기능이다.2) 그리하여 나는 이미지(image)를
"느낌의 그림자"로 풀이한 바 있으며, "이매지네이션"을 "머릿속 그림
그리기"로 풀이한바 있다.

시를 읽혀서 학생들로 하여금 머릿속 그림 그리기(imagination)를
키우고 그것을 기르는 것이며, 소설·희곡·수필을 읽혀서 학생들로
하여금 머릿속 그림 그리기(상상력)를 키우고 그것을 기르는 것이다.
후라이(Northrop Frye)교수는 그의 문학교육론에서 "문학은 직접 가
르치거나, 직접 배울 수 없는 것이다."3)라고 말했다. 그의 주장들을
정리하면 다음과 같다.

① 답답한 교사와 답답한 학생들은 많은 것을 외우기에 힘쓰며,
   느낌을 사용하는 일이 거의 없다.4)

② 훌륭한 교사는 평범한 동료들로부터 구별되어지는바, 그것은 주
   로 그의 노력에 의한다. 내용(content)을 짜임새(structure) 속으
   로 탈바꿈시켜서 학생들로 하여금 중요한 유형(pattern)을 사실
   속에서 보여주어 학생들로 하여금 도움이 되게 하고, 어린이들에
   게 용기를 지니게 하기 위하여 ≪왜≫라는 말을 요구하는 것이
   다. 그 ≪왜≫라는 말은 보통 사용하는 말투로서가 아니고 뚜렷
   한 목적이 되고 뚜렷한 가르침이 되도록 하는 것이다.5)

③ 학교에서 문학을 가르침은 분명히 재치에 의존한다. 그 재치란
   모습 가운데 큰 것부터 잡고 들어가는 쪽이든, 작은 것부터 큰
   것으로 나아가는 쪽이든, 어느 하나를 택하게 된다, 문학은 수

---

2) Imagination is mental faculty forming pictures of things not Present(Royal
   Concise English-English Dictionary).
3) Northrop Frye, learning in language and literature, p.33(1963. Harvard University).
4) ibid: p.35.
5) ibid: p.35.

학처럼 내용보다는 짜임새에 의존되며, 문학교육 또는 비평은 큰 것부터 잡는 쪽을 따르게 된다.6)

이 세 가지가 후라이의 문학교육에 대한 방법론이다. "답답한 교사와 답답한 학생들은 많은 것을 외우기에 힘쓰며, 느낌을 거의 사용하지 않는다"라는 후라이의 말을 한국 문학교육의 현정에 적용했을 때, 그의 경고마저 처음 듣는 말이 될지도 모른다.

오늘날 한국이 하고 있는 것은 "외우기"밖에는 할 일이 없는 것으로 나는 알고 있다. 이를테면, 지은이의 이름을 외우고, 그의 호를 또 외우고, 나아가 그 사람의 이력서를 외우고, 작품 이름을 외우고, 잡지 이름을 외우고, 시란 무엇이다를 외우고, 시의 종류에는 무엇들이 있다를 외운다, 중학교 1학년 때 외웠던 것인데, 2학년 때도 그것을 외우게 하고, 중 3, 고 1, 고 2, 고 3에 이르기까지 한결같이 똑같은 것을 외우면서 국어 교육이라는 이름 아래 치루어 온 것이다, 작품 하나 읽지도 않았으면서 읽은 체 하기에 알맞은 것에 도움을 주는 그런 모습이다. 다시 말해서 장난감 놀이에 쓸만한 것들뿐이다. 그렇게 외우기에 힘쓴 사람이 장차 자라서 글 한 줄 쓸 수 없게 되는 것을 우리들은 경험했다. 머릿속에서 더듬는 힘(상상력)이 빈약한 사람으로부터 창조가 이룩될 수 없기 때문이다.

"시를 읽는다"의 경우, 초등학교에서부터 모든 학교 교육에 이르기까지, 남의 시를 통하여 나의 상상력을 키우고 그것을 길러나가는 것이 목적이며 작품으로 말할진대, 나의 상상력을 키우고 길러주는 하나의 자료에 지나지 않는 것이다. 소설·희곡·수필도 마찬가지이다.

우리들이 여기에서 주의 깊게 기억할 것이 있는 바, 그것은 이렇다. <예술이란 이해하는 것이 아니고, 느끼는 것이다>라고. 이 명제만을 속속들이 알게 되면, 문학교육의 참된 세계에 접근될 수 있다.

---

6) ibid: p.35.

여기에 이르기까지 내가 밝혀 온 사실들을 압축하면, <문학교육은 학생들로 하여금 상상력을 키우기 위한 하나의 교육 활동이다>라는 곳에 도달한 셈이다. 음악은 직접 귀로 듣는 것이요, 그림은 직접 눈으로 보는 것이지마는, 문학은 말글을 통하여 "머리 속에서 더듬는 그림그리기(imagination)"가 되는 것이다. 거꾸로 말해서 이미지(image)를 동원하여서만이 문학이 이룩되는 것이다.

요컨대, 많은 "느낌의 그림자(image)" 가운데 문학교육이 가꾸어 키우고자 하는 것이 있는바, 그것이 곧 아름다움(aesthetics)이다. 음악과 그림은 이 아름다움이 직접적이지마는, 문학은 말글의 이미지를 통하여 그 아름다움을 간접으로 지각할 수 있는 것이다. 화이트헤드(Alfred North Whitehead 1861-1947)[7]는 그의 예술교육론에서 말하기를 "우리가 원하는 것은 아름다움을 잡는 습관을 기르는 일이다"[8]라고 했다. 화이트헤드의 이 말은 틀림없는 사실이다. 이를 테면, 시를 통하여 학생들로 하여금 아름다움을 더듬어 잡는 힘을 키우고 그 힘을 기르는 것이다. 소설·희곡·수필도 마찬가지이다. 아름다움과 추함을 가려내는 일은 사람이 지니고 있는 미적 감정이 하는 일이다. 미적 감정은 추리·비교·연결을 통하여서 일어나는 것이 아니고, 보는 즉시로 스스로 밝아지면서 손쉽게 이루어지는 것이다.[9] 이와 같은 속성 때문에 미적 감정은 직관(intuition)에서 얻어지는 것이라고들 한다. 미적 감정을 낳게 하는 그 무엇을 미적 지각이라고 부른다면 그 미적지각은 깊고 그윽한 무의식에서 나온다고 한다.[10] 미적지각이 무의식에서 나온다고 하는 것은 미적지각 그 자체가 언제나 근원적인 입장에 선다는 것이요, 근원적인 입장에 선다고

---

7) 영국의 수학자, 철학자.

8) Whitehead, Science and the Modern Word(Cambridge University press, 1926. 1953) 오영환 뒤침: 과학과 근대세계.

9) N. Hartmann: 미학(을유문화사): p.54.

10) N. Hartmann: 미학 p.50.

하는 것은 다만 느끼는 점 에만 있게 되는 것일 뿐, 그 곳에 의식(합리스런 사고: 논리스런 사고)이 접근되지 않는다는 말이다.11) 미적감정 가운데서 사람의 마음을 사로잡는 경우가 있다. 사람의 마음을 사로잡는 그런 아름다움을 관조(enjoyment)라고 부른다. "사로잡힘" 그것을 미학에서 관조라고 부르는데, 관조(사로잡힘)란 숨어 있는 것이 나타나는 것을 두고 이르는 말이다. 우리들의 삶 가운데 숨어 있던 것이 오래도록 "상상"의 대상이 되었던 그 무엇을 발견하는 일이 된다. 여태껏 분명하지 않았던 것이 밝아지는, 경우이다.12) 관조(사로잡힘), 그것은 순간적으로 지각 속에 주어지며 "놀라게 하는 것"이다. 좁은 틈 사이로 갑자기 열리는 놀라움의 세계를 들여다보는 것이다. 그것은 어떤 생각을 미루어 짐작하는 산물이 아니고 직관으로 얻어지는 것이다. 그 사로잡힘(관조)은 당위라는 무거운 짐을 짊어진 것이 아니며, 진리를 탐구할 사명을 가진 것도 아니다. 예술작품은 미적관조를 위하여 존재하는 것이다.13)

여기에 이르기까지 <문학교육이 상상력을 기르기 위한 활동인 것이며, 그 사이 일어나는 느낌의 그림자(image)를 통하여 아름다움을 붙잡는 힘을 기르기 위한 활동이다>라는 곳에 도달했다. 이곳에 이르고 보면, 우리들은 다음과 같은 문제를 생각해 볼 단계에 이른다.

---

11) ibid: p.52.
12) N. Hartmann: 미학, ibid p.64.
13) N. Hartmann: 미학, p.64.

2. "머릿속 그림 그리는 힘(imagination: 상상력)"과 "아름
   다움을 붙잡는 힘"은 우리들의 삶에 있어서 어디에 어
   떻게 쓸모 있게 되는 것일까?

이미지(image)의 결합을 이매지네이션(imagination)이라고들 한다. 이 말은 느낌의 그림자들이 뭉쳐서 머릿속 그림 그리기가 이루어진다는 뜻이다. 이 머릿속 그림 그리기에 따른 그 힘(imagination)이 창조력의 바탕이 되어 주는 것이다.

"꿈의 실현"이라는 말이 이 논리를 얼마간 이해시켜 줄지도 모른다. 화이트헤드는 그리스 연극 문학의 영향을 말하는 대목에서 "오늘날에도 과학적 상상의 개척자들은 고대 아테네의 비극 대작가들이다"라고 했다.14) 나아가 그는 "상상적 사고는 과학적 탐구의 동력이다"라고 한 것이다.15)

> "별들은 맹목적으로 달리네, 그녀는 속삭인다." (The Stars, She Whispers, blindly run).

이 시를 화이트헤드는 이렇게 풀고 있다. "이 한 줄의 시는 철학상에 포함된 문제 전체를 명확하게 말해준다. 각 분자는 맹목적으로 달린다. 인체는 분자의 집합이다. 따라서 인체는 맹목적으로 달리는 것이기 때문에 신체의 활동에 대해서는 개인의 책임이 속삭인다"는 신체의 활동에 대해서는 "개인에게 책임이 없다 라고 그녀는 속삭인다"가 되는 셈이다. 수학자이요, 물리학자인 화이트헤드의 상상력이 여기에 보이는 것이다. 이와 같은 상상력이 가설(hypothesis)을 낳게 하는 창조력의 바탕이 되어 주는 고마움이라는 것이다. 다시 말해서 상상력

---

14) Whitehead, ibid, p.26.
15) ibid: p.30.

이란 현실의 사태를 초월하는 힘이기 때문에 창조가 가능하게 되는 것이다. 이 위대한 힘(상상력)이 가장 강렬한 것이 예술 가운데서도 문학이다. 그 힘을 길러 주기 위한 것이 문학 교육의 사명인 것이다.

다음에는 "아름다움을 붙잡는 힘"은 우리들의 삶에 있어서 어디에 어떻게 쓸모 있게 되는 것일까를 생각해 보기로 한다. 아름다움 (aeathetics)을 붙잡는 힘은 절대가치를 즐기는 힘이 되는 것이다. 절대가치가 되는 대상은 "참됨", "착함", "아름다움"이다. 이 가운데서 예술이 얻게 되는 것은 "아름다움"의 세계이다. 아름다움이 절대가치에 직결되기 때문에 가치의 속성을 따르게 된다. 그리하여 마침내 절대가치는 사람의 개성(individuality)을 두드러지게 깊게 만들어준다. 개성은 활동력을 낳는다. 한편, 개별화되었다는 그 자체가 활동을 했다는 잣대가 되어주는 것이다.16) 개성이 없을 경우, 창조가 없다. 개성이 없는 사람은 모방-답습밖에는 할 일이 없게 되는 것이다.

아름다움이 지니는 또 하나의 힘이 있다. 그것은 영혼을 달래는 힘이다.

> "죽는 날까지 하늘을 우러러,
> 한점 부끄럼이 없기를"

이 두 줄의 시를 자료로 하여 아름다움과 가치를 대입시켜서 풀어 보자. 변하기 쉬운 것이 가치이다. 하지만 위글 뜻은 영원히 생생하다. 변하기 쉬운 가치를 영혼에 부어하는 일이 문학교육이 지니는 모습이다. 사실상 이것은 달램 그, 이상의 것이다. 우리의 삶에서 때때로 현실을 초월할 수 있고, 자신을 뚫어다 볼 시간을 많이 가질수록 자기 성장이 이룩되고 있으며, 아름다운 삶에서 그런 것을 요청받고 있다. "죽는 날까지⋯⋯한점 부끄럼이 없기를"라는 시에서 아

---

16) Whitehead, Science and the Modern word. ibid, p.311.

름다움을 맛보는 이는 자기 자신의 영혼을 단련시키는 데 충분한 이
유를 가진다. 여기에서 단련된다는 것은 그 시를 즐기기 때문에서
오는 것으로, 그것은 자기완성을 영원히 끌고 갈 밑거름이 된다. 때
로는 영혼을 달래어서 이전의 자기로서는 붙잡을 수 없었던 가치를
자기 속으로 끌고 오는 것이다.

아름다움이 지니는 또 하나의 힘이 있다. 그것은 가치를 창조하는
힘이다.

"수루에 홀로 앉으시어 큰 사랑 헤아리던
그 뜻, 그 눈빛 용마루를 차고 넘어
늘 푸른 억만 기왓골에 쩡쩡 울려라.
....
아무 게도 보이지 많은 나의 죽음으로
나는 어디에도 머물 수 없고 쉴 수 없어
이 가득 바다 속을 키우는 푸른 태양이 되었노라

(한산섬에서 보이는 바다)

이 글은 충무공 이순신 장군을 더듬으면서 "거룩함"을 창조한 시
조이다. 서사시가 대충 이런 힘을 나타내어 주는바, 이것도 그런 경
우이다. 앞에서 보기로 든 <죽는 날까지……>가 자신을 뚫어다보는
아름다움이었는가 하면, 뒤에서 보기로 든 <수루에 홀로 앉으시
어……기왓골에 쩡쩡 울려라. 나의 죽음……바다 속을 키우는 푸른
태양이 되었노라>는 읽는 이로 하여금 "거룩함"이라는 절대가치에
도달되는 아름다움 바로 그것이다.

여기에 이르기까지 "문학교육은 어떤 힘을 기르기 위한 것일까,
그렇게 하여 얻어진 힘(상상력 : 아름다움)은 우리들의 삶에 있어서
어디에 어떻게 쓸모 있게 되는 것일까"에 대한 답을 얻었다. 그렇다
고 하면, 상상력과 아름다움을 붙잡는 힘을 기르기 위하여 우리들은
다음과 같은 방법 문제에 부딪친다.

3. 상상력과 아름다움을 붙잡는 힘을 기르기 위하여 문학 교육은 어떤 방법을 사용해야만 하는가?

느낌은 이해를 통하여 얻어지는 것이 아니고, "맛보기"를 통하여 얻어지는 것이다. 시를 읽는다는 것은 그 사을 맛보는 활동인 것이다. 맛본다는 것은 아름다움 그것을 맛보는 일이다. 화이트헤드는 예술교육에서 "충동"과 "감수성"을 강조하고 있다. 그리하여 그는 충동 없는 감수성은 퇴폐를 일으키고, 감수성 없는 충동은 야만을 일으킨다 라고 한 것이다.17) 우리가 어떤 것을 맛보려고 하면, 전체가 동시에 들어와야 한다. 그리하여 문학교육의 방법으로서 절대적인 것은 <직관의 원리>를 이용하는 것이다. 직관(intuition)이란 사유(따지기 생각)와 대립되는 인식능력이다. 직관은 단적으로 대상의 전모와 본질을 파악하는 인식작용으로서 오성적 사유보다 우월해서 고차적이고 경우에 따라서는 최고의 인식능력으로서 이성적 인식능력에 속하는 것이다.18)

대상의 전 모습과 바탕이 한꺼번에─함께─한 눈에 들어오는 것이 곧 직관의 힘이다. 문학교육은 이 직관의 원리를 동원하는 것이요, 한편 문학학습을 통하여 이 최고의 인식능력이기도 한 직관의 힘을 길러 키우는 것이 문학교육의 제2의 목적이기도 하다. 문학교육에 있어서 절대 값으로 동원되는 직관의 원리는 큰 것부터 먼저 잡아놓고 들어가는 그 연역법(deductive method)에 접근된다. 후라이(Frye)는 문학교육은 물리학 수학처럼 큰 것부터 잡고 들어가는 쪽이라고 했다.19) 이 직관에서 창조적 행동이 나오는 것이다.

문학교육─문학학습에서 절대로 해서는 안 되는 일이 있다. 그것은

---

17) Whitehead, Science and the Modern Word: ibid, p.311.
18) 철학대사전: p.1049 (학원사: 1976).
19) Frye, learning in literature, p.37.

문학(시·소설·희곡·수필)을 이해하고자 하는 일이다. 시·소설·희곡·수필을 읽는다는 것은 그것을 이해하기 위하여 읽는 것이 아니고, 그것을 느끼기 위하여 읽는 것이다. 문학(시·소설·희곡·수필)을 이해하는 활동은 문학을 연구하는 활동에 해당되는 것으로, 이것은 문학교육─문학학습 쪽에 도움을 주기는커녕 도리어 해독은 끼치는 일이 된다. 엄밀한 의미에서 문학 연구는 대학원에서 하는 일로서, 그것은 느낌이 더 자라지 않는 나이가 되었다는 것에 뜻이 있는 것이다. 시를 쪼개고, 소설을 분석하는 일이 있다고 하면, 이것은 시의 맛을 포기하는 것이며, 소설의 맛을 파괴하는 것이다. 작품을 분석하는 일은, 그 작품을 이해하는 것에 도움은 될지 모르지마는, 그것은 이미 문학학습─문학교육과는 동떨어진 일로서 문학학습에 해독을 끼치는 것이다. 왜냐하면, 느낌을 얻고자 하는 맛보기 작업이 아니기 때문이다.

22. 일제 침략 시대 한국 역사 용어

저는 1977년 국어국문학 제19회 전국 발표대회 때, 19세기 잘못된 한국 역사 용어에 대한 것을 15분 동안 단국대학교 강당에서 발표한 바가 있었습니다. 그 뒤 학회로부터 그것을 글로 엮어서 학회지에 발표에 달라는 요청을 받아 왔으나, 3년이라는 세월이 흐르도록 그것을 이룩하지 못하여 늘상 마음속으로 짐이 되어 왔습니다. 이 글로써[1] 지난 날에 짊어졌던 학회 빚을 갚고자 합니다. 이 뒤로도 이 글은 경어체로 적어나갈 것입니다. 그리고 이 글이 다루는 범위와 그것을 펴 나가는 차례를· 잠시 이야기하기로 하겠습니다.

19세기 후반기에서부터 20세기 전반기의 한국은 "일체침략시대"도 있었고, "일제강제점령시대"도 있었던 것입니다. 그 가운데 "일제 침략 시대"는 1876년부터 1910년에 이르는 34년 동안이었고[2], "일제강제점령지대"는 1910년부터 1945년에 이르는 35년 동안이었습니다.[3] 여기에서 다루게 되는 범위는 19세기 후반기 병자년(1876년)부터 20세기 전반기 경술년(1910년)에 이르는 34년 동안 "일제 침략

---

1) 이 글은 국어국문학 85호에 일제 침략 시대에 일본사람들이 불렀던 "한국 역사 용어" 바로잡기에 대하여 라는 제목으로 발표(1981. 5)되었던 것을 다시 여기에 옮긴 것입니다.
2) 1876년(병자년·고종 13년 2월 3일-1910년(경술년·8월 21일).
3) 1910년(경술년 8월 22일)-1945년(을유년 8월 14일).

시대”에 일어났던 사건들이 그 대상이 됩니다. 그리고 지난 날 일본 사람들이 자기 나라를 주체로 하는 한국 역사 용어를 우리들이 버려야 되는 까닭을 밝힐 것이며, 한국 사람이 한국을 주체로 하는 한국 역사 용어를 큰 제목으로 들고, 그것을 증명해 나가는 차례로 이 글을 엮어 나가겠습니다.

1. 조선조 - 조선시대

李氏朝鮮-李朝時代라는 해괴망측한 말을 만들어낸 사람은 일본 사람들이었습니다. 일본이 1910년 8월 22일에 한국을 강제점령하고 난 뒤에 그들은 배달겨레를 업신여기는 쪽으로 터무니없이 이씨조선이라는 말을 만들어 내어서 놀림감으로 사용하는 말로 굳혀 나갔습니다. 한편 배달겨레가 지니게 될 자기 조국에 대한 생각을 빼어버리기 위하여 지난날의 조선이라는 나라 이름마저 없애 버리고자 했던 것입니다. 당시 왜노들은 배달겨레가 나라를 가져보지 못했던 쪽으로 생각이 되어지도록 만들기 위하여 고안해 낸 것이 그 “이씨조선·이조시대”라는 말이었습니다. “이씨조선”이라는 말의 뜻은 리성계 자손들만이 재미를 본 조선이었을 뿐, 그 밖에 있는 사람들이야 미련을 가질 필요가 없을 뿐만 아니라 저주 받음이 마땅하다는 쪽으로 사람의 생각을 이끄는 말입니다. 이조시대라고 부르면 부를수록 자기나라(조선)를 자기 스스로 업신여기게 된다는 그 효과를 일본은 노렸고 배달겨레는 일본이 노리는 꾀에 말려 들어가서 마침내 자기 나라를 업신여기는 못된 버릇이 생겼습니다.

융희 3년(1909)에 그 일본은 배달겨레의 존엄한 궁궐인 창덕궁4) 에다가 원숭이·구렁이·호랑이·코끼리들을 집어넣고서 배달겨레의 얼을 빼는 데 효과를 보고자 했습니다. 그리고는 창경원이라고 이름

---

4) 세종이 태종을 위해서 지은 궁궐.

을 바꾸었습니다. 오늘날 창경원(창덕궁)에 들어서는 사람 가운데 그 원숭이·구렁이들을 보고서, 지난 날 한국의 슬픔과 배달겨레의 눈물을 읽는 사람이 거의 없는 듯싶습니다. 이 한 가지만 보아도, 말 만큼(창경원) 사람들이 생각하게 된다는 것을 알 수 있고, 지난 날 왜노들이 꾀했던 그 배달겨레의 얼 빼기가 얼마나 성공했던가를 쉽게 알 수 있습니다. 경술년(1910. 8. 22)에 이르러 그 왜노들은 조선 궁궐을 李王宮이라고 하고는 고종 임금을 李太王으로 부르고, 융희 임금을 李王으로 불러서 일본귀족으로 흡수해 버렸습니다. 일제강제 점령시대에 우리 선인들의 문집을 출판하려고 하면 조선총독부 안에 있는 도시검열과에 그 문집 초고를 가지고 가서 낱낱이 검열을 받아야만 했습니다. 일본의 비위를 건드리는 말이 있으면, 그것이 허가될 리가 없습니다. 그들(일본)이 고치라고 한 것 가운데 보기 하나만을 들면 我朝·本朝라고 되어 있는 원고를 李朝로 바꾸면 허가해 주겠다는 사례가 그 하나였습니다. 엄연한 우리나라를 李朝로 고칠 수는 없다고 하면서 끝내 그 문집을 간행하지 않았던 집도 있고, 괴로움을 달래면서 李朝로 고쳐서 책을 낸 집도 있었습니다. 일제강제점령시대에 출판된 한문문집을 읽을 때, 우리들은 이와 같은 사정을 알고서 읽어야만 됩니다.

「왕씨 고려─왕고시대」라고 했을 때, 그것이 고려나라를 업신여기는 뜻을 담고 있음을 알 수 있습니다. 일본으로 말하면 그 "이씨조선─이조시대"라는 말을 쓰게 함으로써 배달겨레로 하여금 자기나라를 업신여기게 만들어서 끝내는 조국에 대한 생각을 끊게 하여 마침내 일본을 자기나라로 여기게 만드는 효과를 지니게 하는 곳에 목적을 두었던 바입니다. 그 일본의 계략은 만족스리 성공했던 것입니다. 요컨대, 15세기로부터 19세기에 이르는 동안 배달겨레가 사랑하면서 지켜온 나라의 이름이 "조선"이었기에, 오늘날 우리들은 "조선조"또는 "조선시대"라고 불러야만 마땅합니다.

2. 병자겁약

"병자겁약(丙子劫約)"이란 "병자년 세 항구 겁탈조약"을 줄인 말입니다. 일본이 한국을 침략하게 된 기점이 1876년 병자년부터였고, 그 방법으로는 "인천·부산·원산" 항구 세 개를 강제 점령하는 것이 그 출발점이 됩니다.

1876년 병자년에 일본 군대가 강화도에 도착한 것이 1월 11일이었습니다. 그때 일본 육군중장 黑田淸隆이 특명 전권대신이 되고 井上馨이 특명 전권부판리대신이 되어 군함을 이끌고서 강화도에 쳐들어 온 것인데, 그들의 병력은 호위병 350명, 의장병 247명, 군함 3척, 수송선 2척이었습니다. 그 일본 군대가 우리나라를 협박하기로는 "만약 조선 대신이 나와서 우리 일본 군대를 맞아주지 않는다고 하면, 우리 일본 군대는 한양(서울)으로 쳐들어가겠노라"고 위협했습니다.5) 그때 일본이 강제로 협박 요구한 것이 이러했습니다.

① 일본은 조선의 서울에 수시로 사신을 보낼 수 있다.

② 부산 이외 항구 두 개를 내어 놓아라(함흥에 하나, 경기·충청·전라·경상도에서 하나이니라).6)

③ 일본은 조선에 있는 세 항구에 일본상민을 관리할 관원을 둘 수 있다.

④ 6개월 안으로 두 나라가 다시 강화도에 모여서 의론 한다.

⑤ 일후 조선이 다른 나라와 통호하여 조약을 맺을 경우, 이 조약 이외의 것이 있으면 일본도 그 특전을 함께 입는다.

⑥ 일후 왕복 문서에 있어서 일본은 일본말로 쓸 것이고, 조선은 한문으로 써라.7)

---

5) 고종 시대사 ①: p.825(국사 편찬 위원회: 탐구당).
6) 얼마 뒤에 일본이 인천, 원산이라고 요구해 왔음.
7) 고종실록 ①: 고종 13년 2월 3일, pp.520-521.

한국으로서는 기가 막히는 것인 데도, 그 일본은 조선과 잘 지내 자고 하는 조약이라고 하면서 "修好條規"라는 제목으로 내어 걸었던 것입니다. 그리하여 일본은 이것을 두고 "병자수호조규—병자수호조약—개항"이라는 이름을 지어서 어리석은 배달겨레를 속여왔던 것입니다.

병자겁약에 응하면 나라가 망한다고 외친 이는 崔益鉉·張晧根8)·白樂寬9)이었습니다. 장호근(전·사간)은 일본과 전쟁이라도 해야 한다는 소를 올렸다가 홍양록도로 귀양 가게 되었고, 최익현은 병자겁약을 물리치지 않는 날에는 나라가 망한다고 외치면서 도끼를 들고 죽여 달라고 하다가 흑산도에 위리안치 되었고10), 趙秉昌은 전라도 추자도로, 그의 아들 采夏는 평안도 위천군으로 귀양 가게 되었는데, 이들 부자가 모두 일본의 겁약(병자)을 물리쳐야 한다고 주장했던 것입니다.11) 1876년 병자년 2월 13일에 한국정부는 일본의 협박을 견디지 못하여 그 병자겁약에 도장을 찍고 말았습니다. 그로부터 5개월 뒤가 되는 7월 6일에, 일본의 협박 요구가 또다시 나타났는데, 그것은 다음과 같은 것이었습니다.

① 부산 항구와 동래에서 일본 사람들이 다닐 수 있는 활동범위는 그 부두를 중심으로 하여 동서남북 각 직경 10리로 한다.

② 일본 사람들은 한국의 땅과 생산물을 사고 팔 수 있다.12)

그 날(1876. 7. 6)에 또 무역규칙이라는 이름으로 된 것이 있는데, 그것은 다음과 같습니다.

① 외교문서는 모두 일본말을 쓸 것이며, 그것을 한문으로 번역

---

8) 고종실록 ①: 고종 13년 1월 23일, p.517(최익현·장호근).
9) 고종실록 ①: 고종 19년 5월 4일, pp.48-50.
10) 고종실록 ①: 고종 13년 1월 23일, pp.517-520.
11) 고종실록 ①: 고종 13년 1월 26일-27일 p.519.
12) 고종실록 ①: 고종 13년 7월 6일, pp.529-530(고종실록에는 조일 수호 조규 부록이라고 적혀 있음).

하지 않는다.

② 일본정부의 배는 항구세를 내지 않는다.13)

병자겁약을 물리치지 못한 한국정부의 처사를 보고, 나라가 망했다고 판단한 나머지 죽기를 결심한 이는 백락관이었습니다. 그는 병자년(1876) 이후 줄곧 소를 올렸으나, 자기의 상소가 임금에게 전달되지 않아서 마침내 죽기를 결심하고 서울 남산에 불을 지르고서, 그것으로 말미암아 자기의 뜻을 임금에게 전달하는 길을 찾았는데, 그 남산에 불을 지른 것이 1882년 5월 4일이었습니다.14) 요컨대, 1876년 병자년이 일본으로서는 한국침략의 1단계 고지를 점령하는데 성공한 해였는가 하면, 한국으로서는 일본에게 나라를 빼앗기고 마는 과정에 있어서 첫 단계가 되는 해였습니다.

3. 갑신란동

1884년(고종 21년) 갑신년 10월 12일, 일본 사람들이 조선에서 활동할 수 있는 범위가 넓혀졌는데, 여기에 도장을 찍은 사람이 김홍집과 竹添進一郎이었습니다. 일본 사람들의 활동범위가 병자겁약보다 훨씬 넓혀진 해가 갑신년입니다. 그리하여 갑신년 일본 사람들의 활동범위는 다음과 같게 되어 버렸습니다.

인천항구…남쪽……남양·수원·룡인·광주
　　　　　동쪽……경성·동중·랑포
　　　　　서북쪽……파주·교하·통진·강화
　　　　　서남쪽……영종·대부·소부·각섬
원산항구…북쪽……영흥

---

13) 고종실록 ①: 고종 13년 7월 6일, p.531.
14) 고종실록 ②: 고종 19년 5월 4일, p.48.

서쪽……문천
남쪽……희양 · 통천
부산항구…북쪽……언양
서쪽……창원 · 마산포 · 삼랑진
남쪽……천성도15)

위 땅들이 연결되는 범위가 일본 사람들이 와서 살고 있는 땅이 되었으니 19세기 갑신년에 와서 한국 땅의 반은 일본 사람들에게 넘겨준 셈이었습니다. 자기나라 사람을 남의 나라에 옮겨 심는 것을 식민이라고 하는바, 병자겁약은 일본의 식민정책을 펴기 위하여 나타난 무서운 침략이었던 것입니다.

갑신년 10월 12일에, 일본 사람들의 활동범위를 넓히는 데 도장을 찍어 주었으며, 그로부터 5일 뒤가 되는 10월 17일 밤, 우정국 낙성식을 틈타서 청소년 김옥균 · 박영효 · 홍영식 · 서광범 · 서재필 들이 정권을 잡기 위하여 일본세력을 등에 업고 대궐로 쳐들어가서 란동을 부렸습니다. 그때 이들의 나이를 보면, 김옥균이 34세, 홍영식이 30세, 서광범이 26세, 박영효가 24세, 서재필이 19세였습니다. 이들은 일본의 세력을 등에 업고서 권력 잡기에 눈독이 들었던 것입니다. 그 청소년들은 대궐로 뛰어 들어가 곧장 침전으로 달려가서, 무슨 변고가 있다고 급히 여쭙고는 고종 임금을 피하라고 했습니다. 그들의 말을 듣고 고종 임금은 경운궁으로 옮겼으며, 각 전궁도 창황하게 옥균을 따라갔습니다. 밤이 깊었는데도 죽첨진일랑이 일본 군대를 거느리고 대궐에 들어와서 그 청소년들을 호위했습니다. 일본 군대의 호위를 받고 있던 그 청소년들은 대신 여섯, 내시 한 사람을 칼로 찔러 죽였습니다. 그 청소년에게 화를 입은 사람은 이조

15) 고종실록 ⑧: 고종 21년 10월 12일, p.173.

연・윤태중・한규직・민태호・죠령하・민영목・류재현(내시)이었습니다. 그 청소년들이 조각을 발표했는데, 홍영식이 우의정, 김옥균이 호조참판 판서서리, 서광범이 협판교섭사무 독판서리, 박영효가 전후영사, 서재필이 전영 정령관, 윤웅열이 형조판서, 김홍집이 한성부판윤, 김윤식이 예조판서, 이재원이 좌의정, 이재완을 병조판서로 임명 발표했습니다. 그로부터 2일 뒤가 되는 19일 밤 4시 쯤 청국군대가 대궐에 들어왔습니다. 이렇게 되자 우리 군대는 청국 군대를 환영하면서 잠시나마 연합군이 되었으니, 일본 군대는 버티다가 대궐 밖으로 나가 버렸습니다. 그렇게 되자 김옥균・박영효・서광범・서재필은 일본 군대를 따라 도망쳤으며, 홍영식과 박영교는 도망치지 않다가 조선 군대에게 잡혀서 맞아 죽었습니다.16)

고종 임금은 "갑신년 청소년 친일파 란동"을 五賊之變이라고 했으며17), 나아가 그들에게 돌리는 이름으로 亂賊, 五賊凶逆, 凶黨, 凶徒들이라고 불렀습니다.18) 宋近洙는 그들을 가리켜 젖내 나는 무리(乳臭之輩)라고 했고19), 李斗鉉은 五凶이라고 했고20), 張敎駿은 五逆이라고 했으며21), 李中瓚은 일본과 교제를 끊을 것이며, 조정의 신하로 고향에 들어박혀 있는 이들을 모두 사직시키라고 상소했습니다.22) 일본 군대를 업고 대궐에 뛰어 들어가서 폭동을 부렸다는 소문을 듣고 의병을 모집하여, 그 힘으로 일본세력을 무찌르겠다는 의병이 처음으로 일어났는데, 이것이 곧 양성의병으로 그 의병대장은 李敎奭이었습니다.23)

---

16) 고종실록 ②: 고종 21년 10월 17일-20일, p.174.
17) 고종실록 ②: 고종 21년 10월 21일, p.175.
18) 고종실록 ②: 고종 21년 10월 21일, pp.175-176.
19) 고종실록 ②: 고종 21년 11월 19일, p.177.
20) 고종실록 ②: 고종 21년 11월 26일, p.179.
21) 고종실록 ②: 고종 21년 11월 26일, p.180.
22) 고종실록 ②: 고종 21년 11월 26일, p.180.
23) 고종실록 ②: 고종 21년 11월 26일, p.180.

한국에서 란동이 일어나기만 하면, 일본은 반드시 이득을 보는 쪽으로 간교한 솜씨를 부려 왔는데, 이번 갑신란(甲申亂)에서도 그들은 끔찍스러운 것을 한국 정부에 협박 요구해 왔습니다. 그것은 또 일본의 요구대로 되었습니다.

① 피해 배상금 10만원(일본돈)을 내어 놓아라.

② 새로 지을 일본 공관 땅을 내어 놓아라.

③ 일본 영사관을 새로 지을 공사비 2만원(일본돈)을 내어 놓아라.

④ 일본 호위병이 주둔할 막사를 내어 놓아라.24)

일제강제점령(조선총독부) 시절인 1939년 11월 11일, 흑룡회 주최로 博文寺25)에서 친일민족반역자들이 말하는 "일한합병 감사위령제"26)를 지냈는데, 그 더러운 이름 아래 제사를 받아먹은 영혼으로는 이등박문·桂太郎·寺內正毅·김옥균·박영효·이완용·송병준·이용구였습니다.27) 한국을 집어 삼키는 데 공이 컸던 일본 사람으로서는 이등박문·계태랑·사내정의를 뽑았고, 한국 사람으로서 자기 조국을 일본에게 팔아넘기는 데 역적노릇을 하기로는 김옥균·박영효·이완용·송병준·이용구가 일본 사람들의 심사에지 뽑혔던 것입니다.

김옥균·박영효는 갑신년(1884년) 친일민족반역자였고28), 이완용은 을사년(1905년) 친일민족반역자29)였고, 이완용·송병준·이용구는 경술년(1910년) 친일민족반역자였습니다. "한국을 멸망시킨 공로자 감사 위령제"라는 이 제사가 분명하게 알려 주는 맥락이 있는데, 그것은 한국을 일본에게 팔아넘겼던 일본 앞잡이 친일파 계보가 1884년 "갑신 청소년 친일파 란동"자인 김옥균·박영효·홍영식·서광

---

24) 고종실록 ②: 고종 21년 11월 24일, p.178.
25) 이등박문의 영혼을 갖다 놓은 절, 강충단 공원, 지금은 영빈관이 되었음.
26) 친일민족반역자의 영혼에 올리는 감사제.
27) 림종국: 친일 문학론, p.31(1966. 평화출판사).
28) 갑신오적: 김옥균, 박영효, 홍영식, 서광범, 서재필.
29) 을사오적: 박제순, 이지용, 이근택, 이완용, 권중현.

범·서재필이 출발점이 되어 1910년 경술년의 이 완용에 이어진다는 사실입니다. 다시 말해서 친일민족반역자가 갑신란을 일으킨 김옥균·박영효·홍영식·서광범·서재필로부터 시작되었으며, 이들 갑신 오적이 제1기 친일민족반역자였었던 것입니다. 朴殷植은 그의 "한국 통사"에서 김옥균·박영효·홍영식·서광범·서재필을 "소년 친일당"이라고 말했습니다.30)

갑신년에 서재필의 나이가 19세였고 보면, 오늘날 초등학교 2학년 나이인데, 초등학교 2학년 급인 19세 소년이 정권을 잡아보겠다고 칼을 들고 대궐에 뛰어들어가서 대신 일곱을 칼로 찔러 죽였으니, 좋게 말해서도 미친 녀석이라고 할 것입니다. 만약 이 일을 소설 속에 집어넣었다고 하더라도 너무 심하게 꾸몄다라고 비난하겠거늘, 하물며 그것이 19세기 한국 땅에서 실제 있었던 일이고 보면, 한국 사람으로서는 분격하지 않을 수 없습니다. 나라를 사랑하는 이가 있다고 하면 이런 흉악한 짓을 정변이라고 하지 않을 것입니다. 청소년들이 흉측한 짓을 저지른 것만도 기가 막힐 일이지마는, 그들이 만 번 죽어도 죄가 남게 되는 것은 일본세력을 앞세우고서 정권을 잡아보겠다는 그 역적행위 때문에 그러합니다.

일본은 이 청소년들을 앞잡이로 삼아 한국에 친일 정권을 수립하고자 한 계략이었고, 그것은 장차 일본이 한국을 완전히 집어삼키는데 꼭 거쳐야 되는 단계였습니다. 그리하여 일본 사람들은 "갑신 청소년 친일 역적 란동"을 합리화시키기 위하여 "갑신정변"이라는 거창하고도 떳떳한 이름을 주고는 "갑신정변이 성공했더라면 한국의 발전은 앞당겨졌을 것이다"라는 속임수를 퍼뜨리면서 청소년 친일 역적 란동이 실패한 것을 두고 애석하다고 말들 하는 것이었습니다. 그들 말대로 "갑신 청소년 친일 역적 란동"이 성공했더라면, 일본은

---

30) 박은식: 한국 통사, p.95(1975. 단국대학 출판전집 ①).

10년을 앞당겨서 한국을 완전히 집어 삼킬 수 있었고, 한국은 10년을 앞질러 나라가 망했을 계산이 나오게 되는 것입니다. 왜냐하면, 일본으로서는 갑신년에 실패했던 친일 정권 수립을 그로부터 10년 뒤가 되는 갑오년(1894년)에 성공시켰기 때문입니다.

요컨대, 갑신년 친일민족반역을 두둔하기 위하여 그 왜노들이 만들어 내었던 "갑신정변"이라는 해괴한 말을 버리고, 한국을 주체로 하는 "갑신 청소년 친일 역적 란동"이라는 온당한 말로 바로 잡아야만 됩니다. "갑신 청소년 친일 역적 란동"을 줄인 말이 곧 "갑신란동"입니다. 란동과 정변은 그 성질이 전혀 다른 것입니다.

4. 갑오억변

갑오년(1894년)에 이르러 한국은 망할 나라로 되어버렸습니다. 2월에 전라도 고부에서 민란이 일어났는데 이것이 동학란으로 번졌으며, 그 동학란이 마침내 일본 침략의 틈을 주어 조국을 망하게 하는 결과를 낳았습니다. 한편 그 동학란을 진압하기 위하여 한국은 청국에 원병을 요청했고 그 요청에 따라 청국 군대가 한국에 들어왔으며, 청국 군대가 한국에 들어가는 것을 본 일본은 때를 놓칠까 두려워 급기야 불청객으로서 군대를 이끌고 인천에 상륙하여 6월 21일 새벽에는 대궐을 침범하여 들어와 모든 법률 제도를 일본식으로 바꾸라고 총칼로 협박하였습니다. 이것이 이른바 "갑오일본 군대 억압 변혁"이었습니다. 그 "갑오일본 군대 억압 변혁"을 줄인 말이 곧 "갑오억변(甲午抑變)"입니다.

일본은 갑신년에 실패했던 친일 정권 수립을 갑오년 6월에 성공시키고서 청국에 선전포고를 하여 싸움질을 했으며 끝내는 청국이 지고 말았습니다. 그리하여 한국은 일본의 손아귀에 들어갔습니다. 그 이듬해인 을미년(1895년) 8월 20일 새벽에 일본 군대가 또 다시

대궐로 들어가서 고종 임금의 아내 민비를 죽이는 흉악스런 짓을 저질렀습니다. 갑오년과 을미년을 두려움 속에서 근근이 넘기고 병신년(1896년)을 맞이한 고종 임금은 2월 11일에 그 일본 굴레로부터 벗어나서 러시아 공관으로 옮기는 데 성공했습니다. 그리하여 9월 24일에 이르러 고종 임금이 조칙을 내리기를 "갑오년 역적들이 저질렀던 내각이라는 왜노들의 관제를 폐지하고 갑오 6월 이전 <의정부>로 바로 잡는다"라고 발표했습니다.31) 이렇고 보면 "갑오억변"으로 잠시 일본화 되었던 1년 8개월 동안32)이 갑오억변 일본 침략 기간이 됩니다. 그 동안에 있었던 일을 조금 자상하게 이야기하기로 하겠습니다.

전라도 고부에서 민란이 일어났다는 보고(장계)를 받은 것이 갑오년(1894년) 2월 15일이었는데 그것이 이른바 동학란이었습니다.33) 전봉준34)을 지도자로 한 동학군은 갑오년 3월 15일에 동학군 4대 강령을 발표했습니다. 그 4대 강령 가운데 동학군의 외침이 두드러지게 나타난 것은 ③번이 되고 있는 "왜놈 오랑캐를 쫓아내고 성도35)를 깨끗이 할 것"과 ④번이 되고 있는 "군대를 이끌고 서울로 들어가서 권문 세도가들을 모조리 없애 버릴 것"들이었습니다.36) 정부는 4월 2일, 그 동학란을 진압하는 초토사로 홍계훈을 임명했고, 홍계훈은 장위영 다섯 개 대대를 이끌고 호남으로 내려갔습니다.37) 호남으로 내려간 초토사 홍계훈은 잇달아 보고(전보)하기를 군대를 더 보내어 달라고 하다가,38) 마침내 조선군(경군)으로서는 동학란을

---

31) 고종실록 ②: p.598.
32) 갑오억변(1984. 6. 21)－아관파천(1896. 2. 11); 1년 8개월.
33) 고종실록 ②: p.479.
34) 전봉준(1854-1895).
35) 성도: 동학의 가르침.
36) 나라사랑 15집: 녹두장군 전봉준 특집호: 전봉준 자료집, pp.143-144.
37) 고종실록 ②: 1894년 고종 31년 4월 2일, p.483.
38) 고종 시대사 ③: 고종 31년 4월 9일, p.426·4월 15일, p.430.

진압할 수가 없다고 알리고, 청국에 원병을 요청해 줄 것을 전보로 여쭈었습니다.39) 그리하여 한국정부는 그 청국원병 문제를 놓고 의론했던바, 청국에 원병을 요청하는 일에 많은 대신들이 반대했습니다. 그런가 하면 청국에 원병을 요청하는 일에 대하여 찬성한 사람은 민 영준과 김홍집 두 사람뿐이었습니다.40) 민비는 미리 청국에 원병 요청을 해놓고 대신회의를 붙였기 때문에 설사 반대가 많더라도 그것은 소용없는 일이었습니다.41)

갑오년 5월 2일에 그 청국원병이 인천에 도착했으며42), 정부는 공조참판 이중하를 영접 관으로 임명하여 인천으로 마중 나가게 했습니다.43) 그런가 하면 요청하지도 않았던 일본 군대가 5월 6일 인천에 상륙했으니, 청국군대가 들어 온지 4일 뒤였습니다. 그때 일본 공사 大鳥圭介가 그 군함을 타고 들어왔습니다.44)

5월 7일, 청국군대는 충청도 아산만으로 집결했고, 같은 날 일본 군대는 서울로 들어갔습니다.45) 청국은 한국정부의 요청에 따라 동학란을 진압하는 원병으로 왔기 때문에 호남으로 내려가는 데는 이 신만이 편리한 곳이라는 계산에서 그러했고, 일본은, 요청하지도 않았는데도 들어왔으니 그들로서는 한국의 혼란스런 틈을 타서 한국에다가 친일 정권을 심어보겠다는 곳에 목적이 있었기 때문에 군대를 이끌고 서울로 쳐들어간 것입니다. 일본 군대가 한국에 쳐들어왔던 (인천) 갑오년 5월 6일부터 그들이 대궐을 침범했던 6월 21일까지

---

39) 고종 시대사 ③: 고종 31년 4월 30일, p.441.
40) 고종 시대사 ③: 고종 31년 4월 30일, pp.441-442.
41) 고종 시대사 ③: 고종 31년 4월 30일, p.441.
42) 고종 시대사 ③: 고종 31년 5월 2일, p.445. 청국제독 섭지초가 1500명을 거느리고 왔음.
43) 고종 시대사 ③: 고종 31년 5월 1일, p.444.
44) 고종 시대사 ③: 고종 31년 5월 6일, p.448. 일본군 상비함대 사령관 伊東祐亨이 왔음.
45) 고종 시대사 ③: 고종 31년 5월 17일, pp.449-450.

46일 동안 한국정부가 직접 일본군의 철수를 요구한 것이 12차례 있었습니다.46) 한국정부가 열두 차례에 걸쳐 물러가라고 통고를 했으나, 일본군은 끝내 듣지 않다가 6월 21일 새벽에 대궐을 침범하여 한국의 모든 법률 제도를 일본식으로 바꾸도록 협박했던 것입니다. 이것이 이른바, "갑오 일본 군대 억압 변혁"으로, "갑오억변"이라고 하는 것인데, 일본 사람들은 "갑오개혁"이라고 부르면서 배달겨레를 속이려고 했던 것입니다. "개혁"이라는 말의 뜻은 잘못된 것을 스스로 발견하여 스스로 고쳐나가는 것을 두고 이르는 말임에도 불구하고 일본은 한국 사람들 스스로 자기나라의 법률 제도를 일본식으로 고친 것처럼 만들기 위하여 "갑오개혁"이라는 간교한 거짓말을 생각해 낸 것이었습니다.

일본 군대를 서울에 주둔시켜 놓고, 일본 공사 大鳥가 5월 23일 스스로 대궐에 들어가서 고종 임금을 만나자고 했으며, 그때 조선의 모든 법률 제도를 바꾸도록 하라고 협박했습니다.47) 그로부터 이틀 뒤인 5월 25일 고종 임금은 대신(원임, 신임)들을 모두 불러 놓고 이르기를 "밖으로(왜놈)부터 당하는 모욕이 이와 같으니, 나라의 힘을 알만하도다. 그것을 말로 하자니 부끄럽기만 하다. 두려움을 막기 위하여 오로지 분발해야 하며, 우리들 스스로 힘을 길러서 우리들 스스로가 굳세게 되어야 할 것이다"라고 말했습니다.48) 그로부터 한 달 뒤인 6월 21일 새벽에, 大鳥가 일본 군대를 이끌고 쳐들어왔으며, 그때부터 한국정부에 대하여 강권을 발동한 사람이 일본 공사 大鳥圭介였습니다. 大鳥는 김홍집을 영의정으로 삼고 함께 데리고 온 친일파 10여 인들49)을 요직에 앉히는 작업을 제일 먼저 했습니

---

46) 려증동: 19세기 때 쓰였던 "독립"이라는 말에 대한 연구, pp.21-22(1978. 배달말 3호).
47) 고종실록 ②: p.489.
48) 고종실록 ②: p.489.
49) 고종 시대사 ③: pp.488-489.

다. 6월 21일 大鳥가 데리고 온 친일파들의 임명은 이러했습니다. 죠희연을 장위사로, 안경수를 우변 포도대장으로, 김가진을 특채로 협판교섭통상사무로, 유길준을 특채로 참의 교섭통상사무로 임명했습니다.[50] 이것을 두고 갑오년 제1차 친일내각(정권)이라고 부르기도 합니다. 6월 21일, 大鳥가 친일 정권을 수립해 놓고, 그 다음날이 되는 6월 22일에 고종 임금을 만나자고 했습니다. 그때 大鳥가 고종 임금에게 했던 말이 네 가지였는데, "첫째는, 크게 놀라셨을 것 같아서 문안드리려 왔습니다. 둘째는, 지금부터 開化하면, 두 나라 사이는 이웃으로서 더욱 친하게 될 것이요, 그것은 지난날에 견줄 바가 아니리만큼 더욱 좋아질 것입니다. 셋째는, 며칠 전에 말씀드린 바 있는 다섯 가지를 꼭 실지함이 좋을 것입니다. 넷째는, 옛 법과 새 법을 골고루 섞어서 정치하면, 그것은 억만 년토록 뻗어나갈 굳은 기틀이 되어줄 것입니다"라고 말하였습니다.[51]

갑오년과 을미년을 넘기고 병신년(1896년)을 맞이한 고종 임금은 2월 11일에 일본 굴레로부터 벗어나서 러시아 공관으로 옮기는 데(아관파천) 성공하여 한국은 갑오년 일본 침략을 잠시나마 벗어나는 데 성공했습니다. 이렇게 되고 보니, 김홍집(내각총리대신), 정병하(농상공부대신)는 당시 분격하고 있었던 서울 군중들에게 맞아죽었고, 어윤중은 고향(보은)으로 도망가다가 용인 군중들에게 맞아죽었으며, 유길준·죠희연·장박·권영진·이두황·우범선·이범래·이진호 등은 일본 공관에 숨어 있다가 일본으로 달아났으며, 김윤식은 고향에 들어가 숨어버렸습니다. 고종 임금은 이들을 "난당, 역당"이라고 하고는 그 친일 역적 유길준·죠희연·장박·권영진·이두황·우범선·이범래·이진호를 체포하라고 했는데, 그 날이 바로 병신년 2월 11일이었습니다.[52]

---

50) 고종실록 ②: p.492.
51) 고종실록 ②: p.492.
52) 고종실록 ②: 고종 33년 2월 11일, p.579.

다음에는 갑오년 일본 침략을 몸소 겪어 보았던 산 중인들의 이야기를 들어보기로 하겠습니다.

"역괴난당이 한 몸이 되어 국모를 시해하고, 임금을 협박하여 법령을 어지럽게 더럽혀 놓고 임금의 머리를 강제로 깎았다"라는 교지를 고종 임금이 내린 것이 병신년(1896년) 3월 27일이었습니다.53) 이로부터 1년 뒤인 정유년(1897년)에 고종 임금이 민비의 묘지명을 손수 지었는데, 그 글에서 이렇게 말했습니다. "짐은 일찍부터 황후의 말을 확실한 생각이라고 믿었으나 홍집·길준·희연·병하, 이 네 역적 놈들을 빨리 목 베는 용단을 내리지 못했다. 그 역적 놈들이 일본 군대를 가만히 불러들여서 마침내 훈련대를 속였던 셈이다. 을미년은 천하 만고에 있지 아니한 큰 변란이다. 오호라, 짐은 황후에게 무거운 짐을 짊어졌도다. 홍하 두 역적 놈은 바른 죄를 받았으나, 길연 두 역적놈은 도망쳐서 아직도 잡지 못했도다"라는 비글을 고종 임금이 지었습니다.54) 병신년(1896년) 2월 24일, 최익현은 "역적 우두머리 홍집·병하는 이미 죽었으나, 희연·길준 이하 역적들은 모두 도망쳐서 잡지 못했습니다. 저 왜놈들이 갑신년에는 영효·광범과 함께 역적모의를 했으며, 갑오 을미년에는 왜놈들이 희연·길준과 함께 협동 모의한 것입니다. 지금 여러 고을에서 일어나고 있는 의병들은 그 왜놈들을 토벌하지 않는다는 것과 왜놈 앞잡이 원수들을 잡는 일이 없다고들 하면서 분격하고 있습니다"라는 소를 올렸습니다.55) 李南珪는 병신년 5월 28일에 "겨레의 분함이 쌓이게 된 것은 갑오년 6월 변란에서 움이 터졌으며, 원한을 머금게 된 것은 을미년 8월 변란에서 싹이 터졌고, 분함이 쌓이게 된 것은 을미년 11월 변란이었습니다"라는 소를 올렸습니다.56) 李承九는 병신년 6월 27일에 "홍집·길준·희연들이 역적 마음

---

53) 고종실록 ②: 고종 33년 3월 27일, p.582.
54) 고종실록 ③: 고종 34년 11월 12일, pp.18-19.
55) 고종실록 ③: 고종 33년 2월 24일, p.581.

을 가지게 된 것은 영효와 같은 바입니다”라는 소를 올렸습니다.[57]

　끝으로 갑오억변의 뒤처리를 보기로 하겠습니다. 병신년(1896년) 9월 24일에 이르러 고종 임금은 “갑오년 역적들이 저질렀던 내각이라는 일본식 관제를 폐지하고, “의정부”로 바로 잡는다”라는 조칙을 발표했습니다.[58] 정유년(1897년) 3월 23일, 鄭範朝는 “갑오년 6월 이래 나라에 법이 없어진 세상이 되었으니, “조선법”을 책으로 만들어 내어야 한다는 것과, 그것을 급히 서둘러야 한다”라는 것을 고종 임금께 여쭈었더니, 고종 임금은 그 자리에서 “교전소를 설치하여 김병시·죠병세·정범조로 하여금 “조선법”을 급히 만들라”고 명령했습니다.[59] 한국정부는 1년 8개월 뒤에 갑오년 일들을 모두 물리쳤으니, 이것만으로도 일본이 도모한 한국멸망 계략에서 그 갑오억변이 나오게 되었음을 알 수 있습니다. 총칼로 협박하면서 일본식으로 바꾸도록 했던 것을 “개혁”이라고 부를 수가 없으며, 불러서도 안 되는 것입니다. 그것은 사건에 따른 의미부여는 앞뒤가 맞아야만 되기 때문입니다. 요컨대, 갑오년 일은 “갑오 일본 군대 억압 변혁”을 줄인 “갑오억변”으로 불러야 한국의 모든 역사가 바로 잡히게 됩니다.

5. 갑오망조

　“갑오망조(甲午亡兆)”라는 말은 “나라의 목숨이 끊어지지는 않았으나 얼마 안 가서 망하게 될 징조가 드러난다”라는 말을 줄인 것입니다. 갑오년(1894년)에 나라가 망한다고 생각한 이들은 동학군들과 항일하던 정통 유학자들이었습니다. 과연 갑오년으로부터 11년 뒤[60]

---

56) 고종실록 ②: 고종 33년 5월 28일, p.586.
57) 고종실록 ②: 고종 33년 6월 27일, p.590.
58) 고종실록 ②: 고종 33년 9월 24일, p.598.
59) 고종실록 ②: 고종 34년 3월 23일, pp.619-620.
60) 1905년 을사년.

에 나라를 일본에게 빼앗기고 말았습니다. 동학군들은 "왜놈 오랑캐를 쫓아내자"는 강령을 걸고 서울로 북상했고, 선비들은 왜놈 오랑캐들을 쫓아내어 국권을 회복하자고 나섰는데 선비들이 무장을 하고 항일의병으로서 완전한 조직을 갖추게 된 것은 을미년(1895년)부터였습니다. 19세기 후반기를 지켜보고 살았으며 나라 잃은 뒤에는 일본으로부터 나라를 다시 찾는 항일 독립투사로서 일생을 바쳤던 가운데 틈틈이 한국의 19세기를 기술했던 朴殷植[61]은 한국의 망한 기점을 갑오년(1894년)으로 잡고 있습니다.[62]

갑오년(1894년)이야말로 일본으로서는 한국을 망하게 할 그 목적이 달성되던 해로서 유쾌하면서도 통쾌했던 행운의 해였습니다. 갑오년 6월에 한국에 다가 친일 정권을 심어서 친일파를 길렀고, 나라의 법률 제도를 모두 일본식으로 바꾸어 일본화를 도모하면서 한편으로는 한국 행정력을 마비시키는 데 성공했으며, 나아가 청국과 전쟁을 시작해서 또 이겼으니, 일본으로서는 갑오년이야말로 경장이 되는 기점이 아닐 수 없습니다. "更張"이란 말은 "르네상스"와 같은 뜻을 지니고 있습니다. 갑오년 6월 21일 새벽에 일본 군대가 대궐을 침범하여 고종 임금 이하 대신들이 벌벌 떨게 되고, 그 이듬해인 을미년 8월 20일 새벽에 일본 군대가 또 대궐을 침범하여 민비를 죽이는 온갖 악질 행위를 저지르고 있음을 보고 나라가 망했다고 통탄하면서 책을 덮고 집을 나선 항일의병들이 울먹이고 있을 때를 당하여 적어도 한국 사람이라면 그 항일의병 선열들의 나라 사랑하는 마음을 생각해서라도 갑오년에 우리나라가 다시 떨치게 되었다 라는 그 경장이라는 소리를 입 밖으로 낼 수 없습니다. 어떤 사건에 대하여 의미를 부여하는 일은 원인—결과에서, 그 결과를 보고 앞에 있었던 원인 행위에 대하여 뜻을 부여하는 것이 역사 질서의 원칙입니

---

61) 박은식: 1859-1926.
62) 박은식: 한국통사, p.46-58(단국대학 발행).

다. 11년 뒤에 나라가 망했음에도 불구하고, 망하기 11년 전에 나라가 다시 떨쳐서 중흥했다 라는 말은 성립되지 않습니다. 요컨대, 갑오년이야말로 일본으로서는 경장(르네상스)이 됨이 틀림없고, 한국으로서는 망조가 됨에 틀림없습니다. 고종 임금은 "경장"이라는 말에 대하여 이렇게 회고했습니다. "아, 작년 을미년(1895년) 8월 변란에서 그 녀석들에게는 흉측한 계략이 많았다. 그 녀석들로 말하면 안으로 들어와서는 협박하고 밖으로 나아가서는 경장이라고들 퍼뜨리고 있었는데, 짐은 그것을 보고 들음이 있다. 만고 천하에 어찌 이런 일이 있으랴"63)라고 하면서 한탄했습니다. "경장"이라는 말에 덩달아서 "開化"라는 일본말이 또 있습니다. "開化"라는 말은 큰 쪽이 작은 쪽을 흡수해 버리는 경우 큰 쪽이 작은 쪽을 속이기 위하여 또는 큰 쪽의 침략 행위를 합리화해서 부르는 침략 용어인데, 이것은 옛 중국 晉나라 雇凱之의 定命論에 그 출처가 있습니다. 이 말은 두 개의 개체 사이에서 침략하는 쪽에서만 사용하는 일방적인 용어이기 때문에 침략을 당하고 있는 억울한 쪽에서는 사용할 수 없는 말입니다. 개화라는 말 자체가 침략 용어이기 때문에 침략을 당하고 있는 쪽 사람이 그 말을 쓰게 되면 그것은 자기 멸망을 희망하게 되는 마음을 드러내게 됩니다. 개화라는 말의 속뜻을 따지고 보면 이 말은 "야만"을 전제로 하고 과거와 현재를 일체 부정하는 정치 용어입니다. 그것이 과거와 현재를 일체 부정하는 파괴 용어이기 때문에 사람의 관념을 뒤집어 놓게 되는 무서운 힘을 지니고 있습니다. 왜냐하면 개화라는 말의 전제가 "야만"에서 나오는 것이기 때문에 과거와 현재를 야만으로 돌려서 그것을 일체 부정하는 파괴의식을 가지게끔 만듭니다. 그러므로 개화라는 말은 역사의식을 단절시키며 나아가 현재의 모습을 거꾸러뜨리는 파괴의식을 지니게 하고 나아가

---

63) 고종실록 ②: 고종 34년 1월 27일, p.615.

이미 허물어진 곳에 무엇인가를 새로 받아들이게끔 하는 동화의식을 지니게 만드는 세 가지의 뜻을 지니고 있습니다. 짧게 간추려서 말하면 개화라는 말은 역사의식에 대한 단절과 현재 모습에 대한 파괴와 남의 것에 대한 동화를 강요하게 되는 세 가지의 뜻을 한꺼번에 지니고 있는 정치 침략 용어입니다.[64]

　개화라는 말을 우리나라에서 처음으로 사용한 사람은 大鳥圭介라는 일본 공사였습니다. 갑오년 6월 21일 새벽 일본 군대를 이끌고 대궐을 침범한 일본 공사 대조규개는 김홍집을 영의정으로 삼고, 함께 데리고 온 친일파 10여 인을 요직에 앉히는 작업을 먼저 했으며, 이튿날인 6월 22일에는 그 대조규개가 고종 임금을 보고 "지금부터 개화하면 두 나라 사이는 이웃으로서 더욱 친하게 될 것이요, 그것은 지난날에 견줄 바가 아닐 만큼 더욱 좋아질 것입니다"라고 말했습니다.[65] "일본식으로 나라의 법률 제도를 바꾸는 것을 개화라고 하고는 그렇게 하면 조선 나라는 억만년 뻗어 나가게 된다"라고 간교한 속임수를 썼던 것이 일본이었습니다. 19세기 후반기 한국과 일본 사이의 경우, 일본이 한국을 보고 "너희들이 개화하라"라고 하면 "너희들의 조국은 야만이기 때문에 그 야만스런 조국을 버리고 일본으로 들어오너라"라는 뜻이 되고, 한국 사람이면서 "우리들이 개화하자"라고 하면 "야만스런 조국을 버리고 일본으로 들어가자"라는 뜻이 되는 것입니다. "개화하라"라는 말은 그 왜노들이 우리들을 보고 사용했던 것이기에 어찌할 수 없는 일이었지마는 자기 스스로 "개화하자"라는 말은 당시 친일 민족 반역자가 아니고서는 도저히 쓸 수 없는 말이었습니다. 쉽게 말해서 개화라는 말은 오랑캐를 벗어나자는 뜻입니다. 그러므로 세계 어느 나라의 겨레이든 자기 나라

---

64) 呂增東: 19세기 때 나타난 "開化"라는 말에 대한 연구, 語文學 40집, pp.11-36(1980. 한국어문학회).
65) 고종실록 ②: p.492.

의 겨레를 보고 오랑캐를 벗어나자는 말을 하지 않는 법입니다. 자기 발전을 위해서 좀더 잘해 보자는 뜻으로 우리 조장들은 自强이라는 말을 사용해 왔습니다. 1903년 8월 12일 張錫龍은 自强不息에 대한 소를 올린 바가 있습니다.66) 병신년(896년) 7월 9일에 鄭悍愚가 올린 상소는 이러했습니다. "소위 개화라는 무리들은 다른 나라 사람들과 결탁하여 성동하면서 만고에 없던 일들을 빚어내니, 고금 역사에 이런 역적이 어디에 있겠으랴. 천하 만고에 이런 변이 어찌 있겠습니까. 갑신년 10월 역당을 그물에서 놓치더니만, 갑오년 6월 란동이 일어났고, 갑오년 6월 난당이 을미년 8월에 대역을 빚었습니다"67)라고.

요컨대, 앞으로 우리들은 "갑오경장", "개화"라는 일본 쪽의 침략 용어를 제발 버리고 한국을 주체로 하는 "갑오망조"라는 한국 역사 용어를 사용하여야만 한국을 주체로 하는 모든 역사가 바로 세워질 수 있습니다.

6. 을사늑약

을사늑약(乙巳勒約)이란 "을사년 일본 통감 정치 늑약"을 줄인 말입니다. 늑약이라는 말뜻은 협박으로 인하여 억지로 맺어진 조약을 두고 이르는 것입니다. 갑진년 일본충고수락 협박 요구(1904년 2월)와 갑진년 일본 고문 정치 협박 요구(1904년 8월) 때에도 그 이등박문이 한국에 와서 협박한 것이었지마는 1905년 을사년 9월 15일에 "일본 통감 정치 실시 협박 요구서"를 그 이등박문이 또 내어놓았습니다. 이름인즉 "한일협상조약"이라고 되어 있고68), 내용인즉 이러했습니다.

---

66) 고종실록 ③: p.292.
67) 고종실록 ②: 고종 33년 7월 9일, p.591.
68) 고종실록 ③: p.399.

① 한국의 외교 사무는 일본 동경으로 옮긴다.

② 한국 황제 밑에 일본 통감 하나를 둔다.69)

이것에 찬성한 대신들이 박제순·이지용·이근택·이완용·권중현, 다섯 사람이었는데, 이들을 을사오적이라고 부릅니다.

일본의 통감 정치가 들어선다는 것에 찬성 도장을 찍었다는 소식을 들은 배달겨레는 나라 잃은 슬픔으로 울먹이면서 친일민족 반역자를 목 베고 그 늑약을 무효로 돌려야 한다고 소를 올린 이도 있고, 국권회복 운동을 하기 위하여 집을 나선 이도 있고, 슬픔을 이기지 못하여 스스로 목숨을 끊어버린 이들도 있습니다. 자결한 그 차례를 따지면 민영환·이한응70)·죠병세·이상철·김봉학·홍만식·송병선71)이었습니다. 이것이 이른바 1905년 을사년의 한국 모습이었습니다. 이러함에도 불구하고 일본 사람들은 기가 막히게도 이등박문의 통감 정치를 "보호 정치"라고 이름을 붙이고, 그 늑약을 "보호조약"이라고 이름 붙여서 배달겨레의 억장을 또 무너뜨렸던 것입니다. 지난날 항일 독립 선열들이 이것을 두고 "을사늑약"이라고 불러왔던 엄연한 사실을 우리들은 잊어서는 안 됩니다. 배달겨레의 억장을 무너뜨리는 것이 일본이 만들어낸 "보호"라는 말의 뜻입니다. 누구이든 남의 나라를 빼앗아 놓고 "너희들의·나라를 우리가 빼앗노라"라고 말할 리가 없고 보면, "너희들을 보호해 주기 위한 것"이라는 속임수를 쓰게 되는 법입니다. 속이려는 사람을 탓하기에 앞서 우리들이 속히지 않아야 된다는 것입니다.

요컨대, 을사년에 국권회복을 위하여 집을 나선 선열들이나, 비분 자결한 선열들이나, 안중근 선열에게 모독이 되는 "보호조약"이라는 말은 제발 버리고, 그 선열들이 부르짖었던 "을사늑약"이라고 불러야 한국의 모든 역사가 바로 세워집니다.

---

69) 고종실록 ③: p.400.
70) 이한응은 주영 공사로서 영국에서 비보를 듣고 자결했습니다.
71) 고종실록 ③: pp.408-421.

7. 경술국치 경술국망 한사옥

  1910년 경술년 8월 22일에 일본은 한국이라는 나라 이름마저 없애고 말았습니다. 거꾸로 말하면 경술년 8월 22일에 배달겨레 가운데 악소년 몇 사람이 자기 나라의 이름마저 없애는 데 찬성하는 도장을 찍어서 일본에게 넘겨주었습니다. 그들이 찍어준 도장 값은 자기 자신들이 일본의 귀족으로 흡수되어 작위를 받고 자손 대대로 부귀를 누릴 것이라는 보장과 일본 임금이 주는 은사금이라는 일본 돈을 받게 된다는 계약 아래 찍어준 것입니다. 그 계약 아래 도장을 찍어주었던 친일민족 반역자들은 이완용(내각총리대신)·이재곤·죠중응·이병무·고영희·송병준·임선준이었습니다. 이 무리들을 두고 배달겨레는 매국노 경술7적이라고 부릅니다. 경술년을 지켜보았던 배달겨레는 이 숨통이 막히는 일에 대한 의미 부여를 “경술국치(庚戌國恥)”라고 했습니다. 그래도 언젠가는 나라를 되찾고야 말겠다는 뜻으로 “나라 부끄러움”이라는 말을 사용했던 것입니다. 정확한 역사용어로서는 경술년에 나라가 망했다는 뜻으로 경술국망(庚戌國亡)이라고 사용하기도 합니다. 그러나 자기 나라가 망했음을 슬퍼하는 뜻에서 일컬을 때 국옥(國屋)이라는 말을 사용합니다. 자기 나라의 종묘사직이 망했음을 슬퍼하는 뜻에서 일컬을 때 사옥(社屋)이라는 말을 사용합니다. 이때 사용되는 옥(屋)자는 자기 나라 망한 것을 슬퍼할 옥자입니다. 그렇기 때문에 우리들로서는 경술국망이라는 말보다 “경술국옥” 또는 “경술사옥”이라는 말이 더 온당한 말입니다. 우리 대한의 종묘사직이 망했음을 슬퍼하는 뜻에서 심산은 한사옥(韓社屋)이라는 말을 사용했습니다.72)

  이러함에도 불구하고 교활하고 간교한 일본 사람들은 “일본과 한국

---

72) 金昌淑: 心山遺稿, p.225(1973, 문교부 국사 편찬 위원회, 팀구당).

이 합한 것이라는 이름을 만들어서 배달겨레를 또 속이려고 했습니다. 그리하여 기기 막히게 생각해 낸 것이 "일한합방—일한합병"이라는 해괴망측한 이름이었습니다. 배달겨레 가운데 어리석은 사람은 한국을 앞에만 갖다 놓으면 좋은 줄 알고 한일합방—한일합병이라는 말을 사용했습니다. 한일합방이라는 말은 "한국이 앞장서서 일본과 사이좋게 나라를 합했다"는 뜻을 지니고 있는 말입니다. 1910년 8월 22일이 한일합방이었다고 하면, 1945년 8월 15일은 "한일분리"라고 불러야만 인과률에 맞게 됩니다. 1945년 8월 15일을 "광복" 또는 "해방"으로 부르고자 하거든, 1910년 8월 22일은 "국치"·"국망"·"국옥"·"사옥"이라고 말하지 않으면 안 되는 것입니다.

23. 젖먹이 말

말에는 젖먹이 말이 있고, 어린이 말이 있고, 어른 말이 있습니다. 젖먹이 말(baby language)이라는 것은 젖을 먹고 있을 동안에 사용하고 있는 말을 두고 이르는 것인데, 대충 태어나서부터 네 살까지 사용하는 말들을 젖먹이 말이라고 합니다. 이를테면, "아빠·엄마·엉가"라는 말들이 바로 젖먹이 말입니다.

다섯 살이 되면, 그 "아빠·엄마"라는 말을 버리고, 그 자리에 "아버지·어머니"라는 말이 들어가도록 바로잡아 주어야 합니다. 그러나 오늘날 그것을 고쳐서 바로잡아 주는 집이 그리 많지 않은 것 같습니다. 초등학교에 가더라도 그것을 고쳐서 바로잡아 주려는 교과서도 아직 나오지 않았습니다.

이렇게 자라오다가 보니, 대학생이 되었는데도 "우리 아빠"라고 말하는 이가 있기도 합니다. 당장에 학교를 그만 두고 시집을 가도 좋을 나이는 되었건만, 말하는 것을 보면 아직 젖먹이 말 그대로 사용하고 있으니, 젖먹이가 시집을 갈수도 없거니와 젖먹이가 시집을 가서도 안 되는 것입니다.

왜냐하면, 자신이 사용하고 있는 말에 따라 그 말만큼 생각이 이룩되는 것이기 때문입니다. 젖먹이 말을 계속 사용하게 되면, 저도 모르는 사이에 젖먹이의 생각 그대로 머물러 있게 되는 것입니다.

대학생이면서도 "우리 아빠"라고 말하거나, "우리 아빠"라고 글을 짓는 학생은 그 말만큼 소견머리가 없습니다, 그러나 다섯 살이 되어서 이미 "아버지"·"어머니"라는 말로 바꾸었던 대학생은 그 말만큼 자라서 아버지를 즐겁게 해 드려야 되겠다는 마음을 지니고 있습니다.

사람이란 자신이 사용하는 말에 따라 생각이 이룩되어 갑니다. 이 중대한 공리에 대하여 사람들은 잘 모르기가 쉽습니다. "사람은 말만큼 생각하게 된다"는 그 사실에 대하여 조금 친절하게 이야기해 볼까 합니다. 사람이 바른 말을 가려 쓰게 되면, 그 말 만큼 저도 모르는 사이에 바른 사람, 분명한 사람, 공정한 사람이 되어 있고, 고운 말을 가려 쓰게 되면 저도 모르는 사이에 품위가 있는 사람이 되어 있고, 부드러운 말을 가려 쓰게 되면, 그 말 만큼 저도 모르는 사이에 부드러운 사람이 되어 있는 것입니다. 그러나 바르지 못한 말을 쓰게 되면, 저도 모르는 사이에 바르지 못한 생각을 지닌 사람이 되어 있고, 거친 말을 쓰게 되면, 저도 모르는 사이에 거친 사람이 되어 있고, 뽐내는 말을 쓰게 되면, 그 말 만큼 저도 모르는 사이에 경박한 사람이 되어 있고, 유식한 체 하는 말을 쓰게 되면, 그 말 만큼 저도 모르는 사이에 비천한 사람이 되어 있으며, 젖먹이 말을 쓰게 되면, 그 말 만큼 저도 모르는 사이에 젖먹이 생각의 수준에 머물러 있게 되고, 어린이 말을 쓰게 되면, 그 말 만큼 언제나 저도 모르는 사이에 어린이 생각 수준에 머물러 있게 되고, 어른스런 말을 사용하게 되면, 그 말 만큼 저도 모르는 사이에 어른스런 생각으로 소견이 넓어지고 있는 것입니다.

옛날이나 오늘날이나 마찬가지로 가법을 지니고 있는 집에서는 한결같이 어린이가 자람에 따라 그때를 맞추어 여태껏 사용하고 있는 말을 버리게 하고 그 자람에 따라 알맞은 말로 바꾸어 주는 일을 마치 살고 죽는 일처럼 무겁게 다루고 있습니다. 이를테면, "애야, 여

태껏 소리내기가 쉬워서 "아빠"·"엄마"라고 했는데, 이제는 너의
나이도 벌써 다섯 살이 되었으니까 "아빠"라는 말을 버리고, "아버
지"·"어머니"라고 불러야 되나니라"라는 것이 그 보기 가운데 하
나입니다. 가법을 지니고 있는 집을 법가집이라고 부르는데, 법가 집
에서 이렇게 해 온 것은 "사람의 됨됨이가 사용하고 있는 말 만큼
되어 진다"라는 그 이치를 알고 있기 때문에 말의 힘으로 자기 자손
들을 훌륭한 사람으로 만들기 위하여 바른 말 가르치기에 온갖 정력
을 쏟아 왔고, 또 계속해서 그렇게 하고 있습니다.

　요컨대, "아빠·엄마"와 "아버지·어머니"가 무서우리만큼 서로
다르다는 사실을 알아 두어야 합니다.

24. 어린이 말

다섯 살에서부터 일곱 살까지 사용되는 말을 대충 어린이 말이라고 합니다. 이것은 옛날 법가 집에서 다루었던 기준입니다. 여덟 살이 되면 저절로 어린이 말을 벗어던지게 된다는 것이 아니고, 일곱 살까지는 어린이 말을 사용하더라도 그냥 놓아둔다는 뜻입니다. 이것은 아마도 "미운 일곱 살"이라는 그 속성에 근거를 두고 있었던 것으로 보입니다.

어린이 말은 크게 다섯 가지가 두드러집니다. "저" 또는 "제"라는 말을 사용할 줄 모르고, "예"라는 말을 사용할 줄 모르고, "아닙니다"라는 말을 사용할 줄 모르고, 되받아 묻기를 잘하며, 말끝을 분명하게 만들지 못하는 것이 곧 그 어린이 말입니다. 그것들을 차례로 들고 보기를 들면서 이야기하기로 하겠습니다.

어린이는 "나"라는 말만 알고 있을 뿐, "저"라는 말을 알지 못합니다. "저"라는 말은 사람이 덕을 쌓아가는 데 아주 값진 말입니다. 까부는 사람이 되지 않도록 만드는 데 약이 있다고 하면, 그것은 바로 이 "저"라는 말이 그 약인 것입니다. 어른들 앞에서 곧장 "내가……내가"라고 말을 하는 사람이 있습니다. 이 사람은 어린이 말을 벗어나지 못한 것입니다. 어린이 말을 벗어나지 못했기 때문에 이 사람의 머리는 어린이 생각 그대로 머물러 있게 되는 것입니다.

대학생이 되었는데도 선생이 무엇을 물으면, "제가 그렇게 했습니다"라고 말할 줄 모르고 "내가 그렇게 했습니다"라고 말하는 학생이 있습니다. 그들의 나이는 시집가고 장가들 나이가 되었으나, 그들의 소견머리는 아직 어린이 소견머리에 머무르고 있으니, 어린이가 시집을 가서도 안 되고, 장가를 들어서도 안 됩니다. 여덟 살이 되기만 하면, "저"라는 말을 사용하도록 가르쳐 주어야 합니다. 시어른들과 이야기를 나누는데, 며느리가 말한다는 것이 "내가……내가"라고 말을 하게 되면 그 말을 듣고 있는 시어른들은 놀라게 됩니다. 그것은 도깨비와 이야기를 나누는 것 같아서 놀라게 되는 것입니다. 이런 사람을 만나게 되면, 누구이든 무서워집니다. 왜냐하면, 그가 가법이 없는 집안에서 제멋대로 자라난 사람이기 때문에 또 어느 때에 이상한 일을 저지를 런지 모르기 때문입니다.

어린이는 "예"라는 말을 할 줄 모릅니다. 여덟 살이 되기만 하면, "예"라는 말을 사용하도록 가르쳐 주어야 합니다. 그것은 "예"라는 말을 제일 앞에 가지고 오도록 가르치며, 그 말의 제일 끝에는 "……습니다"가 되도록 가르쳐야 합니다. 나이는 시집가고 장가 들 나이가 되었는데도, "예"라는 말을 할 줄 모르는 어린이—대학생이 있습니다. "예"라는 말을 앞에 세우지 못하고, 그것을 제일 뒤로 가지고 가는 것이 라든지, "습니다"라는 말을 할 줄 모르는 것이 바로 어린이 말 그대로 입니다. "자네 어제 학교에 왔던가?"라고 선생이 물었을 때, 그 어린이—대학생은 "어제 학교에 왔는데, 예"라고 답을 하게 됩니다. 어린이는 "예"라는 말을 앞에 내어 세울 줄을 모릅니다. 그리고는 말끝에 "습니다"를 놓을 줄 모릅니다. 여덟 살이 되어서 어린이 말을 집어 던진 사람도 있거늘, 하물며 스무 살이나 되도록 일곱 살 때 사용했던 그 말을 그대로 사용하고 있으니, 같은 스무 살이건만, 두 사람의 소견머리를 따지고 보면, 그 말 만큼 어른과 어린이로 등급이 벌어지고 있습니다.

어린이는 "아닙니다"라는 말을 할 줄 모릅니다. 여덟 살이 되기만 하면, "예, ……아닙니다"라는 말을 사용할 줄 알도록 가르쳐야 합니다. 나이는 시집가고 장가 들 나이가 되었건만, "예, 아닙니다"라는 말을 할 줄 모르는 어린이─대학생이 있습니다. "예, 아닙니다"라고 말을 해야 될 경우에, 이 어린이─대학생들은 "아닌데, 예"라고 말합니다.

어린이는 되받아 묻기를 잘 합니다. 무엇을 물었으면, 그에 따른 답을 해야만 되는데, 어린이는 답을 할 줄 모르다가 보니, 묻는 사람에게 그 말로 되받아 묻는 것입니다. 이를테면 "네가 왜 어제 학교에 오지 않았느냐?"라고 선생이 물으면 "어제 학교에 왔다. 아닙니까?"라고 되받아 묻는 것이 어린이 말 가운데 하나입니다. 오늘날 대학생 가운데 되받아 묻기를 히는 어린이─대학생이 많이 있습니다.

시어른이 며느리 보고 "얘야 너 큰 집에 다녀왔느냐?"라고 물었을 때 "예, 어머님, 다녀왔습니다"라고 말 할 줄 모르고, "다녀왔다. 아닙니까?"라고 되받아 묻는 며느리가 있다고 하면, 그 시어른들은 기가 막혀서 다음부터는 묻기를 두려워하게 될 것입니다. 묻는 사람에게 답을 하지 않고, 도리어 되받아 묻는 일이야말로 소견머리가 없는 어린이가 아니고서는 미친 사람의 일일 수밖에 없습니다.

어린이는 말끝을 분명하게 할 줄 모릅니다. 말끝이라고 하는 것은 끝소리가 되는 "다"를 두고 이르는 것인데, 그 "다"소리가 똑똑히 들리느냐에 따라 "말이 분명하다 또는 분명하지 않다"라고 평가하는 것입니다. 이를테면, "습니다. 합니다. 입니다. 아닙니다"라는 말을 끝에 두면서 그 "다"의 소리가 똑똑하게 들리면, 어린이 말을 벗어난 것이라고 합니다. 끝소리 "다"가 똑똑하지 못하면 수명이 짧게 된다고 하면서 옛 어른들은 끝소리를 똑똑히 내도록 가르쳐 왔습니다. 한편 "말끝이 흐리멍덩하면 장차 분명한 사람이 되지 못한다"는 그 사실을 알고 있기 때문에 말끝이 흐리멍덩한 "요"같은 반말은 어릴 때부터 사용 자체를 금지시키고 있습니다. 나이로는 장가들고 시집 갈 나이가 되었건만, 선생이 묻기를 "자네 고향이 어데 인고"라고 물으면, "남쪽이구먼"이라고 답하는 어린이-대학생이 있습니다. 이런 대학생이 장차 분명한 사람이 될 리가 없습니다. 여덟 살이 되면서부터 말끝 소리가 "다"로 분명하게 된 사람도 있거늘, 나이는 스무 살이나 되었는데도 웃고 넘길 그 미운 일곱 살 말버릇 그대로 사용하고 있는 사람이 있으니, 같은 스무 살이라고 하더라도 두 사람의 소견머리는 어른과 어린이로 등급이 나 있습니다.

위에서 말해 왔던 그 다섯 가지가 대충 일곱 살까지 사용해도 용서가 되는 어린이 말 입니다. 하루 속히 어린이 말을 벗어던지도록 가르쳤던 것은 자기 아들과 손자들의 소견머리를 넓혀 주고자 함에 그 목적이 있었기 때문에 법가 집에서는 이 일을 게을리 하지 않았습니다.

25. 흉한 말

자기 자식을 앞세워서 어떤 관계를 밝혀내는 말하기와 또 그렇게 하 여 나온 것을 임자말로 삼고서 말하는 그 말하기를 상스러운 말·불공스런 말·흉한 말이라고들 합니다.

자기 자식을 앞세워 이야기한 것이기 때문에 상스럽게 된 것이고, 직접화법에서 그에 따른 부름말이 있음에도 불구하고 남을 찍어 넣었기 때문에 불공스럽게 된 것이고, 불공스런 말을 했기 때문에 그 상대 쪽은 경멸당하는 것이 되어서 마침내 흉한 말이 되는 것입니다. 보기를 들고서 이야기하기로 하겠습니다.

"아버님은 오늘 대구에 가셨습니다"라고 말을 해야 될 며느리가 "철이 할아버지는 오늘 대구에 가셨습니다"라고 말하는 것이라든지, "바깥주인은 오늘 서울에 갔습니다"라고 말을 해야 될 아내가 "철이 아버지는 오늘 서울에 갔습니다"라고 말하는 것을 "흉한 말"이라고 합니다. 이런 말하기를 두고 상태(상스런 맵시)가 줄줄 흐르는 여자 라고 설명하는 것입니다. 상스런 말을 하게 되면 말하는 자기 자신의 품위가 낮아집니다. 이런 경우 철이의 할아버지는 자기 며느리로 부터 업신여김을 당하는 것이요, 며느리로부터 업신여김을 당하다가 보니, 그것이 곧 철이의 할아버지에게는 흉한 말이 되는 것입니다.

이런 말하기가 흉한 말이 된다는 그 사실에 대한 것을 증명하기로 하겠습니다. 집안사람들 끼리 한 방에 둘러앉아서 이야기 하던 가운데, 건너 마을에 사는 볼품없는 어떤 늙은이를 임자말로 끌고 오기 위하여 "복만이의 할아버지" 또는 "복만이네 할아버지"라고 말을 하는 수가 있습니다. 만약 이때 그 복만이의 할아버지가 그 말을 들었다고 하면 성을 내게 될 것입니다. "복만이 할아버지"라고 말하는 것보다 "복만이네 할아버지"라는 쪽이 더욱 업신여기는 말이 됩니다. 뒤의 것은 집단 자체를 모두 업신여기는 "네"가 들어 있기 때문에, 그러합니다. 이 "네"는 옛날에 상전이 하인의 집단을 부를 때 사용했던 말입니다. 여기에서 보기 하나를 더 들고 넘어 가기로 하겠습니다. 어느 곳에 사는 여자가 먼 곳에서 찾아 온 시부모를 보고 한다는 말이 "노인네 두 분이 어떻게 해서 여기까지 오셨어요"라고 현관에서 말하더라는 이야기가 있습니다. 이 며느리는 학교를 여러 해 다니면서 그 학교에 바친 돈만 해도 수만금이나 된다고 합니다. 시부모(媤父母)를 "노인"이라고 부른다든지, 집단 자체를 업신여기는 "네"라든지, 시부모를 한 분 두 분이라고 하는 그 "분"이라든지, 시부모에게 반말인 "요"를 사용한다는 것들이 모두 기가 막히는 소리들입니다. 말로서 성립이 되지 않는 것을 두고 옛 사람들은 소리라고 했습니다. 이와 같은 자기 며느리의 말소리를 들은 뒤에 그 시어머니는 화병이 들어서 석 달 동안 앓고 누워 있다가 죽었다고 합니다.

다시 원점으로 돌아와서 이야기하겠습니다. 설사 남들을 경멸하고자 하는 경우가 있더라도 자기 자식을 찍어 넣어서 이야기를 하게 되면, 말하는 자기 자신의 품위가 낮아집니다. 남의 아이를 찍어 넣어서 이야기하는 경우도 말하는 이의 품위가 낮아지는 것이기 때문에 품위가 있는 말하기를 하려고 하거든 아이를 찍어 넣는 말하기는 입 밖으로 내어 놓지 않아야 됩니다.

다만 아이를 끼워 넣어서 이야기하더라도 흉한 말이 되지 않는 경우가 한 곳에 있는데, 그것은 손부나 며느리를 부를 때만이 그러합니다. 며느리나 손부를 부를 때는 "철이 어미, 거 있나", "철이 어미, 이리 오너라"같은 말을 정법으로 사용합니다. 그렇다고 해서 이 늙은이가 남의 며느리나 손부를 보고 "석이 어미가 아닙니까"라고 하다가는, 그 젊은 여자에게 뺨을 맞아도 아무도 이 늙은이를 도와 줄 사람이 나오지 않게 됩니다.

26. 어른 말

장가들고 시집 간 사람을 어른이라고 말합니다. 오늘날은 장가들고 시집가는 나이가 늦어지고 있기 때문에 대충 스무 살이 되면, 어른 말을 사용해 야 된다고 말 할 수 있습니다.

"습니다말", "하소말", "하게말", "해라말"을 바르게 사용 할 줄 아는 사람을 두고 어른 말을 할 줄 안다고 말합니다. 우리말은 등급어가 매우 복잡하게 되어 있다 라고 말하는 이가 있지마는 사실 그렇지 않습니다. 우리말은 듣는 이에 따라 말하기의 모습이 달라지는데, 그것은 크게 네 가지의 층이 있을 뿐입니다. 그것이 바로 위에서 말한 "습니다말 층", "하소말 층", "하게말 층", "해라말 층"입니다.

"습니다말"이란 경어를 두고 이르는 것입니다. 이를테면, "예, 그러합니다. 예, 그렇습니다. 예, 아닙니다. 언제 오셨습니까"라는 말들을 두고 "습니다말"이라고 하는 것입니다. 아랫사람이 위 사람에게는 이 "습니다말"을 사용해야 됩니다. 젊은 사람들은 이 "습니다말"을 많이 사용해야 되는 시절에 살아가고 있는 셈입니다. 한편 아래 위의 관계가 없는 사람들끼리는 나이에 상관없이 서로 "하소말"을 해야 됩니다. 70 늙은이라고 해서 처음 본 30대 40대 사람에게 "하게말"을 사용해서는 아니 됩니다. 이것이 바로 우리 배달겨레가 지니고 있는 아름다움이라고 하겠습니다.

“자네가 그러했던가? 저리로 가보세. 자네가 먼저 들게”라는 말들을 두고 “하게말”이라고 합니다. 이 “하게말”은 네 가지 경우에 사용됩니다. 하나는 친밀한 벗끼리 서로 “하게말”을 사용하는 것이고, 다른 하나의 경우는 형이 아우에게 사용하는 것이고, 8촌을 넘어선 아재가 상대를 보고 사용하는 것이고, 선생이 제자에게 사용하는 것입니다. 우리나라는 여덟 살까지가 서로 벗이 될 수 있습니다, 그러나 나이만 되었다고 해서 벗이 되는 것이 아니고, 벗으로 하자는 서로 사이에 약속이 있어야 비로소 벗이 되는 것입니다.

명령을 하는 말을 “해라말”이라고 합니다. 엄밀하게 말해서 이 “해라말”은 할아버지—할머니, 아버지—어머니의 직계와 할아버지의 형제 그리고 아버지의 형제 범위 안에서만 “애야, 이리 오너라”라는 “해라말”을 할 수 있는 것입니다.

이 네 층의 말을 바르게 사용할 줄 모르면, 분명한 사람이 되지 못합니다.

27. 계열의 말

우리 배달말에는 "할배 계열의 말"이 있고, "할아버지 계열의 말"이 있어 왔습니다. 할아버지 계열의 말에는 <할아버지·할머니·아버지·어머니·아주머니·아저씨>라는 여섯 가지의 부름말이 있고, 할배 계열의 말에는 <할배·할매·아배·오매·아재·아즈매>라는 여섯 가지의 부름말이 있어 왔습니다. "부름말"이라고 하는 것은 불러서 이야기하는 경우와 이야기 속에 불리어 나오는 그 말을 "부름말"이라고 합니다.

할배 계열의 말은 남인집이 사용하던 부름말이었고, 할아버지 계열의 말은 노론집이 사용하던 부름말이었습니다. 남인의 본거가 경상도이요, 노론의 본거가 충청도였습니다. 영남에도 간혹 노론집이 생기게 되었는데, 이들은 담을 사이로 하여 한 마을에 살면서도 "할아버지 계열의 말"로 살아 왔던 것입니다. 그러던 것이 1936년 표준말을 정할 때 할아버지 계열의 말이 표준말로 채택이 되었던 것입니다.

"할배 계열의 말"이 어느 지방에서 사용되었던 사투리라고 오해하는 이가 있을까봐 이것을 이야기하는 바입니다. 우리나라의 흐름을 잘 모르는 사람들이 혹시나 자료를 수집하면서 걸려 들어오는 말들을 놓고, 자기 책상 위에서 이리 저리 지도를 그려가면서 방언권이라고 하면서 나누어 보는 잘못을 저지르는 이가 있을까봐 이 이야기를 했을 따름입니다.

28. 여자가 시집가서 사용해야 되는 말

여자가 시집을 가서 그 시당(媤黨) 어른들로부터 귀여움을 받게
되면, 그 부인은 일생토록 복을 받으면서 살게 되는 것입니다.1) 왜
그렇게 되는가를 밝히자면 매우 장황하게 이야기하여야만 되는데,
이 이야기를 거꾸로 출발시키면 쉽게 풀이가 됩니다. 이 이야기의
거꾸로는 이러합니다. "여자가 시집을 가서 시당 어른들로부터 미움
을 받게 되는 여자 치고 복을 받으면서 살게 되는 이가 나오지 않는
다"라는 사실이 바로 위의 것을 증명하게 되는 것입니다.

말을 바르게 사용할 줄 몰라서 마침내 시당 어른들로부터 미움을
받게 되는 불행한 며느리가 많이 있습니다. 말을 바르게 사용할 줄
모르는 사람의 경우를 보면, 집안에서 배운 것이 없다가 보니, 텔레
비전이 벌로 지껄이는 그것을 선생으로 모시는 길밖에 다른 수가 없
었던 것입니다. 학교를 수십 년 다녀보았자 그것을 가르쳐 주는 사
람도 없었습니다. 이런 것이 오늘날 우리나라 학교의 실정입니다.

예부터 부덕(婦德)을 기르기 위한 친절한 책이 없었던 것은 아닌
데, 그것은 모두 한결같이 마음가짐과 예절에 따른 마디들을 정리한
것이었습니다.2) 설사 그 속에 말에 대한 것이 적혀 있다고 하더라도

---

1) 이 글은 효성여자대학교 여성 문제 연구소에서 발행하는 "여성 문제" 10집(1981)
   에 발표했던 것을 다시 여기에 옮긴 것입니다.

그것은 모두 말하기의 바람직한 태도만을 적어 놓은 책뿐이었습니다.3) 아마 옛날에는 집안 가르침이 착실했기 때문에 말하기의 내용에 대한 것을 따로 기록해 둘 필요가 없었는지도 모르겠습니다. 기록물이 없다고 하면서 탓하고만 있을 것이 아니라, 하루속히 기록으로 정착시켜 둘 필요가 있기에 제가 이 일을 서두르게 된 것입니다. 이 글을 잘 읽고서 그 이치를 터득하게 되면, 말을 바르게 사용할 줄 몰라서 시당 어른들로부터 미움을 받게 되는 불행한 며느리는 나오지 아니할 것으로 믿어집니다.

여자가 시집을 가면 그 시당 사람들과 관계를 맺게 됩니다. 그 시당 사람들을 앞앞이 어떻게 불러야 되는지를 알고자 하면 그에 따른 "부름말"을 알아야 됩니다. 그리고 그 시당 사람들과 자기 자신과 어떤 관계가 되느냐고 묻는 이가 있을 때는 그에 따른 "걸림말"을 알고 있어야 됩니다. 핏줄의 마디를 계산하고자 할 때는 "촌수말"도 알고 있어야 합니다. 그리고 그 시당 사람들과 이야기를 나눌 경우, 상대 쪽의 위치에 따라 어떤 등급의 말을 해야 되는지를 알고 있어야 합니다.

자기 자신이 그 곳에 시집을 가지 않았더라도 이룩되고 있는 집단을 시당이라고 하지마는 자기 자신이 시집가서 이루어진 아랫대 집단은 시당이 아니고 "내집" 또는 "우리집"이 되는 것입니다. 이를테면 시조부모·시부모·시백부모·시숙·시동생·시누 들은 모두 시당이 되지마는 자기가 시집가서 이룩된 아들·딸·며느리, 그리고 손자·손녀·손부, 그리고 조카·질부, 종질·종질부, 재종질·재종질부 들은 이미 시당을 벗어나서 "내집" 또는 "우리집"이 되고 있는

---

2) 權寧徹: 閨房歌辭研究, 제5장 6절 2항(1980. 이우출판사).
　　權寧徹: 규방필독에 대하여, 여성 문제 9집(1980. 효성여자대학교).
3) 權寧徹: 규방필독에 대하여, 언어조, p.232(여성 문제 9집).
　　金宗澤: 전통사회에서의 언어예절, 여성 문제 9집, pp.201-214(1980. 효대).

것이 여자만이 지니고 있는 변화입니다. 처음에는 시집이라고 했던 것이 자신도 모르는 사이에 그것이 "내집" 또는 "우리집"으로 바뀌어 지는 변화 그것이 여자가 지니고 있는 변화입니다. 여자의 한 평생을 놓고 보면 거의 5분의 4에 해당되는 세월을 시당 사람들과 어울려서 살아가게 됩니다. 그러던 가운데 어느 사이에 자신도 며느리를 보고, 손부를 보게 되는 것입니다. 그리하여 늙어서 죽게 되면, 자신의 신주(神主)가 묘실(가묘)에 들어가게 되어 시부모 왼 쪽에 놓이게 되고, 몸 덩어리는 시부모 무덤 밑에 묻히게 되거나, 시부모 무덤과 같은 산에 묻히게 되는 것이 통례가 됩니다. 그리하여 손자가 찾아오고, 20대 후손이 찾아오게 되는 것입니다.

자기 자신이 맏며느리가 되어서 죽게 되면 시아버지와 시어머니가 슬피 울면서 모두 1년 복(服)을 입게 되고, 시할아버지와 시할머니도 슬피 울면서 다섯 달(소공) 복을 입어 줍니다. 맏며느리가 아니면, 시아버지와 시어머니는 아홉 달(대공) 복을 입어 주고, 시할아버지와 시할머니는 석 달(시마) 복을 입어 줍니다. 맏며느리에 상관없이 시종조부모가 자기 죽음에 석 달 복을 입어 주고, 시백부모, 시숙부모가 모두 아홉 달 복을 입어 주고, 남편이 1년 복을 입고, 남편 형제들이 모두 다섯 달 복을 입어 주는 것입니다. 이것이 모두 시당 어른들도 나 자신(며느리)의 죽음에 대하여 책임을 져 주는 그 복(服)입니다. 시당을 벗어나서 "내집"으로 내려오면, 나 자신의 죽음에 대하여 아들, 며느리가 3년(만 2년) 복을 입게 되고, 조카가 1년 복을 입게 되고, 시집간 딸은 1년 복을 입게 되고, 질부가 아홉 달 복을 입게 됩니다. 종질이 다섯 달, 종질부가 석 달, 재종질이 석 달 복을 입게 되는 것입니다. 오늘날에 복제대로 복을 입는 사람이 드물어졌다고 하더라도 죽음에 대한 슬픔과 죽음에 대한 책임감만은 영원히 살아서 남게 될 것입니다.

위에서 죽음에 대한 책임을 보았듯이 여자가 시집을 가면 그 시집이 끝내 자기 집이 되기 때문에 자기가 어릴 때 자랐던 집은 친정집으로 밀려 나가서 복제(服制)에서 강등이 되고, 내집은 승등이 되어 친정부모가 죽으면 1년 복을 입게 되고, 시부모가 죽으면 3년(만 2년) 복을 입게 되는 것입니다. 이것은 영원히 "내집"이 되는 그 결과를 중시한 것입니다.

시집간 여자가 사용해서는 안 되는 말하기가 몇 가지 있는데, 그것은 첫째로 "젖먹이 말"을 해서는 안 되고, 둘째로 "어린이 말"을 해서도 안 되며, 셋째로 "망측스런 말"을 해서도 안되고, 넷째로 "흉한 말"을 해서도 안 됩니다.

Ⅰ. 부름말

여자가 시집을 가서 그 시당 사람들을 부를 때, 어떤 소리를 내어야 마땅한가에 대한 물음이 일어났을 때, 배달말에는 "부름말"이 있으니, 그 "부름말"을 사용해야 됩니다 라고 답을 하게 됩니다. 그 "부름말"을 다루고자 하는 것이 바로 이 대목입니다.

시당 속에는 시친당(媤親黨)이 있고, 시척당(媤戚黨)이 있습니다. 그 시친당 속에는 8촌 안에 든 복친당과, 8촌을 벗어난 면복친당이 있습니다. 그리하여 이 글이 다루는 차례는 "시복친당", "시면복친당", "시척당", 그리고 "귀한 손님"의 차례로 나갈 것입니다. "귀한 손님"이라는 것은 척당도 아니면서 자주 드나들 수 있는 취객(娶客)을 두고 이르는 말입니다.

8촌 안에 든 시당 사람들을 부르는 "부름말"은 모두 네 가지가 있는데, 그것은 다음과 같습니다.

① 할아버님―할머님

② 아버님―어머님

③ 아즈버님—아즈머님

④ 아즈뱀—형님, ○○댁

　(되렴)　형님, ○서방댁(아씨)

8촌 안에 든 시친당 사람을 부르는 경우에는 위에 적혀 있는 네 가지의 부름말 밖에는 어떤 것도 용납이 안 됩니다. 다시 한번 강조하건대, 이 네 가지의 부름말 속에 들어 있지 아니한 것을 사용해서는 안 됩니다. 위 네 가지의 부름말을 잘 들여다보면, 공통되는 것이 눈에 뜨일 것입니다. 시당 사람들에게는 "님"이라는 말이 뒤에 붙어서 "부름말"이 된다는 것입니다. 그런가 하면 아들·딸, 손자·손녀는 자기 친당 어른들께 "님"이라는 말을 뒤에 붙이면 안 됩니다. 그리하여 아들·딸, 손자·손녀가 부르는 말은 할아버지(할배), 할머니(할매), 아버지, 어머니이요, 며느리·손부가 부르는 말은 할아버님, 할머님, 아버님, 어머님입니다. 다시 말하면 할아버지(할배), 할머니(할매), 아버지, 어머니라는 말은 아들·딸, 손자·손녀만이 부를 수 있는 것이요, 할아버님, 할머님, 아버님, 어머님이라는 말은 며느리·손부만이 부를 수 있는 것입니다. 아들이라는 것이 며느리만이 사용하는 "아버님, 어머님"이라고 해서 웃음거리가 되어서도 안 되고, 며느리라는 것이 아들만이 사용하는 "아버지, 어머니"라고 불러서 웃음거리가 되어서도 안 됩니다. 다시 한번 강조하건대, 누구이든 아버지, 어머니라고 부를 자리는 하나 뿐이요, 여자에게는 시집이 곧 내집으로 바뀌어 나가기 때문에 아버님, 어머님이 있게 된 것입니다.

위에 적혀 있는 네 가지의 부름말을 낱낱이 제목으로 내어 세워서 그에 따른 보기말을 만들어서 풀어 나가기로 하겠습니다.

1. 할아버님 – 할머님

시조부나 시조모를 두고 이야기하거나 또 불러서 이야기할 경우,
언제나 한결같이 "할아버님", "할머님"이라고 불러서 말을 해야만
됩니다. 시종조부·시종조모에게는 "큰할아버님", "작은할아버님",
"큰할머님", "적은할머님"이라고 부르는 것입니다.

▲ 할아버님, 진지상 차려 놓았습니다.
　　적은 할아버님도 오시라고 했습니다.
▲ 어머님, 어제 저녁부터 할아버님 입맛이 떨어진 상 바릅니다,
　　단술을 만들어 드리면 어떻겠습니까?
● 얘야, 네가 그 생각 잘했다. 아버님이 어제 저녁부터 밥을 다
　　자시지 않아서, 날이 새면 묵을 만들어 드릴까 생각했었는데,
　　아버님은 묵을 즐기신다. 얘야, 오늘 묵을 만들기로 하자.

▲ 할머님, 오십니까. 어서 방안으로 들어가입시다. 할머님, 절 받
　　으시이소.
● 오냐, 기특한 것아. 너는 잘 있었더냐. 그아(손자)는 몇 시가
　　되면 집에 오느냐.
▲ 예, 할머님, 저는 늘 잘 있습니다. 할머님 오셨다고 회사로 전
　　화하겠습니다.
▲ 할머님, 등어리 긁어 드리겠습니다.
▲ 할아버님 돌아가신지 올해 10년째가 됩니다.

2. 아버님-어머님

시아버지나 시어머니를 두고 이야기하거나 또는 불러서 말할 경우 언제나 "아버님", "어머님"이라고 불러서 말을 해야만 됩니다. 시백부(媤伯父), 시중부(媤仲父), 시숙부(媤叔父), 시백모(媤伯母), 시중모(媤仲母), 시숙모(媤叔母)의 경우는 "큰아버님", "둘째아버님", "넷째아버님", "적은어머님", "큰어머님", "둘째어머님", "넷째어머님", "적은어머님"이라고 불러야 되는 것입니다. 시아버지의 형제가 둘이면 "큰아버님"이 아니면, "적은아버님"이 되는 것이고, 시아버지의 형제가 셋이면 아버님, 둘째아버님, 적은아버님이라고 부르게 되는 며느리도 있고, 큰아버님, 아버님, 적은아버님이라고 부르게 되는 며느리도 있고, 큰아버님, 둘째아버님, 아버님이라고 부르게 되는 며느리가 있게 되는 것입니다. 시아버지의 형제가 셋 이상이 되면, "큰아버님", "둘째아버님, "셋째아버님", "넷째아버님" 차례로 나가는데, 끝에 가서는 차례를 이야기하지 않고 반드시 "적은아버님"이라고 부르는 것입니다. 큰아버님이 하나 뿐인 것과 같이 적은아버님도 하나 뿐입니다. 자기 시아버지가 다섯 형제 가운데 그 차례가 넷째가 되는 경우, 이 며느리가 부르는 이름은 "큰아버님, 큰어머님"이 있고, "둘째아버님·둘째어머님"이 있고, "셋째아버님·셋째어머님"이 있고, 다음에는 자신의 "아버님·어머님"이 되는 것이고, 마지막으로 "적은아버님·적은어머님"이 있게 되는 것입니다.

▲ 아버님, 둘째어머님이 서울에 도착하셨다는 전화입니다. 제가 역으로 나가서 모시고 오겠습니다.

● 아즈매가 오셨다고 해. 얘야, 너는 집에 있거라. 내가 나가서 모시고 오마.

● 아즈매, 오셨소. 형님 근력이 그만하십니까. 빨리 집으로 들어

가입시다.

■ 아즈뱀이 나왔소. 질부가 나오겠다고 했었는데.

● 젊은이 제가 나오려고 하는 것을 내가 집에 있으라고 했소. 아
즈매가 하도 보고 싶어서 그렇게 했소.

■ 아즈뱀 인정은 고금에 드물지요.

● 얘야, 아즈매 오신다. 대문 열어라.

▲ 둘째어머님, 오셨습니까. 제가 역으로 나가서 둘째어머님 모시
고 오려고 했는데, 아버님이 깜짝 놀라시면서, 저를 집에 있으
라고 하시고 급히 나가신 것입니다. 둘째어머님 방으로 들어가
입시다.

■ 오냐.

▲ 둘째어머님, 절 받으시이소.

■ 오냐, 그래 너는 시어른 모시고 잘 있었더냐.

▲ 예, 아버님이 요지음 조석을 잘 드시지 않아서 그것이 걱정입
니다. 둘째 아버님 근력은 그만 하십니까?

● 아즈매, 형님 해수 기침이 이제는 조금 나았습니까?

■ 아즈뱀 형의 해수가 올해는 많이 나아졌소.

● 아즈매, 큰 다행입니다.

▲ 둘째아버님 해수 기침약을 저희들이 올 봄에 인편으로 부쳐 드
렸는데, 잘 받으셨습니까?

■ 그래, 네가 보낸 그 약 먹고 많이 나았어. 너의 시삼촌은 사람
들만 보면 네 칭찬이란다. “우리 질부가 착하다”라고.

한편, 이 며느리가 자기 친정에 가서 친정 사람들과 이야기를 나눌 경우
에는 “우리 시어른”, “우리 시백부 · 우리 시백모”, “우리 시중부 · 우리
시중모”, “우리 시숙부 · 우리 시숙모”라고 말해야 됩니다.

3-1. 아즈머님

여자가 시집가서 살다가 보면, 자주 뵈옵게 되는 사람이 시고모(媤姑母)입니다. 고모가 남자로 태어났다고 하면 나의 큰아버지도 되었을 뻔 한 사람입니다. 이러하기 때문에 여성계열로서는 어머니 다음으로 소중한 이가 백모·숙모가 되는 것이고, 그 다음으로 소중한 이가 고모가 되는 것입니다. 백모·숙모가 죽으면 작지 없는 1년 복(服)을 입게 되고 고모가 죽으면 대공복으로 아홉 달 복을 입게 되는 것이 그 무게를 말하는 것입니다. 한편, 며느리 쪽에서는 시백부, 시백모, 시숙부, 시숙모가 죽으면 대공복으로 아홉 달 복을 입게 되고, 시고모가 죽으면 소공복으로 다섯 달 복을 입게 되는 것입니다.

시고모를 두고 이야기하거나 또는 불러서 말할 경우, 언제나 ○○4) 아즈머님이라고 불러서 말을 해야 됩니다.

▲ 어머님, ○○아즈머님이 오십니다. 아즈머님, 방안으로 들어가서 절 받으시이소.

● 오냐, 그래. 자네가 시어른 모시고, 골몰이 많지. 우리 ○○5)댁이가 참으로 훌륭해. 효부이지, 진정할 일이야.

▲ 제가 그런 이름에 근방이라도 갈 수가 있습니까. 올 봄에 아즈머님 오실 줄 알았는데, 그 뒤에서 저희들이 그 소문을 들었습니다.

■ 얘야, ○○형님 점심상 차려라.

▲ 예, 어머님.

---

4) 고모에게 붙이는 ○○은 택호가 아니고 시집간 마을 이름이 되는 것입니다. 보기를 들면 "징기아즈머님", "홈실아즈머님"같이 되는 것입니다.
5) "댁" 앞에 붙은 ○○은 친정마을 이름이 되는 것입니다.

위에 든 보기말이 시고모에게 하는 말입니다. 흔히 품위가 없는
사람들이 "고모님, 오셨습니까"라고 말하는 것을 보게 되는데, 고모
라는 것은 부르는 이름이 아니고, 관계의 거리를 설명해 주는 "걸림
말"입니다. 이를테면, 그 곳까지가 3㎞가 된다는 그 단위 같은 것입
니다. 시할아버지의 누나이거나, 여동생이 되는 사람은 "○○할머님"
이라고 부르는 것입니다. 그 관계를 묻는 이가 있다고 하면, 그제사
"우리 시대고모" 또는 "우리 시왕고모입니다"라고 말하면 바르게 답
을 한 것이 됩니다.

　여기에 이르기까지 말한 것이 시조부·시조모, 시아버지, 시어미니,
그리고 시종조부·시종조모, 시왕고모, 시백부·시백모, 시숙부·시숙
모, 시고모에 대한 "부름말"이었습니다. 위에 적혀 있는 어른들과 헤어
져 있다가 뵈옵게 되면 반드시 집안으로 들어와서 또 마루에 올라와서
절을 해야 됩니다. 이것을 일컬어 "절인사"라고 하는데 그 "절인사"에
대한 것은 뒤에서 다루기로 하겠습니다.

3-2 아즈버님 – 아즈머님

　시아버지의 4촌 형제와 6촌 형제에게는 ○○6)아즈버님이라고 부
르고, 그의 아내에게는 ○○7)아즈머님이라고 부르는 것입니다. 보기
를 들면 다음과 같습니다.

▲ ○○아즈버님, 오셨습니까. (자기 자신)
● 어이, 자네는 언제쯤 왔던고. (시종숙)
▲ 예, 저는 어제 왔습니다. (자기 자신)
▲ ○○아즈머님, 오셨습니까. (자기 자신)

---

6) ○○은 장가 든 마을 이름이 됩니다.
7) ○○은 친정 마을 이름이 됩니다.

● 어이, 자네는 언제 왔던고. (시재종숙모)
▲ 예, 저는 어머님 모시고 어제 왔습니다.

시재종숙부(모)부터는 절인사를 하지 않고, "말인사"로 들어가는 것입니다. 그러나 남자의 경우는 반드시 절인사로 들어가야 합니다.

4-1 아즈뱀 – 되렴

남편의 형과 아우를 두고 이야기하거나 또는 불러서 말할 경우, 모두 "아즈뱀"이라는 부름말을 사용해야 됩니다. 다만 남편의 아우가 아직 장가를 들지 않았을 때는 "되렴"이라고 부르는 것입니다. 이 "아즈뱀", "되렴"이라고 부르게 되는 범위는 제한 없이 넓은 것이어서 18촌 아우가 되어도 아즈뱀이 아니면 되렴이라고 부르는 것입니다.

▲ 아즈뱀, 오셨습니까. 아버님은 안 오십니까?
● 예, 아버지는 내일 오십니다.
　그런데, 제수씨는 언제 여기에 왔습니까?
▲ 예, 저는 어제 서울에서 내려왔습니다.
▲ 어머님, ○○아즈뱀 오십니다.
　아즈뱀, 오십니까?
● 예, 아즈매는 그 동안 잘 계셨습니까?
▲ 되렴, 언제 갑니까.
● 아즈매, 나는 모래 새나 갈까 합니다. 아즈매는 언제쯤 올라옵니까?
▲ 큰되렴, 이것 가지고 가서 아버님께 드리십시요. 저는 모래 쯤 퇴원해서 그 날 집으로 들어갈 것입니다, 이번에 제가 아픈 바

람에 어머님 고생이 말이 아닙니다.

4-2 형님 – ○○댁

남편의 형수를 두고 이야기 하거나, 또는 불러서 이야기할 경우, 언제나 "형님"이라고 불러서 말을 해야만 됩니다. 남편의 제수를 두고 이야기 하거나, 또는 불러서 이야기할 경우, 언제나 ○○댁이라는 택호를 불러서 말을 해야만 됩니다.

미천한 사람들은 남편의 제수를 "동서"라는 말로 부른다고 하는데, 동서라는 것은 같은 형편에 놓여 있는 사위(同壻)를 뜻하는 걸림말입니다.

▲ 형님, 오셨습니까. 아즈뱀은 안 오십니까?

● 그래. 자네 시숙은 회사 일이 바빠서 오늘 밤차로 내려오려고 했네. 자네는 그 동안 잘 있었던가.

▲ 형님, 치마 색깔이 참 곱습니다.

● 자네 치마저고리 한 벌 사가지고 왔는데, 이것과 같은 것일세.

▲ ○○댁이 무슨 차로 왔는가. 아즈뱀은 안 오시는가? 자네 점심 먹었는가?

● 예, 형님, 저는 기차로 왔습니다. 형님 시동생은 학교일이 바빠서 오늘 못 오고 내일 아침차로 내려올 것입니다. 점심은 기차 안에서 먹었습니다. 제가 형님 치마저고리 한 벌 사가지고 왔는데, 형님 마음에 드실런지 모르겠습니다.

● 자네가 다달이 보내 주는 돈만 해도 많은데, 치마저고리까지 사가지고 왔으니, 고맙기는 하다마는 미안할 뿐이지.

▲ 아즈뱀 사업이 실패된 후 형님 시동생은 늘 걱정을 합니다. 다음 달부터는 3만원을 더 부친다고 합니다. 형님, 너무 걱정하지 마십시요.

4-3 형님 − ○서방댁(아씨)

남편의 누나를 두고 이야기하거나, 또는 불러서 이야기할 경우, 언제나 "형님"이라고 불러서 말을 해야만 됩니다. 남편의 여동생을 두고 이야기하거나 또는 불러서 이야기할 경우, 시집을 간 여동생에게는 ○서방댁이라고 불러서 말을 해야만 되고, 아직 시집을 가지 않은 처녀 여동생에게는 "아씨" 또는 "아가씨"라고 불러야 합니다.

▲ 형님, 오셨습니까? 몇 시 차로 나오셨습니까?

● 그래, 막차를 탔네. 자네는 그 동안 잘 있었던가, 동생은 몇 시에 집에 돌아오는가?

▲ 형님 동생은 매일 8시쯤 되어야 집에 들어오는데 오늘은 제가 전화로 형님 오셨다고 알리겠습니다.

▲ ○서방댁이 오는가. ○서방은 안 오고, 자네 혼자 오는가?

● 그래. 힝아, 그 동안 잘 있었나.

▲ 자네 오빠한테 전화 하마, 빨리 돌아오라고. 점심은 먹었던가?

▲ 아씨, 오늘은 학교 마치고 일찍 오게. 따신 점심 해 놓을게.

● 알았어, 힝아. 맛있는 것 나 많이 줘.

▲ 그럼, 그러구 말구.

● 힝아, 나 학교 간다.

여자에게는 "형"이 있고, "형님"이 있고, "힝아"가 있습니다. 시당에 "형님"이 있고, 친정당에 "형"과 "힝아"가 있게 됩니다. 친정 백남댁(伯娚宅)이나 중남댁(仲娚宅)을 부를 때는 반드시 "힝아"라는 부름말을 사용해야 됩니다. 그 "힝아"는 "새 힝아"의 준말입니다. 이곳에서는 시당에 있는 "형님"만을 다루는 곳이기에 친정당에 있는 "형과 힝아"를 두고 이야기할 형편이 아닙니다. 이 "힝아"에 대하여서는 종이를 달리하여 이야기하기로 하겠습니다.

여기에 이르기까지 다루어온 것이 8촌 안에 든 시친당 사람에게 사용해야 되는 "부름말"에 대한 것을 이야기해 왔습니다.

다음에는 8촌을 벗어난 시친당 사람들에게 사용해야 되는 "부름말"을 다룰 차례가 되었습니다.

1. ○○할배 - ○○할매

시조부와 항렬이 같으면, ○○할배라고 불러야 하고, 그 할배의 아내는 ○○할매라고 불러야 합니다. 시아버지와 항렬이 같으면 "○○아재"라고 불러야 하고, 그 아재의 아내는 "○○아즈매"라고 불러야 합니다. 다만 남편과 같은 항렬이 되면 8촌 안이거나, 8촌 밖이거나에 상관없이 한결 같이 "아즈뱀·되렴", "형님·○서방댁·아씨"라고 불러서 말해야 됩니다.

▲ ○○할배, 오셨습니까. ○○할배는 올해 환갑이 아니십니까?

● 예, 내 나이가 닳이 닥치기는 했으나, 나 같은 이가 환갑이라고 잔치를 해도 되겠습니까?

▲ 할배는 아들을 셋이나 두셨는데 무슨 말씀을 그렇게 하십니까?

● ○○댁이 들어 보소. 세상에 아들 없는 사람이 그리 흔합디까. 세상에 태어나서, 아무런 일도 해놓은 것이 없는 사람인데 내가 환갑잔치를 한다고 하면 남들이 웃을 것입니다.

▲ ○○할배가 그렇게 말씀하시면, 훗날 환갑잔치 할 사람이 몇이나 되겠습니까?

우리 아버님은 환갑잔치 않으시려고 하십니다. 저희들이 큰 걱정입니다. 할배가 우리 아버님 보시거든 잔치해야 된다고 권하여 주시이소. 우리 할아버님이 환갑 전에 돌아가셨기 때문에 아버님은 늘 그것을 슬퍼하시면서, "나는 환갑 못한다."라고 말씀하십니다. 우리 아버님은 남의 환갑잔치만은 가시지 않습니다. 아무튼 ○○할배만 믿습니다.

● 그 사람 주모가 대단한데, 내가 권한다고 될 리가 없읍니다.

▲ ○○할매, 오셨습니까. ○○할매는 명년이 환갑이라는 소문을 들었습니다.

● 예, 명년이 내 돌입니다, 그러나 나 같은 사람이 환갑잔치를 해도 남들이 손가락질 하지 않을까요?

▲ ○○할매가 환갑을 안 하시면, 앞으로 환갑 할 사람이 나오겠습니까? 아들이 다섯인데, 며느리를 넷 보았고, 손자가 아홉이나 되는데, ○○할매 같은 복노인이 어디에 그리 흔합니까.

● ○○댁이 들어 보소. 내가 아들이 다섯이나 되지마는 모두 저거끼리 나가 버리고 60이 되어도 그 정지구석을 면하지 못하는 주제에 무슨 이름으로 기꺼운 잔치를 벌리겠소. 설사 잔치를 벌린다고 하더라도 귀한 손님들이 오겠소.

2. ○○아재 - ○○아즈매

▲ ○○아즈매. 오셨습니까. 오래만입니다. 듣건대 ○○아재는 군수가 되셨다고 하던데, 어느 고을입니까?

● 예, ○○댁이 그 동안 잘 있었소. ○○고을인데, 올 봄에 한 번 다녀가소.

▲ ○○아재, 언제 오셨습니까?

● 예, 어제 왔습니다. ○○댁은 언제 나왔습니까?

▲ 예, 저도 어제 나왔습니다. 어머님 모시고 새벽차로 나왔습니다.

● ○○아즈매는 어데 갔습니까?

3. ○○아즈뱀 – 형님, ○○댁

　8촌을 벗어난 면복친 가운데, 남편의 형이거나, 남편의 아우(장가 든 사람)를 모두 ○○아즈뱀이라고 부르고, 남편의 형수는 "형님"이 라고 부르고, 남편의 제수는 ○○댁이라고 부릅니다. 이것은 복친 쪽 에서 다룬 바가 있습니다.

4. ○○양반 – ○○댁

　면복친 가운데 자기 남편보다 항렬이 낮은 남자를 두고 이야기하 거나, 불러서 말할 경우, "○○양반"이라고 불러야 합니다. 그리고 그의 아내는 "○○댁"이라고 불러야 합니다.

▲ ○○양반, 언제 왔소.
　○○댁도 같이 왔소,
● 예, 어제 왔는데, 그 동안 ○○아즈매는 잘 계셨소.
▲ ○○댁이가 서울서 왔다는데 가보자. ○○댁이 집에 있소.
● 아이구나, ○○할매가 아니십니까. 어서 방으로 들어가입시다. 근력이 늘 그만하십니까?
▲ 예, 아직 근력이라고 할 것 있겠소. ○○댁은 서울 가더니만 얼굴이 더 좋아졌소. ○○양반은 회사에 다닌다고 하지요. 이 번에 같이 못 왔소.
● 저의 나이도 이제 오십인데, 좋아질 리가 있겠습니까. 회사 일 이 바빠서 같이 못 왔는데, 내일 저녁에 올 것입니다. 그런데 ○○할매는 손부를 보셨다고 들었습니다.

　여기에 이르기까지 말한 것이 시당 가운데 가장 소중한 친당 사람들에게 사용해야 되는 "부름말"에 대한 것이었습니다. 자기 자신과 성씨가 같은 사람을 일가(一家)라고 하는데, 그 일가와 그 일가의 아내를 포함한 집단을 친당 또는 본종당(本宗黨)이라고 합니다. 이를테면, 할아버지와 할머니, 아버지와 어머니, 아들과 며느리, 손자와 손부, 그리고 종조부와 종조모, 백부와 백모, 숙부와 숙모, 종숙(모), 재종숙(모), 조카와 질부, 종질과 종질부, 재종질과 재종질부, 종손과 종손부처럼 뻗어나가는 집단을 일컬어 친당 또는 본종당이라고 합니다.

　성이 다르면서도 핏줄로 계산이 되는 사람을 척당(戚黨)이라고 합니다. 고모는 친당이 되지마는 그 고모가 낳은 아들딸은 척당이 되는 것입니다. 고종을 핏줄로 계산하면, 네 마디(4촌)라는 수효가 나오지마는 성이 다르기 때문에 척이 되는 것입니다.

　다음에는 시척당 사람들을 부르는 경우, 그 "부름말"에 대한 것을 다루기로 하겠습니다.

가. 외할아버님 – 외할머님

　남편의 외할버지와 외할머니를 두고 이야기하거나, 또는 불러서 말할 경우, "외할아버님", "외할머님"이라고 불러서 말을 해야 됩니다. "외할아버님", "외할머님"이라는 말에서 그 "외"라는 말을 빠뜨리고서 "할아버님", "할머님"이라는 말로 부르게 되면, 그 시외할아버지와 시외할머니는 깜짝 놀라게 됩니다. 왜냐하면, 자기 자신을 욕보이는 말을 들었기 때문에 놀라게 된 것입니다. 외할아버지와 외할머니에게는 방안에 들어가서 "절인사"를 해야 됩니다.

　▲ 외할아버님, 외할머님, 오셨습니까. 방안으로 들어가입시다.
　● 오냐, 너의 시어미는 어데 갔느냐?

▲ 예, 어머님 곧 오실 것입니다.

나. 외아즈버님 - 외아즈머님

남편의 외숙(외삼촌)을 두고, 이야기하거나, 또는 불러서 말할 경우, "외아즈버님"이라고 불러서 말을 해야 되고, 남편의 외숙모에게는 "외아즈머님"이라고 불러서 말을 해야 됩니다. 외가집 부름에서 "외"라는 말을 빠뜨리면 안 됩니다. 시외조부모와 시외숙, 그리고 시외숙모가 죽으면 자기 자신에게는 복(服)이 없습니다. 그러나 자기 남편은 외조부모와 외숙에게는 소공(小功)복으로 다섯 달 복을 입고, 외숙모에게는 시마(緦麻)복으로 석 달 복을 입게 되는 것입니다.

▲ 외아즈버님, 오셨습니까. 방안으로 들어가입시다.
● 그래, 자네는 그 동안 잘 있었던가.
▲ 외아즈버님, 오셨습니까. 방안으로 들어가입시다.
● 그래, 자네는 그 동안 시어른 모시고 잘 있었던가.
▲ 예, 저희들은 편히 있습니다마는, 요지음 어머님이 감기로 조금 편치 못하십니다.

다 - 1 아즈뱀 - 되렴

다 - 2 형님(남편형수) - ○○댁(남편제수)

다 - 3 형님(남편누나) - ○서방댁(남편여동생) 아씨

※ 귀한 손님

척당도 아니면서 자주 드나들 수 있는 손님이 있습니다. 그 손님으로 말하면, 왕고모남편·고모남편·누나남편·여동생남편·딸남편·손녀남편·질녀남편 들인데, 이들을 일컬어서 "우리 집에 장가 온 손님"이라는 뜻으로 취객(娶客)이라고 하며, 한편으로는 "귀한 손님"이라고 말들 합니다. 이 귀한 손님들은 모두 남자입니다. 이들은 핏줄로 맺어진 관계가 아니기 때문에 척당 속에 들지 못하는 것입니다. 자기 친당 여자들의 남편이 된 것뿐입니다. 남편과 아내 사이가 되는 것이기 때문에 때로는 불행하게 서로 헤어지는 수도 있습니다. 그리하여 처음에는 고모남편이 되었다가 어느 때에 가서는 고모남편이 되지 않기도 하고, 처음에는 누나남편이 되었다가 어느 때에 가서는 누나남편이 되지 않기도 하는 사람들입니다. 나의 왕고모·고모·누나·여동생·딸·손녀를 아내로 맞아 잘 살고 있기 때문에 "귀한 손님"이 되는 것이지마는 만약 나의 왕고모·고모·누나·여동생·딸·손녀와 헤어진 사나이라고 하면, 서로 만나기를 피하면서 마치 원수 보듯이 대하게 되는 사이가 되는 것입니다. 핏줄에 관계가 없으면 "할배"라든지, "아재"라든지, "형"이라고 부를 수가 없는 것이 원칙입니다. 그러나 나의 왕고모·고모·누나가 당신 집으로 갔으니까 아무쪼록 당신 집 혼신이 되도록 잘 보아 달라는 간절한 뜻에서 무엇인가 허름한 이름이라도 만들어서 그 사나이들이 기분 좋아하도록 불러 주자는 뜻에서 옛 어른들이 생각해 낸 것이 "새"를 앞에 놓고 부르기로 한 것입니다. 이 "새"는 새로운 질서 아래 나타난 사람이라는 것을 뜻하는 "새"입니다. 이렇게 해서 만들어 낸 것이 "새로운 질서에서 나타난 할배", "새로운 질서에서 나타난 아재", "새로운 질서에서 나타난 형"이었습니다. 새로운 질서에서 나타난 할배를 줄인 말이 "새 할배"이고, 새로운 질서에서 나타난 아재를

줄인 말이 "새 아재"이고, 새로운 질서에서 나타난 형을 줄인 말이
"새 형" 또는 "새 힝아"입니다. 이 사람들이 할배가 될 리가 없고,
아재가 될 리가 없고, 형이 될 리가 없기 때문에 앞에다가 "새"를
붙이는 것입니다. 한편으로 보면, 이것이 "가짜 할배", "가짜 아재",
"가짜 형"이라는 뜻도 되는 "새"입니다. 남자의 경우 왕고모남편을
"새 할배"라고 부르고 ,고모남편을 "새 아재"라고 부르고, 누나남편
을 "새 형, 새 힝아"라고 불러야 하는 것입니다. 이것은 참으로 온
당한 부름말인데, 이 "새"를 생각해 낸 것을 보면, 옛 어른들의 고
심을 엿볼 수 있습니다.

　시집간 며느리로 말할진대, 시왕고모남편을 "새 할아버님"이라고
부르고, 시고모남편을 "새 아즈버님"이라고 부르고, 시누나남편을
"새 아즈뱀"이라고 불러야 합니다.

　▲ 새 할아버님, 오셨습니까? (자기 자신)

　● 예, 그 동안 잘 계셨습니까? (시왕고모남편)

　▲ 새 아즈버님, 오셨습니까? (자기 자신)

　● 예, 처질부도 그 동안 잘 계셨습니까? (시고모남편)

　▲ 새 아즈뱀, 오셨습니까? (자기 자신)

　● 예, 처남댁도 그동안 잘 계셨습니까? (시누나남편)

　여동생남편과는 서로 벗이 되는 것입니다. 그리하여 ○서방이라고
부릅니다. 이쪽에서 ○서방이라고 부르면, 저쪽에서는 처남(妻娚)이
라고 부르면서 서로 사이좋은 벗이 되는 것입니다. 시여동생남편에
게는 ○서방이라고 불러야 됩니다.

　▲ ○서방, 오셨습니까? (자기 자신)

　● 예, 처남댁, 물 한 그릇 주세요. 그리고 처남은 어데 갔습니까?

(시여동생남편)

▲ ○서방 처남은 어제 대구에 나갔는데, 오늘 돌아 올 것입니다.
(시여동생남편)

▲ ○서방, 왔는가. 집은 다 편한가? (자기남편)

● 어이, 처남은 무슨 일로 대구에 갔던가? (시여동생 남편)

▲ ○서방, 자네는 그 소리를 어데서 들었는가?

● 처남댁한테서 들었네.

사위 · 손서 · 질서를 부를 때도 ○서방이라고 불러야 합니다.

▲ ○서방, 왔는가. 자네는 무슨 차로 왔는가? 집은 다 편한가?
(자기 자신)

● 예, 오후 차로 왔습니다.
장조모(丈祖母)님, 그 동안 편히 계셨습니까? (손서)

▲ ○서방, 왔던가. 자네는 언제 서울서 나셨던고 사장어른 근력
이 좋으신가? (자기 자신)

● 예, 우리 할머니 근력이 좋으십니다. 오늘 아침 기차로 나셨는
데 이제 닿았습니다. 그 동안 장모님 편히 계셨습니까? (사위)

▲ ○서방, 왔소. 곁사돈 근력이 늘 그만하십니까? (자기 자신)

● 예, 어른 근력이 장 그러합니다. 처백모님, 그 동안 편히 계셨
습니까? (질서)

"새 아재"라고 불러야 되는 고모남편을 두고 "고모아버지"라고 부
르는 볼품없는 사람들이 간혹 있다고들 합니다. 고모아버지는 자기
자신의 할아버지가 되는 것인데, 고모남편을 자기 할아버지라고 했
으니, 이것은 할아버지를 욕되게 만드는 소리입니다. 아버지 · 어머니
는 이 세상에 하나뿐이고, 아버지 · 어머니 앞에 무슨 말이 붙을 수
있는 이는 큰아버지, 둘째아버지, 적은아버지와 큰어머니, 둘째어머

니, 적은어머니가 있을 뿐, 다른 어떤 곳에서도 아버지·어머니라는 말을 사용해서는 안 되고, 사용할 곳이 없다는 것을 명심해야 됩니다. 또 볼품없는 사람들이 "새 아재"라고 불러야 되는 자리에 "고모 아재"라고 부르는 이도 간혹 있다고들 합니다. 고모의 아재는 나의 친당 할배가 됩니다. 또 앞뒤를 모르는 사람들은 "고모부님 오셨습니까"라는 말을 한다고들 합니다. 고모남편을 정확하게 번역한 것이 고모부(姑母夫)이거늘, 그 고모남편(고모부)이라는 것은 관계를 밝혀 주는 "걸림말"일뿐, 부르는 "부름말"이 아니라는 것을 명심해야 합니다. 이것은 시집간 여자에게 해당되는 것은 아니나, 그 여자도 자기 친정에 가면 고모남편이 있기 때문에 여기에서 조금 다루었던 것입니다.

끝으로 이야기하고 넘어갈 것은 남편과 아내 사이는 서로 부르는 "부름말"이 없도록 되어 있다는 것을 강조하고자 하는 바입니다.
남편과 아내 사이에 있어서 이야기할 일이 있으면, 서로 곁에 가서 귀속 말로 다정스리 소곤거리라는 뜻에서 그렇게 된 것인데, 이것은 참으로 아름답고도 교묘한 것이었습니다. 왜노(倭虜)들은 자기 아내의 이름을 큰 소리로 부르면, 그 왜녀(倭女)들은 급히 달려가서 절을 하고는 남편의 명령을 받든다고들 합니다. 남편과 아내 사이가 마치 상전과 종의 사이로 되어 있는 것이 왜놈 풍속입니다.
오늘날 우리나라에서 자기 아내를 보고 큰 소리를 질러서 말하는 이가 있다고들 하는데, 이것이 바로 왜풍(倭風)입니다. 요즈음 남편과 아내 사이에 있어서 "여보"라는 소리로 불러서 말하는 이가 있다고들 하는데, 이것 역시 왜풍입니다. "여보"라는 말은 길가는 사람 가운데, 늙은이가 젊은 사람을 부르는 부름말입니다. 남편이 높고 아내가 낮은 것으로 되어 있는 왜놈오랑캐의 풍속이 언제부터 우리나라에 들어오게 되었느냐 하면, 19세기 병자년(1876년)이 그 기점이 됩니다. 사람으로 따지면, 19세기 후반기에서부터 20세기 전반기 사이에 있었던 미천한 일본유학생들이 앞장서서 그 왜풍을 자기 집으로 끌고 들어간 것입니다. 요컨대, 남존여비의 왜놈오랑캐 풍속이 들어 있는 집은 하루 속히 그 왜풍을 물리치고, 서로 부르는 "부름말"이 없이 곁에 가서 귀속 말로 다정스리 소곤거리게 되어 있는 우리의 아름다운 전통을 되찾아야 합니다.

자기 남편을 시어른들께 이야기할 경우에는 언제나 한결같이 끌어내는 임자말이 없이 바로 하고자하는 이야기로 들어가야 합니다. 보기를 들면 다음과 같습니다.

▲ 아버님, 방금 전화가 왔는데, 오늘도 퇴근 시간이 조금 늦어질 것이라고 합니다.

● 오냐, 알았다. 야근 수당이라도 준다고 하더냐.

▲ 야근 수당이 있다는 이야기를 저는 들은 바가 없습니다. 아마 그런 것도 없는 모양입니다.

남편의 형제자매에게 이야기할 경우에는 언제나 듣는 이를 중심으로 하여 임자말을 만들어 나가야 됩니다. 이를테면, "아즈뱀의 형이", "아즈뱀의 동생이", "되렴의 형이", "형님의 동생이", "자네 오빠가", "자네 시숙이", "형님의 시동생이"라는 말로써 자기 남편을 임자말로 삼아야 되는 것입니다. 여기에서 글자로 적다가 보니까, "아즈뱀의 형이"라고 되었지마는 실제 말하기에서는 그 "의" 소리는 내지 않는 것입니다. 보기말을 만들면 다음과 같습니다.

▲ 아즈뱀, 하루 더 쉬셨다가 내일 가시도록 하시이소. 아즈뱀 동생은 오늘 오후에 돌아올 것입니다.

아즈뱀, 내일은 제가 더 붙들지 않겠습니다. (자기 자신)

● 제수씨 아시다시피 오늘 내가 대구까지는 꼭 내려가야 합니다. 그렇게 되어야 내일 일을 볼 수가 있습니다. 동생을 못보고 가는 것이 서운하기는 하나, 일이 꼭 그렇게 되었습니다. 동생 오거든 올해 한식절사 때는 내려오라고 일러 주이소. (남편의 형)

● 아즈매, 형님 퇴근이 왜 이렇게 늦습니까? 10시가 되었는데요. (남편의 아우)

▲ 글쎄 말입니다. 아즈뱀 형은 매일 8시에는 집에 들어오는데, 조금 걱정입니다. 무슨 일이 있는 모양입니다. (자기 자신)

▲ 되렴, 오늘 아침에 되렴 형이 학교에 나가면서, 되렴 책값이라고 5만원 주고 갑디다. (자기 자신)

● 아즈매, 책값은 4만원만 하면 됩니다. (남편의 아우)

▲ 책값하고 남는 돈은 되렴 용돈으로 쓰세요. (자기 자신)

● 새댁, 오늘 저녁에는 콩죽 끓여 먹자. 동생도 콩죽을 즐기네. (남편누나)

▲ 예, 형님 그렇게 하겠습니다. 형님동생도 발시부터 콩죽 먹고 싶다고 합니다. (자기 자신)

● 힝아, 오늘 아침에 보니 오라버니가 밥을 통 맛있게 자시지 않데. (남편의 여동생)

▲ ○서방댁이, 자네가 잘 보았네. 자네오빠가 요지음 무척 여윈 것 같아. 병원에 가보라고 해도 곧이들어야지 뭐. 저녁에 오거든 자네가 권하여 보게. (자기 자신)

▲ 형님, 형님 시동생이 간밤에 토사광란을 만나서 지금 병원에 가는 길입니다. (남편의 제수)

● 뭐라고 아즈뱀이, 어제 저녁에 놀다가 갔는데. 자네 시숙한테 내가 전화해 놓고 나갈 터이니까 자네는 빨리 서두르게. (자기 자신)

▲ ○○댁이 오는가. 자네는 고사리나물 좀 장만하게. 아즈뱀은 오늘 일찍 온다고 하던가. 자네 시숙은 6시에 집에 들어온다

고 하네. (자기 자신)

● 예, 형님, 형님 시동생도 6시에 큰집으로 온다고 했습니다. 형
님, 지난번 아즈뱀 그 일은 잘 되어 갑니까? (남편의 제수)

남편보다 아랫사람들에게 이야기할 경우에도 언제나 듣는 이를 중
심으로 임자말을 만들어나가야 합니다. 이를테면 "너의 할아버지가",
"너의 아버지가", "너의 큰아버지가", "너의 아재가", "너의 시어른
이", "너의 시백부가"라는 말로써 자기 남편을 끌고 나와서 임자말
로 삼아야 되는 것입니다. 보기를 들면 다음과 같습니다.

● 할머니, 할아버지 어데 가셨습니까? (손자)

▲ 너의 할아버지 책 일로 대구에 가셨다. (자기 자신)

● 어머니, 돈 5천원 쓸 일이 있습니다. (아들)

▲ 너의 아버지 오시거든 이야기 해 보아라. (자기 자신)

● 큰어머니, 큰아버지 오늘 오십니까? (조카)

▲ 너의 큰아버지 내일이라야 오시게 될 것이다. (자기 자신)

● 아즈매, 아재 어디에 가셨습니까? (종질)

▲ 너의 아재, 오늘 서울 가셨다. (자기 자신)

● 어머님, 오늘 아버님 돌아오신다고 하셨는데, 아직도 안 오십
니다. 제가 나가 보겠습니다. (며느리)

▲ 애야, 내가 듣기로는 너의 시어른 내일 오신다고 들었다. (자기 자신)

● 큰어머님, 큰아버님 오늘 돌아오십니까? (질부)

▲ 너의 시백부, 일이 잘되면 오늘 돌아오시게 될 것이다. (자기
자신)

이 경우에 "너"를 빠뜨리면 안 됩니다. 그리고 남편과 아내사이는
다 함께 부르는 "부름말"이 없기 때문에 남편이 자기 아내를 두고

이야기할 경우도, 아내가 자기 남편을 두고 이야기할 경우와 똑같게
됩니다.

Ⅱ. 걸림말

  어느 집 며느리가 그의 시당 사람들과 함께 어느 잔치에 갔었는
데, 마침 그곳에 이 며느리만을 아는 이가 있었다고 가정합시다. 그
사람이 이 며느리를 불러내어서 묻기를, 함께 온 사람이 누구냐고
물었을 경우, 이 며느리가 그 시당 사람들을 어떻게 말해야 되는지
에 대하여 이야기하고자 합니다.
  저 사람이 누구냐고 물었을 때 그에 대한 답은 나로부터 그 사람에
걸리는 관계를 말하면 됩니다. 이 경우 관계라는 것은 나로부터 그 사
람 사이의 거리를 말하는 것이 됩니다. 어떤 관계를 설명해 주는 낱말
을 "걸림말"이라고 합니다. 이 며느리가 바르게 답하는 말을 낱낱이
보기로 들고 그것을 설명해 나가는 차례로 이야기하겠습니다.

  ① 우리 시집 일가입니다.
    우리 시가 집안입니다.

  일가(一家)라는 말은 한집이라는 뜻인데, 그것은 성(姓)이 같은 사
람 가운데 족보를 함께 하는 사람을 두고 모두 일가집이라고 말하는
것입니다. 일가의 범위는 매우 넓은 것으로 세월이 흘러 갈수록 많
이 벌어지게 됩니다. 윗대 할아버지가 서로 같다고 하더라도 일가가
되지 못하는 수가 있습니다. 윗대 할아버지는 서로 같으나 중간에
내려 와서 서로 세계를 잊어 버렸을 경우는 서로 일가라고 하지 않
고 종씨(宗氏)가 된다고 말하는 것입니다. 시조가 있고 그 동안 잊어

버렸다가 중간에 와서 분명하게 되어졌을 경우, 그 중간 할아버지를
"중시조"라고 합니다. 일가라는 말 대신에 "집안"이 된다 라고 말해
도 무방합니다.

② 우리 시가 척당입니다.

성이 다르면서 핏줄로 계산이 되는 사람들을 모두 일컬어서 척당
(戚黨)이라고 말합니다. 외가집 사람들과 고모아들(딸), 고모손자(손
녀), 그리고 이모와 이모아들(딸)까지를 포함한 사람들을 일컬어 척
이라고 합니다. 고모는 친당이고, 고모아들은 척이 되며, 고모남편은
아무 것도 되지 않는 "귀한 손님"이라는 곳에 주의가 필요합니다.
친당이 되는지, 척당이 되는지, 그것만을 알고자 하는 이가 있습
니다. 그러한 경우, 시척당이라고 답하면 됩니다.

③ 우리 시조부입니다.
  우리 시조모입니다.
  우리 시왕고모입니다.
④ 우리 시종조부입니다.
  우리 시종조모입니다.
  우리 시종왕고모입니다.
⑤ 우리 시어른입니다.
"우리 시아버지입니다"라든지, "우리 시어머니입니다"라고 말해도
무방하나, 그것 보다는 "우리 시어른입니다"라고 말하는 것이 품위
가 있는 말이 됩니다.

⑥ 우리 시백부입니다.
  우리 시백모입니다.

우리 시숙부입니다.

우리 시숙모입니다.

우리 시고모입니다.

⑦ 우리 시숙입니다.

우리 손위 동서입니다.

우리 시동생입니다.

우리 손아래 동서입니다.

우리 시누이입니다.

우리 손아래 시누이입니다.

⑧ 우리 시종숙입니다. (시 5촌숙)

우리 시종숙모입니다.

우리 시종고모입니다.

⑨ 우리 종시숙입니다. (시 4촌형)

우리 손위 종동서입니다.

우리 종시동생입니다.

우리 손아래 종시누입니다.

⑩ 우리 시재종숙입니다. (시 7촌숙)

우리 시재 종숙모입니다.

우리 시재종고모 입니다.

⑪ 우리 재종시숙입니다. (시 6촌형)

우리 재종동서입니다.

우리 재종시누입니다.

⑫ 우리 삼종시숙입니다. (시 8촌형)

우리 삼종동서입니다.

우리 삼종시누 입니다.

위에서 말한 것이 시친당을 설명할 때 동원되는 걸림말이었습니

다. 한편, 이 며느리에게는 자기도 모르는 사이에 시집이라는 것이
서서히 바뀌게 되어 우리집이 되며, 자기도 며느리를 보고, 손부를
보게 됩니다. 그리하여 자기 자신의 아랫대는 시당이 아니고 우리집
또는 내집이 되는 것입니다. 다음에는 “우리집”이 되었을 때 사용해
야 되는 “걸림말”을 야기하기로 하겠습니다.

⑬ 우리 아들입니다.
　우리 며느리입니다.
　(우리 자부입니다.)

아들의 아내를 정확하게 번역한 것이 자부(子婦)이고, 아들의 아내
를 뜻하는 낱말이 며느리입니다. 이렇고 보면 설명 쪽 말보다 낱말
쪽 말을 사용하는 것이 더 절실한 것으로 보입니다.

⑭ 우리 딸입니다.
　우리 딸 ○실입니다.
⑮ 우리 손자입니다.
　우리 손부입니다.

손자의 아내를 정확하게 번역한 것이 “손부(孫婦)”입니다. 부(婦)
라는 글자의 뜻은 “아내”를 뜻하는 아내 부(婦)자입니다. “우리 손부
이다”라고 말해야 될 것을 “우리 손자며느리이다”라고 말하는 사람
이 있다고들 합니다. “손자며느리”라는 말도 없지마는, 굳이 “손자며
느리”라고 하게 되면, 그것은 손자의 며느리를 뜻하는 것인데, 손자
의 며느리는 나의 증손부가 되는 것입니다. “손자며느리”라는 해괴
망측한 소리가 나온 것은, 아마도 미천한 사람들이 “손부”라는 말을
들은 바는 있어서, 그 부(婦)라는 글자가 아내 부(婦)자임을 모르고,

며느리 부인 줄 알고서 "손부"를 "손자며느리"라고 번역한 데서 나
온 상 바릅니다.

　⑯ 우리 손녀입니다.
　　우리 손녀 ○실입니다.
　⑰ 우리 조카입니다.
　　우리 질부입니다.

　조카의 아내를 정확하게 번역한 것이 "질부(姪婦)"입니다. "우리
질부이다"라고 말해야 될 것을 해괴하게도 "우리 조카며느리이다"라
고 말하는 사람이 있다고들 합니다. "조카며느리"라는 말도 없는 것
이지마는, 굳이 "조카며느리"라고 하게 되면, 그것은 조카의 며느리
를 뜻하는 것인데, 조카의 며느리는 나의 종손부가 되는 것입니다.
"조카며느리"라는 해괴망측한 소리가 나온 것도 그 미천한 사람들이
"질부"라는 말을 들은 바는 있고 해서 그 부라는 글자가 아내 부
(婦)자임을 모르고, 며느리 부인 줄 알고서 "질부"를 두고 "조카며느
리"라고 번역한 데서 나온 상 바릅니다. "아들"이라는 말이 아버
지·어머니에게 만이 걸리는 "걸림말"이요, "며느리"라는 말이 시아
버지·시어머니에게 만이 걸리는 "걸림말"이라는 것을 똑똑히 알아
야 합니다. "손자며느리"라든지, "조카며느리"라는 망측스런 말을 사
용하게 되면 그 말을 사용하는 사람자신이 미천한 곳에서 자라난 사
람이라는 것을 스스로 폭로해 주는 셈이 됩니다. 법가집 사람들은
이런 망측스런 말을 듣게 되면, 곧장 이마살을 찌푸리면서 그 자리
를 빨리 떠날 차비를 차리게 됩니다. 그것은 더불어 상대할 사람이
되지 않기 때문에 그렇게 하는 것입니다.

　⑱ 우리 질녀입니다.

　　우리 질녀 ○실입니다.
⑲　우리 종질입니다.
　　우리 종질부입니다.
　　우리 종질녀입니다.
　　우리 종질녀 ○실입니다.
⑳　우리 재종질입니다.
　　우리 재종질부입니다.
　　우리 재종질녀입니다.
　　우리 재종질녀 ○실입니다.
㉑　우리 종손입니다.
　　우리 종손부입니다.
　　우리 종손녀입니다.
　　우리 종손녀 ○실입니다.
㉒　우리 재종손입니다.
　　우리 재종손부입니다.
　　우리 재종손녀입니다.
　　우리 재종손녀 ○실입니다.

　친당의 경우, 촌수로 말해서 **8**촌을 벗어나면, 범칭집안이라고 말합니다. 한편, **8**촌을 벗어나면 복(服)이 없어집니다. 그리하여 **8**촌 안에 든 사람을 복내(服內) 또는 복친(服親)이라고 말합니다.

　8촌 안에 든 사람 사이는 서로 수효로 그 관계를 설명하지 않기로 되어 있습니다. 이를테면 "**1**촌, **2**촌, **3**촌, **4**촌, **5**촌, **6**촌, **7**촌, **8**촌"이라는 말을 사용해서는 안 된다는 것입니다. 이러하기 때문에 **8**촌 안에 들어가는 사람과 자기 사이의 관계를 나타내는 "걸림말"을 잘 익혀서 사용할 줄 알아야 합니다.

　8촌을 벗어나면, 그 사이의 관계를 나타내는 "걸림말"이 없습니다.

이것을 다른 말로 바꾸면, 복(服)이 있는 사람에게는 "걸림말"을 사용해야 되고, 복이 없는 사람에게는 수효(촌수)로 그 관계를 나타내도록 되어 있는 것입니다. 복(服)이라는 것은 죽음에 대하여 서로 책임을 진다는 것인데, 그 책임은 시간으로 따지게 되어 있습니다.

다음에는 8촌을 벗어난 시친당 사람들을 설명할 때 사용하는 "걸림말"에 대하여 이야기하기로 하겠는데, 그 보기말은 다음과 같습니다.

㉓ 우리 시가 집안입니다.
　우리 시가 집안 할매입니다.
　우리 시가 집안 할배입니다.
　우리 시가 집안 아재입니다.
　우리 시가 집안 아즈매입니다.
　우리 집안 시숙 벌 됩니다.
　우리 집안 시동생 벌 됩니다.
　우리 집안 시누 벌 됩니다.
　우리 시가 집안 웃대 딸입니다.

한편, 자기 아랫대를 설명할 경우에는 시당(시가)이라는 말이 빠지고, 바로 "우리 집안"이라는 말로 들어가야 됩니다.

㉔ 우리 집안 조카 벌 됩니다.
　우리 집안 질녀 벌 됩니다.
　우리 집안 아랫대 딸네입니다.
　우리 집안 손가 벌 됩니다.
　우리 집안 손녀 벌 됩니다.

다음에는 시척당 사람들에 대한 걸림말을 이야기 할 차례가 되었습니다.

① 우리 시외조부입니다.
　우리 시외조모입니다.
② 우리 시외삼촌입니다.
　우리 시외숙모입니다.

외조부·외조모·외숙이 죽으면 소공복으로 다섯 달 복이 있고, 외숙모가 죽으면 시마복으로 석 달 복이 있으나, 며느리 편에서는 시외조부·시외조모·시외숙·시외숙모에게는 모두 복이 없습니다.

③ 우리 시외사촌입니다.
　우리 시외사촌 형(남편의 외종 형수)입니다.
　우리 시외사촌 댁(남편의 외종 제수)입니다.
④ 우리 시외사촌 누이입니다.
　우리 시외사촌 ○서방댁입니다.
⑤ 우리 시고종입니다.
　우리 시고종 형(남편의 고종 형수)입니다.
　우리 시고종 댁(남편의 고종 제수)입니다.
⑥ 우리 시고종 누이입니다.
　우리 시고종 ○서방댁입니다.
⑦ 우리 시이모입니다.
⑧ 우리 시이종 형입니다.
　우리 시이종 댁입니다.
　우리 시이종 누이입니다.
　우리 시이종 ○서방댁입니다.
⑨ 우리 생질입니다.
　우리 생질부입니다.
⑩ 우리 생질녀입니다.

우리 생질녀 ○실입니다.
⑪ 우리 시이질입니다.
　우리 시이질부입니다.
⑫ 우리 시이질녀입니다.
　우리 시이질녀 ○실입니다.
⑬ 우리 시외사촌 아들입니다.
　우리 시외사촌 며느리입니다.
⑭ 우리 시외사촌 딸입니다.
　우리 시외사촌딸 ○실입니다.
⑮ 우리 시고종 아들입니다.
　우리 시고종 며느리입니다.
⑯ 우리 시고종 딸입니다.
　우리 시고종 딸 ○실입니다.
⑰ 우리 시이종 아들입니다.
　우리 시이종 며느리입니다.
　우리 시이종 딸입니다.
　우리 시이종 딸 ○실입니다.

　여기에 와서 시척당 사람에 대한 "걸림말"이 모두 끝났습니다. 이
대목을 마무리하면, 며느리 편에서는 자기 시척당 사람에게는 아무
에게도 복(服)을 입지 않습니다. 시척당에게는 복(服)이 없다는 말은
위에 적혀 있는 시척당 사람이 죽었을 때 울지 않아도 된다는 것입
니다. 울지 않아도 된다는 것은 그 죽음에 책임이 없다는 뜻입니다.
가기 자신은 복이 없더라도 자기 남편에게는 외조부모(다섯 달)·외
숙(다섯 달)·이모(다섯 달)·생질－생질녀(다섯 달)에게는 소공복(5
월)이 있고, 외숙모(석 달)·외종형제자매(시집가면 없음)·고종형제
자매(시집가면 없음)·이종형제자매(시집가면 없음)에게는 시마복(3

월)이 있기 때문에 자기 남편은 그 죽음 앞에 달려가서 반드시 울어
야 됩니다.

다음에는 "귀한 손님"을 다루기로 하겠습니다. 이 손님은 모두가
우리집에 장가 든 사나이들이기 때문에 이들을 범칭 일컬어 취객(娶
客)이라고 합니다.

① 우리 시왕고모남편입니다.
② 우리 시고모남편입니다.

고모남편을 정확하게 번역한 것이 고모부(姑母夫)입니다. 이 고모
남편을 두고 볼품없는 사람들은 "고모아버지"라고 말한다는 소리가
들립니다. 이들의 말하기를 짐작컨대, "고모부"라는 소리를 들은 바
는 있는데, 그 부(夫)자가 남편 부(夫)자인 줄 모르고, 아비 부(父)자
만 아는 사람이 그렇게 욕된 소리를 생각해 낸 것이라고 보여 집니
다. 이러하기 때문에 "고모부"라는 걸림말보다는 "고모남편"이라는
분명한 걸림말을 사용하는 것이 좋습니다.

③ 우리 시종고모남편입니다.
　 우리 시재종고모남편입니다.
④ 우리 시누남편입니다.
⑤ 우리 종시누남편입니다.
　 우리 재종시누남편입니다.
⑥ 우리 손서입니다.
　 우리 사위입니다.
⑦ 우리 질서입니다.
　 우리 종질서입니다.

우리 재종질서입니다.

Ⅲ. 촌수말

두 사람 사이에 놓여 있는 혈통의 마디를 수효로 표시하는 것을 촌수말이라고 합니다. 이를테면, 아버지와 어머니는 서로 촌수가 없는 사람입니다. 촌수가 없다는 것은 핏줄에 아무런 관계가 없는 사람들이라는 것입니다. 남남끼리 만나서 아들(딸)을 낳으니, 그 아들(딸)에게 아버지가 되고 어머니가 된 것입니다, 그리하여 아버지와 아들, 어머니와 아들 사이가 비로소 1촌이 되는 것입니다. 1촌과 1촌끼리의 사이는(1촌+1촌=2촌) 2촌이 됩니다. 마디 하나가 1촌이 되어 나가는 셈본으로 3촌·4촌·5촌·6촌·7촌·8촌, 그리고 9촌·10촌, 36촌으로 셈이 되어 나갑니다. 위 할아버지를 중심으로 셈을 해보면, 고조가 같으면 서로 8촌 형제가 되고, 증조가 같으면 서로 6촌 형제가 되는 것이고, 할배가 같으면 서로 4촌 형제가 되고, 아버지가 같으면 서로 2촌 형제가 되는 것입니다.

친당 사람이나, 시친당 사람들을 부를 경우, 이 촌수말을 사용해서는 안 됩니다. 이것은 피의 마디를 셈할 때만이 사용되는 촌수말이기 때문에 그러합니다. 그리고 두 사람 사이의 관계를 설명할 경우, 8촌 안에 든 시친당―우리당 사람에게는 촌수말로 그 관계를 나타내어서는 안 됩니다. 죽음에 대하여 서로 책임을 지게 될 사람들끼리는 촌수말을 사용해서는 안 됩니다. 이를테면, 시종조부(모), 시재종조부(모), 시백부(모), 시숙부(모), 시종숙, 시재종숙, 시숙, 조카, 질부, 종질·종질부, 재종질·재종질부, 종손·종손부, 재종손·재종손부라는 걸림말을 사용해야 됩니다.

오늘날 미천한 사람들이 "3촌 오신다"라는 말들을 한다고 합니다.

옛날에 "서 3촌"을 부를 때 "3촌아", "3촌 오셨습니까"라고 했습니다. 그 서 3촌으로 말하면, 일생토록 조카들로부터 "아재"라는 부름소리 한 번 들어보지 못한 총각시절을 보내게 되었으며, 장가를 들어서도 "적은아버지"라는 부름소리 한 번 들어보지 못하고 언제나 수효로 따지는 "3촌" 소리만을 들으면서 늙어갔던 것입니다. 조카 쪽에서는 "아재"라고 부르기도 무엇하고, "적은 아버지"라고 부르기에는 너무도 과분하여 마침내 생각해낸 것이 3촌이었던 것입니다. 이것은 부름말이 아니고, 피마디를 셈하여 보니 세 마디짜리 되는 사람이라는 뜻으로 불렀던 것이 "3촌 오셨습니까"였던 것입니다. "3촌 오신다"라는 말은 "피마디 3이 오신다"라는 말의 뜻입니다. 이것은 복내에서 촌수말을 사용해서는 안 되는 보기로 들었을 뿐입니다.

그러나 8촌을 벗어난 사람에게는 걸림말이 없기 때문에 촌수말을 사용해서 그 사이의 거리를 나타내기도 합니다.

Ⅳ. 등급말

배달말은 공경어가 발달이 되어있기 때문에 부덕을 쌓아가는데, 좋은 점이 많이 있는가 하면, 그것을 잘못 사용하면 도리어 망신을 당하는 일도 많습니다.

배달말의 등급에는 다섯 가지가 있습니다. 그 다섯 가지는 "습니다말", "하소말", "반말", "하게말", "해라말"들입니다. 이 다섯 가지 말의 사용처를 알면, 어떤 어려움도 없게 되는 것입니다. 그것을 갈래 지워서 이야기하기로 하겠습니다.

① 습니다말

배달말에서 상대를 가장 높이는 말이 "습니다말"입니다. 배달말의 등급은 말하기의 끝소리에서 결정되는 것인데, 그 말하기의 끝소리가 "습니다(ㅂ니다)"로 끝나는 것이 가장 높이는 말이 됩니다. 이 "습니다말"에는 반드시 그 앞에 "시"를 넣어야 되며, 자기 자신은 "저"라고 해야 됩니다. 남편의 형과 형수, 그리고 남편의 누나에게도 이 "습니다말"을 해야 됩니다.

(시어머니); 얘야, 너, 가위 어데 두었노.
(며느리); 예, 어머님, 제가 찾겠습니다.

(자기 자신); 형님, 그 일은 제가 하겠습니다.
(남편형수); 이 일은 내가 할 터이니 자네는 호박나물 볶게.

(자기 자신); 형님, 오셨습니까.
(남편 누나); 그래, 자네는 잘 있었던가.
(며 느 리); 아버님, 저희 친정 밖 노친이 오늘 대구에 오실 일이
　　　　　　있다는 소식이 왔습니다.
(시아버지); 그래, 사돈이 오신다고. 알았다.
(며 느 리); 그리고 아버님, 저희 친정 백남이 따라온다고 합니다.
(시아버지); 사하생이 사돈 모시고 온다 말이지. 기특해.
(며 느 리); 어머님, 오늘 저희 친정 안 노친이 대구에 오실 일이
　　　　　　있다는 전화가 왔습니다.
(시어머니); 그래, 사돈이 오신다고. 점심 준비를 서둘러라.
(며 느 리); 그리고 어머님, 저희 백남댁이 따른다고 하는데, 백남
　　　　　　댁이 우리 집에 올런지는 모르겠습니다.

(시어머니); 너의 백남댁도 오시라고 해라. 시누 집에 오는 것이 흠이 되지는 않는다. 귀한 손님이다.

② 하소말―하요말

상대를 많이 높이지 않고, 조금 올려 주는 말이 "하소말" 또는 "하요말"입니다. 말하기의 끝소리가 "소" 또는 "요"로 끝나는 말을 "하소말" 또는 "하요말"이라고 합니다. "하소말"과 "하요말"은 반말과 비슷한 것이어서, 손위 어른들에게는 절대로 사용해서는 안 되는 말입니다. 시동생, 손아래 시누남편, 질서에게는 이 "하소말", "하요말"을 사용해야 됩니다.

(자기 자신); 아즈뱀, 오셨소.
(남편의 아우); 예.
(자기 자신); 술 한 잔 가지고 올까요.
(남편의 아우); 무슨 술이요? 좋은 술이거든 가지고 오소.
(자기 자신); 아즈뱀도 제가 나쁜 술을 주겠소. 법주요.
(남편의 아우); 아즈매, 꽁치를 꾸어 가지고 오소.

(자기 자신); ○서방, 왔소. 사장어른 근력이 좋으신가요?
(손아래 시누남편); 예, 그러합니다.
(자기 자신); ○서방, 술을 한 잔 드릴까? 사이다를 드릴까요?
(손아래 시누남편); 처남댁도 마음이 변했네요. 처갓집에 와서 사이다 마시는 사람 보았소. 처남 마시는 그 좋은 술 한 잔 주소.
(자기 자신); ○서방은 소주공장 사장이면서, 그래도 술을 찾소. ○서방 처남도 밤낮 술이요. 큰일이요.

(자기 자신); ○서방, 왔소. 곁사돈 근력이 늘 그만 하십니까?

(질   서); 예 , 어른 근력이 늘 그러합니다. 처백모님은 그 사이
　　　　　　많이 변했습니다.

(자기 자신); 나이가 70인데, 안 늙을 수가 있소. 빨리 죽어야 할
　　　　　　터인데 안 죽어서 큰일이요.

　　　　　　○서방, 우리 집에서도 밥 한 끼 자시고 가도록 하소

③ 반말

　말끝소리가 흐리멍덩하게 된 것을 "반말"이라고 합니다. "지"·"네"·
"데"·"걸"·"어"로 끝나는 말을 반말이라고 합니다.

　이 반말은 남편과 아내 사이에서만 사용하도록 되어 있는 것입니
다. 그 밖에 사람에게는 사용이 금지되어 있는 것이 "반말"입니다.
예부터 반말하다가 뺨을 맞는 일이 있으며 이런 경우는 맞도록 그냥
두는 것이 또한 옛 풍속이었습니다. 흐리멍덩한 말을 했기 때문에
뺨을 맞는 것이요, 말버릇을 고쳐서 분명한 사람이 되기를 바라는
뜻에서 말리지 않는 것입니다.

　남편과 아내 사이의 말하기는 서로가 무슨 이야기를 하고 있는지
를 곁에 있는 사람도 모르도록 이야기하는 것이 가장 바람직한 일이
요, 이것이 우리나라 내외간 말하기의 정법입니다. 곁에 있는 사람도
알아들을 수 없도록 말을 하려고 하면, 곁에 가서 나직한 목소리로
소근 거려야 되며, 말끝 소리가 흐리멍덩해야만 됩니다.

　이들 서로가 똑같이 반말을 해야 되는 그 이치는 이러합니다. 남
편과 아내 사이는 높고 낮은 것이 있지도 않고, 앞과 뒤가 있는 것
도 아닙니다. 다만 여기에는 "안"과 "밖"이 있을 따름입니다. 남편은
바깥주인이 되고 아내는 안주인이 되어 한 집을 꾸려 나가는 짝이
되는 것입니다. 이것을 일컬어 부부유별(夫婦有別)이라고 합니다. 한

평생의 길동무가 된다는 뜻에서 배필(配匹)이라고 하는 것입니다. 벗 가운데서도 더욱 친밀한 벗을 짝벗이라고 합니다. 이러하기 때문에 남편과 아내 사이는 존경해 가면서 사는 것이 아닙니다. 남편이 되고 아내가 되는 길은 평생을 살아 나감에 있어서 은밀한 짝벗이 되어, 나는 바깥주인이 되고 너는 안주인이 되어 늙어서 죽을 때까지 마치 송아지동무처럼 살아가는 안 밖의 짝이 되는 것입니다. 이러하기 때문에 남편과 아내 사이는 서로 급이 같은 동급인 것입니다. 동급이기 때문에 죽게 되면, 서로가 나란히 묻히게 되는데, 다만 오른쪽(남자) 왼쪽(여자)이라는 질서만이 있을 따름입니다. 남편과 아내 사이는 동급인데, 다만 안과 밖이 있을 뿐 이라는 것이 바로 유교의 가르침입니다.

이러함에도 불구하고 왜노(倭虜)들은 남편이 높고 아내가 낮은 소위 남존여비가 되어 아내가 남편을 보고 꿇어 앉아 절을 하며, 젓가락으로 반찬을 찍어서 남편의 입에 넣어 드리기도 하는데, 말은 가장 높임의 존대어를 사용하는 것입니다. 그런가 하면 그 왜노들은 어디서나 자기 아내의 이름을 큰 소리로 부르게 되고, 왜녀들은 하던 일을 집어던지고 마치 하인이 상전 앞으로 가듯이 남편 앞으로 달려가서 절을 하고는 공손스리 남편의 명령을 듣는다고 합니다.

지난날 우리 선유들이 왜놈을 오랑캐라고 일컬었던 그 조목들이 여러 가지가 있는데, 그 가운데 하나가 남편은 상전이 되고, 아내는 하인이 되는 그것이었습니다. 불행하게도 우리나라에 그 오랑캐 풍속이 들어오게 된 기점이 19세가 병자겁약(1876년 丙子劫約)이었습니다. 병자겁약으로 말미암아 그 왜노들이 부산·인천·원산, 세 항구에 와서 살게 되었으며, 갑신 5적의 란동(1884년)으로 말미암아 우리 땅의 절반은 왜노들이 살 수 있게 되어 버렸습니다. 한편 19세기 병자년 이후 20세기 전반기에 이르는 동안에 있었던 일본 유학생들이 그 왜풍을 우리 땅에 퍼뜨리게 된 것인데, 그들이 자기 아내

에게 경어 사용으로 존경을 강요했으며, 경술국치(1910년) 이후는
그 왜노들이 우리 땅의 산골까지 와서 소학교 교장이 되었습니다.
그때 그 왜풍을 본받는 사람이 나오게 되었던 것입니다. 그러던 가
운데 을유광복을 맞았는데, 이번에는 그 왜풍에 근거를 두고 서로
존경하는 "왜풍 2호"가 생겼습니다. 서로 존경하는 말하기는 직장이
나 길거리에서 이루어지는 것입니다. 우리나라에서 아직도 오랑캐
왜풍으로 살고 있는 집은 하루속히 그 오랑캐 풍속에서 벗어나야 할
것입니다. 남편과 아내 사이에 말하기의 왕도를 보기로 들면 다음과
같습니다.

▲ (남편); 자고 일어나니, 옆구리가 절리네.
● (아내); 잠을 잘못 자면 그런 수가 있어.

④ 하게 말

자네라고 하면서 말의 끝소리가 "게"·"가?"로 끝나는 말을 "하게
말"이라고 합니다. 남편의 제수, 남편의 여동생, 종질부·재종질부·생
질부·사위·손서에게는 "하게 말"을 해야 됩니다.

(자기 자신); ○○댁, 자네는 그 일을 그만 두고 고사리나물 볶게.
(남편 제수); 예, 형님 그렇게 하겠습니다.
(자기 자신); ○서방댁, 오는가?
(남편 동생); 그래 힝아, 잘 있었나.
(자기 자신); ○○댁이 오는가.
(종 질 부); 예, ○○아즈머님 그 동안 편히 계셨습니까?
(자기 자신); 생질부, 자네는 언제 왔던가?
(생 질 부); 예, 어제 왔습니다, 외아즈머님은 언제 오셨습니까?

(자기 자신); ○서방, 오는가. 자네는 무슨 차로 왔는가?

(사   위); 예, 오늘 기차로 왔습니다. 장모님은 무슨 차로 오셨습니까?

(자기 자신); ○서방, 오는가. 자네는 무슨 차로 왔는가?

(손   서); 예, 어제 기차로 대전까지 왔습니다. 장조모님은 무슨 차
　　　　　로 오셨습니까?

⑤ 해라말

"너"라고 하면서 말의 끝소리가"라"·"나?"로 끝나는 말을 "해라말"이
라고 합니다. 아들(딸)−며느리, 손자(손녀)−손부, 조카(질녀)−질부, 종
손(종손녀)−종손부, 종질(종질녀), 재종질(재종질녀)에게는 "해라말"
을 해야 됩니다.

V. 절인사 말하기

　남자의 경우는 길가는 사람과도 인사를 나누게 되면 서로 절을 하
는 것이나, 여자는 그렇지 않습니다. 여자에게는 두 가지의 인사가
있는데, 하나는 절을 하면서 인사하는 "절인사"가 있고, 다른 하나는
절은 하지 않고 다만 말로써 인사하는 "말인사"가 있습니다. 여자의
절인가라는 그 "절"은 집안으로 들어와서 올리는 절이며, 그 절은
평절이 되는 것입니다. 여자의 평절은 두 무릎을 나란히 꿇고 머리
를 수그리며 두 손은 양쪽 무릎 옆에 각각 두는데, 엄지손가락이 앞
으로 나오고, 네 손가락이 모두 뒤로 물러서면서 두 손을 꼿꼿이 세
워야 됩니다. 두 손을 앞으로 내어 밀어서 여덟 팔(八)자를 만드는
것이 남자의 절인가 하면, 두 손을 뒤로 물러서게 하고는 엄지손가
락만이 앞으로 나오게 하는데 그 엄지손가락을 꼿꼿이 세우는 것이

여자의 절(평절)입니다. 시당 어른들께 올리는 절인사에는 두 가지의 모습이 있는데, 하나는 "지존한 절인사"가 있고 다른 하나는 "공손한 절인사"가 있습니다.

① 지존한 절인사

시할아버지·시할머니, 시아버지·시어머니, 시백부·시백모, 시숙부·시숙모에게는 지존한 절인사를 올려야 합니다. 앞에서 말한 시당 어른들과 헤어져 있다가 뵈옵게 되었을 때 이 지존한 절인사를 올려야 되고, 헤어질 때 또 이 지존한 절인사를 올려야 됩니다. 절 받는 어른은 방인에 계시고, 절하는 이는 그 방밖(마루……)에서 절(평절)을 올리고는 일어나사 곧 어른이 계시는 방안으로 들어가서 다시 꿇어 앉아 인사말을 여쭙는 것이 그 지존한 절인사입니다.

시조부모, 시부모, 시백숙부모가 찾아오셨다고 가정하고 보기를 들기로 하겠습니다. 대문으로 뛰어나가는데, 신이 눈에 뜨이지 않을 때는 맨발로 뛰어나가야 합니다. 대문에서 방안에 드시기까지의 인사말은 대충 이런 것이 됩니다. "큰어머님, 오십니까", "몇 시 차로 오셨습니까", "큰어머님, 점심은 못자셨습니까"같은 말들이 대문간에서 방안에 드시기까지의 인사말이고, 문 밖에서 절을 올리고는 일어나서 곧 방안으로 들어가서 "큰아버님 근력이 어떠하십니까"로 시작 된 온갖 물음이 곧 절인사의 말하기가 되는 것입니다. 떠날 때도 이와 같은 절인사를 올리고 떠나야 합니다. 그 동안 받들어 모시지 못해서 죄송했습니다 라는 마음으로 지존한 절인사를 올리는 것이요, 떠날 때는 계속해서 받들어 모시지 못하고 또 떠나게 되었으니 용서하여 주십시오 라는 마음으로 그 지존한 절인사를 올리게 되는 것입니다. 이 지존한 절인사를 속된 포현으로는 특급절이라고도 하는데, 이것의 근거는 복제(服制)에 두고 있는 것입니다. 이 말이 무슨 뜻이냐 하면, 만일 불행하게도 자기 자신이 먼저 죽게 되면, 자기로부터 지존한 절인사를 받았던 시조부모, 시부모, 시백숙부모가 모두 슬프게 울면서 무거운 복을 입어주는 그 복제에 근거를 두고 있다는 말입니다. 사실 여자가 시집을 가서 보면, 이 지존한 절인사를 올릴 자리가 그렇게 많지 않습니다. 거꾸로 말해서 이 지존한 절인사를 받을 어른이 많은 며느리가 행복합니다. 남자의 경우는 이 세상에서 자기 조부모, 부모, 백숙부모에게만 이 지존한 절인사를 하게 되나, 여자의 경우는 지난날에 자랐던 친정당의 조부모, 부모, 백숙부모와 이제부터 내 집이 되는 시조부모, 시부모, 시백숙부모에게 만이 지존한 절인사를 하게 되는 것입니다. 남자의 경우는 변화가 없이 내 집이 장래 또 내 집이 되기 때문에 그렇게 된 것이고, 여자의 경우는 "시집"이라는 것이 어느 시간을 경계로 하여 내 집으로 바뀌어서, 지난날에 자랐던 집은 친정집이 되고, 시집간 집이 이제부터 "내 집"이 되는 변화를 가지고 있기 때문에 지존한 절인사가 양쪽에 있게 된 것입니다.

② 공손한 절인사

지존한 절인사가 문밖에서 절(평절)을 올리고 일어나서 곧 방안으로 들어가서 인사말을 여쭙는 절차인가 하면, 공손한 절인사는 방안에서 절(평절)을 올리고 일어나서 그 자리에 다시 앉아서 인사말을 여쭙는 절차입니다. 이 공손한 절인사를 속된 표현으로 이급절 이라고 합니다. 공손한 절인사를 올려야 될 어른은 시종조부모, 시왕고모, 시고모, 시오촌내외, 시외조부모, 시외숙(모), 시이모들입니다. 이 공손한 절인사는 헤어져 있다가 뵈옵게 될 때만 절(평절)인사를 하는 것이요, 헤어질 때는 절은 하지 않고, "말인사"로 마무리하는 절차입니다. 공손한 절인가를 받게 되는 어른이 죽었을 때, 슬프게 울면서 복(服)을 입어야 되기로는 시고모에게 다섯 달, 시종조부모에게

석 달, 시왕고모에게 석 달, 시오촌내외에게 석 달 복을 입어야 되나, 시외조부모, 시외숙(모), 시이모에게는 복을 입지 않는 것입니다.

VI. 말인사의 말하기

위에 나온 시당 어른 밖에 있는 사람들을 만나게 되었을 때는 "절"을 하지 않고 "말인사"로 들어가는 것입니다. "말인사"로 들어가는 자리는 시재종숙내외(시 7촌), 시왕고모남편, 시고모남편, 시숙 (남편의 형)들입니다.

시집을 가서 시당 사람을 처음으로 뵈옵게 될 때는 누구에게나 "절인사" 한 번은 있어야 되는데, 시왕고모남편, 시고모남편, 시숙 (남편의 형), 시누남편은 서로 맞절을 하게 됩니다. 시동생과도 서로 맞절 한 번을 하게 됩니다.

이 "말인사"의 절차는 대문에 나가서, "○○아즈버님, ○○아즈머님, 아즈뱀, 오셨습니까? 지금 오시는 길입니까, 어서 방으로 들어가입시다. 그 동안 집안이 모두 편하십니까?"라는 말하기로 들어가는 인사가 이른바 "말인사"입니다.

마무리

여자가 시집을 가서, 그 집(내 집)에서 늙어 죽을 때까지 사용해야 되는 말을 모두 갈래 지워 다루었습니다.

여기에서 다룬 부름말과 걸림말, 그리고 촌수말, 등급말은 고유명사와 같은 성질의 것이라는 그 무게를 알아야 합니다. 다시 말하면, 맞는 것과 틀린 것이 있는 부끄러움의 정도가 아니고, 잘못하면 집안을 욕되게 하는 망측스런 망발이 되는 것입니다. 콩을 놓고 팥이라고 해서는 안 되는 그 까닭을 알면, 이 말의 뜻을 알게 될 것입니다.

위에서 이야기 한 "지존한 절인사"는 남인집 가법을 따랐는데, 충청도를 거점으로 한 노론집 가법에는 "지존한 절인사"가 없이 "공손한 절인사" 하나로 통용되고 있습니다. 예부터 여기에 대한 시비가 양쪽에서 끊임없이 있어 왔는데, 저가 생각하기로는 복제(服制)에 근거를 둔 남인집 가법이 이치에 맞는 것으로 보입니다. 절이라는 것 자체가 공경의 표시이고 보면, 공경의 무게대로 절을 갖추어야 되는 것이 례가 지니는 으뜸규정에 맞는 일입니다.

끝으로 망측스런 말하기와 흉측스런 말하기를 하는 여자가 간혹 있기에 그것을 다루기로 하겠습니다.

자기 남편을 우리 아버지라고 부르는 망측스런 여자가 간혹 있습니다. 보기를 들면 이러한 것입니다. "우리 아빠가 회사에 나가면서 열쇠를 가지고 갔어요. 아빠 오면 돌려 줄 터이니, 돈 만원만 꾸어 주세요"라든지, "아빠가 집을 나갈 때, 아이들에게 꼭 돈을 주고 가시거든요"라는 말들이 모두 망측스런 말하기 입니다. 자기 남편을 선생님이라고 부르는 우스운 여자도 간혹 있습니다. 보기를 들면 이러합니다. "우리 집 선생님이 오늘 학교에 가시면서 그 이야기를 합디다."

자기 새끼를 찍어 넣어서 말을 만드는 여자도 간혹 있습니다. 보기를 들면 이런 것입니다. "애기 아빠가 회사에 나가시면서 아마 들릴 것입니다."라든지, "철이 아빠가 오늘 퇴근이 늦으시겠다는 전화가 조금 전에 왔습니다."라는 것이 바로 흉측스런 말입니다. 자기 새끼를 찍어 넣어서 말하는 것은 그 유래를 가지고 있는 것인데, 이것은 옛날 하인·노비들이 자기 상전에게 말할 경우에 사용하던 말하기 입니다.

옛날 하인(노비)들이 자기 상전 앞에 가서 이야기할 경우에는 자기 새끼를 찍어 넣어서 말하기로 되어 있습니다. 이를테면, "철이 애비가"라든지, "철이 어미가"라든지, "철이 할애비가"라든지, "철이 할미가"라는 말로 시작해야 되는 것입니다. 다시 한 번 강조하건대, 자기 새끼를 찍어 넣어서 만들어 나가는 말은, 하인(노비)들이 사용하던 말이었고, 상전은 그런 말을 하인의 말, 흉인의 말 또는 흉한 말이라고 일컬었던 것입니다. 그리하여 오늘날 흉한 말을 하는 여자를 보면, "저 사람이 하인의 자손이로구나"라고 짐작하는 사람이 많습니다.

29. 남자가 친당과 척당에게
사용해야 되는 말

자신의 아버지를 중심으로 하여 이룩된 집단을 본당(本黨) 또는 친당(親黨)이라고 부릅니다. 만약 어떤 이가 삼종숙부 앞으로 양자를 갔다고 하면, 그 삼종숙부가 아버지가 되니까 그 아버지를 중심으로 하여 이룩된 집단이 본당 또는 친당이 되고, 자기를 낳은 아버지를 중심으로 하여 이룩된 집단은 생가당(生家黨) 또는 본생당(本生黨)이 됩니다. "친척"이라는 말뜻을 모르는 사람이 많습니다. 자기 자신과 성씨가 같은 사람이 친이 됩니다. 성이 다르면서 핏줄로 계산이 되는 사람을 척(戚)이라고 합니다. 고모는 친당이지마는 그 고모가 낳은 아들은 척당이 되는 것입니다. 고종을 핏줄로 계산하면 4마디(4촌)라는 수효가 나오지마는 성이 다르기 때문에 척당이 되는 것입니다.

우리말에는 부를 때 사용하는 말이 있고, 서로 사이의 관계를 알려 줄 때 사용하는 말이 있고, 서로 사이의 핏줄을 셈할 때 사용하는 말이 있습니다. 여기에다가 등급말이라는 갈래가 있게 됩니다.

Ⅰ. 부름말

며느리는 시당 사람들을 부를 때, "님"이라는 말을 뒤에 붙여서 사용해야 됩니다. 그러나 아들(딸)은 자기 친당 어른을 부를 때, "님"이라는 말을 사용해서는 아니 됩니다. 아들이 부르는 부름말은 <할아버지—할머니>, <아버지—어머니>, <큰할아버지·적은할머니·큰아버지·셋째 아버지·넷째 어머니·적은 어머니>, 그리고 <○○할배—○○할매>, <○○아재—○○아즈매>라는 말들입니다.

친당(본당) 사람들 가운데 오직 한 곳에 "님"을 사용하게 되지마는, 그 님이 붙게 되는 "형님 누님"이라는 것이 사실 원칙에 어긋난 말입니다. 형의 아내를 부를 때는 "아즈매"라는 말을 사용하고, 아우의 아내를 부를 때는 "제수씨"라는 말을 사용하는 것입니다. 종숙(촌수로는 5촌)부터 아재 벌이 되는 사람에게는 ○○1)아재 라는 말로 부르는 것이고, 그의 아내를 부를 때는 ○○2)아즈매 라는 말로 부르는 것입니다. 형의 아내도 아즈매라고 부르는 것이고, 아재의 아내도 아즈매라고 부르는 것입니다. 할아버지의 친형제를 벗어난 촌수가 되는 이를 부를 때는 ○○할매라고 부르는 것이고, 그의 아내를 부를 때는 ○○할매라고 부르는 것입니다. 친 아우를 벗어난 아우의 아내를 부를 때는 "종수씨"라는 말로 부르는 것입니다.

시집 간 딸이나 손녀를 부를 때는 ○실이라는 말로 부르는 것인데, 여동생에게도 ○실이라고 부릅니다. 왕고모를 부를 때는 ○○할매라는 말로 부르는 것이고, 고모를 부를 때는 ○○아즈매라는 말로 불러야 되는 것입니다.

손부를 부르거나, 며느리를 부를 경우에는 "얘야", "철이 어미", "젊은이"라는 부름말로 부르는 것입니다. 그러나 상대가 종질부가

---

1) 처갓집 마을 이름이 들어가는 것입니다.
2) 친정집 마을 이름이 들어가는 것입니다.

되면 "얘야", "철이 어미"라는 말을 사용해서는 안 됩니다. 종질부가 되면 "○○댁"이라고 불러야 하며, "자네"라는 말의 등급말을 사용해야 됩니다.

여기에 이르기까지 말한 것이 남자가 친당 사람들에게 사용해야 되는 "부름말"에 대한 것이었습니다. 다음에는 친당(본당)이 아닌 척당 사람들을 부르는 경우 그 부름말에 대한 것을 이야기하기로 하겠습니다.

외척 어른을 부를 때는 맨 앞에 "외"라는 말을 넣어서 사용해야 됩니다. 이를테면, "외할아버지 오셨습니까", "외할머니 오셨습니까", "외아재 오셨습니까", "외아즈매 오셨습니까"라고 말을 해야 합니다. 이런 경우 "외3촌 오셨습니까"라고 말하면 안 됩니다. 3촌이라는 것은 핏줄의 마디를 계산 할 때만이 사용되는 촌수 말이기 때문에 촌수 말을 가지고 부르게 되면, 그 외아재를 업신여기는 뜻이 되는 것입니다. 옛날에 저 외3촌만은 외아재라고 부르지 않고 외3촌이라고 불러 주었던 것입니다. 고모는 친당이지마는 그 고모의 아들부터는 척당이 되는데, 이들이 나의 집을 일컬어 외가집이라고 하며, 나는 그들을 고종들이라고 합니다. 여기에서는 형제 사이만이 있기 때문에 나로는 친당 형제 사이의 부름말 그대로 사용하는 것입니다. 외종형제도 마찬가지입니다. 월삼성(越三姓) 척당으로 이모계열이 있습니다. 월삼성이라는 것은 나와 그 사이에 성이 세 차례 건너뛰었다는 그 관계를 말해 주는 것입니다. 그 이모를 부를 때도 "○○아즈매"라고 부르는 것입니다. 그 이모가 낳은 아들(딸)과는 서로 이종이 되는데, 부르기는 외종형제, 고종 형제들을 부를 때와 똑같습니다. 속된 말로 "있으나마나 한 것이 이종4촌이라"고들 하는데, 사실 평생토록 만나기 어려운 관계가 됩니다.

여기에서 친당(본당)의 부름말과 척당의 부름말에 대한 설명이 모두 끝났습니다. 여기에서 한 가지만 강조하면 친당(본당)과 척당 사이에 있어서 그 부름말의 다름에 대한 이치를 알 수 있게 되었으리라고 믿습니다. 그것은, 고모를 부를 때 "고모 아즈매 오셨습니까"라고 말해서는 안 되고, "○○아즈매 오셨습니까"라는 말로 해야 되는가 하면, 외숙모를 부를 때는 반드시 "외아즈매 오셨습니까"라고 말해야 되는 것입니다. 다시 말하면, 외가집 부름에는 반드시 "외"를 앞에 둔 "부름말"이 되어야 합니다.

척당이 아니면서도 자주 드나들 수 있는 손님이 있습니다. 왕고모남편, 고모남편, 누나남편, 여동생남편, 딸남편, 손녀남편, 종손녀남편, 질녀남편들이 여기에 들어가는 사람인데, 이들을 일컬어서 장가든 손님(娶客), 또는 "귀한 손님"이라고 말들 합니다. 이들과 나 사이는 핏줄로 관계가 맺어진 것이 아니고, 내 친당 여성계열의 남편이 된 것뿐입니다. 이 사나이들이 때로는 내 친당 여자들과 헤어지는 수도 있습니다. 고모의 남편이 되었을 때 고모남편이 되는 것일 뿐, 헤어지면, 고모남편이 될 리가 없습니다. 처음에는 누나남편이 되었다가 어느 때에 가서 헤어졌다고 하면, 혹시나 길거리에서 그 사나이를 만나게 될까 두려워하게 되는 사이가 되는 것입니다. 나의 왕고모, 고모, 누나, 여동생, 딸, 손녀를 아내로 맞아 잘 살고 있기 때문에 "귀한 손님"이 되는 것이지마는 나의 왕고모, 고모, 누나, 여동생, 딸, 손녀와 헤어진 사나이 라고 하면, 서로 피하면서 마치 원수 보듯이 대하게 되는 사이가 되고 맙니다. 이러한 사이가 되기 때문에 왕고모남편을 부를 때는 "새 할배"라고 부릅니다. 왕고모남편쯤 되면, 이제는 늙은이가 되어서 서로 헤어지는 수가 없더라도 그렇게 부릅니다. 고모남편을 부를 때는 "새 아재"라고 부르는 것입니다. 이를테면, "새 아재 오셨습니까"라든지, "○○새 아재 오셨습니까"라고 해야 되는 것입니다. 누나남편을 부를 때는 "새 형" 또는 "새 힝"이라고 부르는 것입니다. 때로는 자형(姉兄)이라고 부르기도 합니다. 여기에서 말하는 그 "새 아재", "새 형" 가운데 그 "새"는 나이가 젊다고 해서 사용된 "새"가 아니고, "아재"나 "형"이 될 까닭이 없으나 고모나 누나를 위하여 기분 좋게 불러 주자는 뜻에서 나온 것인데, 이것은 새로운 질서라는 뜻에서 사용된 "새"인 것입니다. 그렇기 때문에 60 늙은이가 되어도 언제나 "새 아재", "새 형"이라고 부르게 되는 것입니다. 고모남편을 정확하게 번역한 것이 고모부(姑母夫)이기 때문에 "고모부, 오셨습니까"라고 말해서는 안 됩니다. 여동생남편을 부를 때는 "○서방"이라고 불러서 말해야 합니다. 이를테면, "김서방, 왔는가?"라는 말을 사용해야 된다는 것입니다. 사위를 부를 때나 손서를 부를 때도 마찬가지로 "○서방"이라고 부르는 것입니다.

Ⅱ. 걸림말

서로 사이의 관계를 물었을 때 그것에 답해 주는 경우에 사용되는 말을 "걸림말"이라고 하며, 이 경우에는 반드시 걸림말을 사용해야 되는 것입니다. 보기말을 만들면 다음과 같습니다.

▲ 우리 할아버지십니다.
　우리 할배십니다.
　우리 조부십니다.
　우리 할머니십니다.
　우리 할매십니다.
　우리 조모십니다.

▲ 우리 종조부십니다. (할아버지 형제)
　우리 종조모십니다. (할아버지 형제의 아내)

▲ 우리 재종조부십니다.
　우리 재종조모십니다.

▲ 우리 바깥어른이십니다.
　우리 아버지이십니다.
　우리 안어른이십니다.
　우리 어머니이십니다.

　여기에서 명심해야 되는 것은 아들이라는 것이 "우리 아버님이십니다"라든지, "우리 어머님이십니다"라고 말해서는 안 됩니다. "우리 아버님이십니다"라든지, "우리 어머님이십니다"라는 말은 며느리만이 사용하는 말입니다. 친당에는 "님"이라는 말을 사용하지 않는 것이 원칙 입니다. 친당은 남이 아니고 나의 몸과 같기 때문에 "님"을 붙이자 않는 것입니다. 사실 친당에서는 "형님", "누님"보다는 "형", "누나"가 옳은 것입니다.
　돌아가신 아버지를 이야기할 경우에는 "우리 선고께서", "우리 선친께서", "우리 선인께서"라는 말들로 시작하면 좋습니다. 돌아가신 어머니를 이야기할 경우에는 "우리 선비께서"라는 말로 시작하면 좋습니다. 세상을 떠난 형을 이야기할 경우에는 "우리 선형이"라는 말로 시작하면 좋습니다.

▲ 우리 백부이십니다.
　우리 백모이십니다.
　우리 중부(仲父)이십니다.
　우리 중모(仲母)이십니다.
　우리 숙부이십니다.
　우리 숙모이십니다.

우리 고모이십니다.

여기에서도 주의할 것은 "우리 고모님이십니다"라고 해서는 안 된다는 것입니다. 친당이기 때문에 "님"을 붙여서는 안 됩니다.

▲ 우리 백형(伯兄)입니다.
　우리 중형(仲兄)입니다.
　내 아우입니다.
　우리 형수입니다.
　우리 제수입니다.
　우리 누나입니다.
　내 여동생입니다.

▲ 우리 당숙이십니다.
　우리 종숙이십니다.
　우리 종숙모이십니다.
　우리 재종숙이십니다.
　우리 재종숙모이십니다.
　우리 삼종숙이십니다.
　우리 삼종숙모이십니다.

▲ 우리 종형입니다.
　우리 종수입니다.
　우리 재종형입니다.
　우리 재종수입니다.
　우리 삼종형입니다.
　우리 삼종수입니다.

내 종제입니다.
우리 종수입니다.
내 재종형입니다.
우리 재종수입니다.
내 삼종형입니다.
우리 삼종수입니다.
내 재종아우입니다.
내 삼종아우입니다.

▲ 우리 손부이다. (손자의 아내)
우리 며느리이다.
우리 자부이다.

여기에서 말하는 부(婦)자는 아내를 뜻하는 부입니다. 그리하여 손
자아내를 정확하게 번역한 것이 손부이고, 아들의 아내를 정확하게 번
역한 것이 자부입니다. 아들의 아내를 뜻하는 완벽한 낱말이 "며느리"
인데, 손자의 아내를 밝히는 경우, 손자아내를 정확하게 번역한 "손부"
라는 그 말밖에는 다른 말이 없습니다. 오늘날 콩·보리를 가릴 줄 모
르는 사람들이 "손부"라고 말해야 될 것을 "손자며느리"라고 말한다고
들 합니다. "손자며느리"라고 하면 손자가 며느리를 본 것인데, 그 여
자는 증손부가 되는 것입니다. 아마 이런 사람들은 "손부·자부"라고
말할 때 그 부(婦)자가 아내를 뜻하는 글자인 줄 모르다가 보니, 그렇
게 된 것으로 보입니다. 여기에서 강조해 둘 것은 "며느리"라는 말은
아들의 아내를 나타낼 때 사용되는 걸림말이라는 것을 잊어서는 안 됩
니다. "손부"라는 것을 다른 말로 하면, 내 아들의 며느리이요, 내 며느
리의 며느리가 되는 것입니다. 아들이라는 것이 고정되어 있는 것과
마찬가지로 며느리도 고정되어 있다는 것을 잊어서는 안 됩니다.

▲ 우리 질부이다. (조카의 아내)
우리 종질부이다.
우리 재종질부이다.
우리 삼종질부이다.

　조카의 아내를 정확하게 번역한 것이 질부(侄婦)입니다. 질부라고 말해야 될 것을 천한 사람들은 "우리 조카며느리이다"라는 욕된 말을 한다고들 합니다. 조카며느리라고 하면 조카가 며느리를 본 것이니까. 그것은 곧 나의 종손부가 되는 것입니다. 그 질부라는 말이 어렵게 들리는 사람이 있거든, "조카아내"라고 말을 건네어 주면, 다만 그 말에 품위가 없을 뿐이지, 욕을 보이는 망발은 아닙니다. "조카아내"보다 조금 품위가 있기로는 "우리 형의 며느리이다"라는 말이 있습니다. 형의 며느리라든지 아우의 며느리라는 말이 틀린 말은 아니나, 질부라는 걸림말을 먼저 말한 뒤, 혹시나 더 자상하게 묻는 이가 있을 때 답하는 말이 그 "우리 형의 며느리이다"라든지, "우리 아우의 며느리이다"라고 말하는 것입니다. 요컨대, 아들과 조카라는 말이 고정되어 있는 것만큼 며느리와 질부라는 말이 고정되어 있는 것입니다. 형이나 아우의 아들을 내 아들이라고 할 수 없듯이 형이나 아우의 며느리를 내 며느리라고 할 수 없는 그 이치를 알아야 됩니다.

▲ 우리 사촌누나이시다.
우리 종매이다.
우리 재종누나이시다.
우리 재종매이다.
우리 삼종누나이시다.
우리 삼종매이다.

위에서 말한 것이 8촌 안에 든 친당과 자기 사이의 관계를 밝힐 경우, 그 말하기를 보기로 들어 본 것입니다. 8촌을 넘어선 친당의 경우는 "우리 족조(族祖)이십니다", "우리 족숙(族叔)이십니다", "우리 족형(族兄)입니다", "우리 족제(族弟)입니다", "우리 족질(族侄)입니다", "우리 족손(族孫)입니다"라고 말하면 되는 것입니다.

다음에는 척당에 대한 걸림말을 살펴보기로 하겠습니다.

▲ 우리 외조부이시다.
우리 외조모이시다.
우리 외숙이시다.
우리 외숙모이시다.
우리 외종이시다.
우리 외종숙이시다. 또는 우리 외5촌이시다.
우리 외6촌이시다.
우리 고종이시다.
우리 이모이시다.
우리 이종이시다.

척당이 아니면서도 자주 드나드는 그 "귀한 손님"을 두고 어떻게 말하면 귀한 손님이라는 관계가 드러나느냐 라는 곳에 이르렀습니다. 그 사이의 관계를 밝히는 데 있어서 어떤 걸림말을 사용하면 바르게 말한 것인가에 대하여 그 보기말을 만들어서 보이기로 하겠습니다.

▲ 우리 왕고모남편이시다.
우리 왕고모부(夫)이시다.
우리 고모남편이시다.

우리 고모부(夫)이시다.

남편 부(夫)자인 줄 모르고 고모아버지라고 말하는 천한 사람들이 있기에 여기에서 고모남편을 앞세워 강조한 것입니다. 다시 한 번 강조하건대, 고모남편을 정확하게 번역한 것이 고모부(夫)입니다.

▲ 우리 누나남편이다.
　우리 자형(姉兄)이다.

글자로 나타내어 남들에게 알릴 경우에는 자형이라고 쓰지 않고, 누나남편 또는 누나남편을 번역한 자부(姉夫)라고 말해야 되는 것입니다.

▲ 우리 여동생 남편이다.
　우리 매부(妹夫)이다.

여동생남편을 정확하게 번역한 것이 매부입니다. 이 매부의 경우는 입말이나 글말이나 한결같이 매부입니다. 콩과 보리를 가릴 줄 모르는 이는 오늘날 자기 여동생남편을 설명하면서 "우리 매형이다"라는 말을 한다고들 합니다. 다시 말하건대, 자형이라는 말은 있으되, 매형이라는 소리는 말 자체가 성립되지 않는 것입니다.

▲ 우리 손서이다.
　우리 사위이다.
　우리 질서이다.
　우리 종질서이다.
　우리 재종질서이다.

형 또는 아우의 사위를 밝히는 걸림말이 질서(侄婿)입니다. 질녀남편(侄女夫)을 "질서"로 번역한 것은 잘못된 것이었으나, 질서가 하나의 낱말로 굳어졌고 보면 그대로 사용할 수밖에 없습니다.3)

Ⅲ. 등급말

종형의 며느리이거나 종제의 며느리가 모두 종질부가 되는 것인데, 그 종질부에게는 "자네"라는 "하게말"을 해야 되는 것입니다. 남의 집 며느리를 존대하는 것이 우리나라 유가집의 법도인 것입니다. 그 사이에 주고받는 말을 보기로 들겠습니다.

▲ ○○아즈버님. 언제 오셨습니까?

● 나는 오늘 왔네. 자네는 언제 나왔는고? (시아버지의 4촌형 말하기)

8촌이 넘어서면, 아들네와 며늘네 사이는 서로 경어를 사용해야 되는 것입니다. 그리고 남자와 여자 사이에 있어서 어느 쪽이든 서로 쓸모없게 되는 것이 나이입니다.

▲ ○○할배, 오셨습니까? (25세 여자)

● 예, 오늘 나왔습니다. ○○댁은 언제 나왔습니까? (남편의 친당 11촌 족조 65세 남자)

▲ ○○아재, 오셨습니까? (24세 여자)

● 예, 오늘 나왔습니다. ○○댁은 언제 나왔습니까? (남편의 9촌 숙 70세 남자)

---

3) 질서를 또 번역하면 "조카사위"가 되는데, "조카사위"라고 하면 이것은 망발이 됩니다.

다음에는 척당 사이의 등급말을 이야기하기로 하겠습니다.

생질부에게는 "자네"가 들어가는 "하게말"을 사용해야 됩니다. 누나의 며느리이거나 여동생의 며느리를 생질부라고 합니다.

▲ 외아즈버님, 오셨습니까? 절 받으이소.
● 그래, 자네는 잘 있었던가? 나는 방금 오는 길이네.

그러나 고종의 며느리이거나 외종의 며느리에게는 모두 "예, 그러합니다"라는 경어를 사용해야 되는 것입니다.

척당이 아닌 그 귀한 손님에 대한 등급말에 있어서 누나남편에게는 반드시 경어를 사용해야 되는 것입니다. 여동생남편에게는 여덟 살 안에서 서로 "하게말"을 하는 것인데, 이 사이는 서로 벗의 사귐으로 들어가는 것입니다. 이것은 누나 남편이 형이 될 수 없는데도, 새 법으로 자형이라고 불러 주듯이 여동생남편에게는 내가 손해를 보고 너의 벗이 되어 주마라는 겸덕이 깔려 있는 것입니다. 이것은 모두가 나의 누나 또는 나의 여동생을 너가 잘 보아 달라는 간절한 뜻에서 나온 법도인 것인데, 참으로 아름답고, 정이 넘치는 사귐입니다.

Ⅳ. 절인사의 말하기

인사를 올리거나, 인사를 나누게 될 경우, 남자는 언제나 절을 해야 합니다. 여기에서 말하는 절이란 집안에서 이루어지는 것을 두고 이르는 것입니다.

남자의 경우는 자기 조부모, 부모, 백숙부모에게만이 지존한 절인사를 올려야 되고, 그 나머지 어른들은 모두 방안에서 공손한 절인사를 올려야 합니다. 지존한 절인사와 공손한 절인사가 갈래 지워지는 것은 복제(服制)에 근거를 둔 것입니다.

서울역에 조부모, 부모, 백숙부모가 도착했다는 소식을 들었다고 가정하고 지존한 절인사를 풀어나가기로 하겠는데, 그 가운데서도 백모를 보기로 들겠습니다.

역전 광장에서 백모를 보았을 때, "큰어머니, 오셨습니까"라고 말을 하고는 손이 무릎에 내려오는 절을 해야 합니다. 그리고 집안으로 들어와서 백모가 방안으로 들어가서 자리에 앉게 되거든, 마루에서 백모를 보고 절을 올리고 일어나서 곧 방안으로 들어가서 백모 앞에 꿇어 앉아 "큰아버지 근력 그만 하십니까"로 시작하는 온갖 물음을 일으켜서 여쭈어야 합니다. 역전에서 집에 오는 사이에는 "큰어머니, 오늘 몇 시 차로 오셨으며, 점심은 어떻게 되셨는지", 등등의 물음으로 인사말을 여쭈어야 하는 것입니다. "지존한 절인사"라는 것은 그 절에다가 말하기가 함께 어울려야 되는 것입니다. 헤어질 때도 뵈웠을 때와 마찬가지로 지존한 절인사가 있어야 되는 것입니다.

공손한 절인사는 방안에서 이루어지는 것인데, 이것은 종조부모, 종숙(모), 왕고모, 고모, 종고모, 그리고 외조부모, 외숙(모)들이 여기에 드는 어른입니다. 형제 사이는 서로 맞절인사를 해야 합니다.

30. 형과 아우 사이에
사용해야 되는 말

　형과 아우 사이가 잘 지내려고 하면, 형은 형의 왕도를 걸어야 하고, 아우는 아우의 왕도를 걸어야 됩니다. 그리하여 여기에서 형의 왕도는 어떠하며, 아우의 왕도는 어떠한가에 대하여 이야기하기로 하겠습니다.

　형과 아우 사이는 급으로 따지면 동급입니다. 형제는 동급인데, 그 사이에는 다만 앞과 뒤가 있을 뿐입니다. 형이 아우를 대접하는 왕도는 아우를 벗으로 대하는 것입니다. 그리하여 형의 왕도를 우애(友愛)라고 말합니다. 형제는 동급이기 때문에 형은 아우에게 무슨 일이든지 명령을 하지 못합니다. 그리고 아우에게 큰 소리를 질러서도 안 되는 것입니다. 동급에서는 명령이 성립되지 않는 것입니다. 아우가 장가를 가서 어른이 되었으면, 형은 아우의 이름을 불러서는 안 되고, 언제나 "동생"이라는 부름말을 사용해야 됩니다. 그리고는 "자네"라는 말이 들어가는 "하게말"을 해야 됩니다. 형이 아우에게 말하는 그 왕도를 보기로 들면, 다음과 같습니다.

▲ 동생, 집에 있는가? (형)

● 예, 형님 오셨습니까. 어서 들어오시이소.

▲ 자네, 오늘 나 따라 놀러가세. 우리 몇 사람이 수송대물 구경 가기로 했는데, 자네도 같이 가세.

● 형님, 제가 따라가도 되겠습니까.

▲ 가서 보면 알겠지마는 자네하고 모두 벗나이가 되네. 그곳에서 모두 헤어지거든 우리 둘은 지리산 계곡 구경을 하고 돌아오세. 돈은 내가 넉넉하게 가지고 가네.

● 형님이 꼭 저를 데리고 가시려고 하는데, 제가 감히 형님 뜻을 거스를 수가 있겠습니까. 나서도록 하겠습니다.

형이 자기를 벗으로 대접해 준다고 해서 아우도 형을 벗으로 대접해서는 절대로 안 됩니다. 아우는 형을 섬겨야 합니다. 아우의 왕도는 형을 섬기는 곳에 있습니다. 아우가 형을 섬기는 것을 사형(事兄)이라고 말합니다. 아우는 형에게 반드시 경어를 사용해야 합니다.

▲ 내가 밖에 나가서 찬물 한 그릇 떠 가지고 오마.

● 형님, 제가 있는데, 형님이 그런 일을 하시려고 합니까. 물그릇을 저에게 주이소.

▲ 아니야, 동생. 아무나 떠가지고 오면 어떤가.

형제의 길이 이와 같음에도 불구하고, 19세기 이후 우리나라에 왜풍(倭風)이 들어와서 형이 아우에게 명령하는 집이 생기게 되었습니다.
다시 한 번 강조하건대, 형제 사이의 왕도는 형은 아우를 벗으로 삼는데 (友愛) 있고, 아우는 형을 섬기는(事兄) 곳에 있는 것 입니다. 형제는 동급이기 때문에 형은 아우에게 어른이 되지 않습니다.

31. 남자가 처갓집에 가서
사용해야 되는 말

아내의 친정집을 속칭 처갓집이라고 말하는데[1], 그 쪽에서는 나를
두고 "장가든 손님(娶客)", 또는 "귀한 손님"이라고 말하는 것 입니
다. 이것이 손님일 수밖에 없는 것이 아무런 척(戚)이 되지 않기 때
문입니다. 다만 우리 집 딸을 다리고 간 사람이기 때문에 귀한 손님
이 되는 것입니다. 사위를 일컬어 백년손이라고 말들 합니다. 여기에
서 말하는 백년이란 한 평생을 두고 말하는 것입니다. 죽을 때까지
라는 말이 박절하기 때문에 백년이라는 말을 사용하는 것인데, 이
말은 품위가 있는 말로 여러 곳에서 널리 사용되는 것입니다

아내로 말하면 자기 본생친당이지마는 나 자신으로서는 "귀한 손
님" 이 되는 그곳에 가서 그 처족(妻族)들을 상대로 어떻게 말해야
망발 말이 되지 않는 바른 말하기가 이루어질 것인가에 대하여 이야
기하기로 하겠습니다.

---

1) 가(家)자가 집이라는 뜻인데도, "처가"라고 소리 내니까, 주격 "가"와 혼동이 생
   겨서, "처갓집"으로 고정시킨 상 바릅니다.

I. 부름말

① 장조님 — 장조모님

아내의 조부(祖夫)를 두고 이야기하거나 또는 불러서 말할 경우, 장조(丈祖)님이라고 말해야 되고, 아내의 조모에게는 장조모(丈祖母)님이라고 말해야 됩니다. "장조님, 장조모님, 근력이 그만하십니까", "장조모님, 올해 연세가 얼마 되십니까?"라는 말들이 그 보기말이 됩니다. 그러나 글자로 나타낼 때에는 반드시 처조부(妻祖父)·처조모(妻祖母)라고 적어야 되는 것입니다.

② 장인님 — 장모님

아내의 아버지를 부를 경우, "장인(丈人)님", 또는 "장인어른"이라고 말해야 됩니다. 그리고 아내의 어머니를 부를 경우는 "장모(丈母)님"이라고 말해야 됩니다. 아내의 아버지를 장인이라고 부르는 것은 중국 한서(漢書)에서 나온 것으로, 우리나라에서도 아주 오래된 말입니다.2) 이를테면, "장인님 — 장인어른, 오셨습니까?"라든지, "장모님, 오셨습니까?"라는 말하기가 그 보기가 되는 것입니다. 장인·장모라는 말밖에 빙장(聘丈)·빙모(聘母)라는 부름말이 있기는 하나, 그 "빙"이라는 소리가 좋지 않아서 사용하지 않는 것이 좋습니다.3) 그러나 글자로 나타낼 경우에는 처부(妻父)·처모(妻母)라고 쓰는 것입니다.4)

---

2) 辭源(대만商務印書館), p.13: 祈妻父曰: 丈人. 按漢書, 單于謂漢天子, 我丈人行. 其時, 漢以女妻單于, 故有此稱, 是爲妻父稱丈人之始.
3) 장인·장모라는 말 대신에 악장(岳丈)·악모(岳母)라는 말도 있기는 하나, 우리 나라에서 사용된 바가 없습니다. 이것은 "악"이라는 그 소리 때문에 사용되지 않았던 것으로 보입니다.
4) 편지글 같은 곳에서 장인을 외구(外舅)라고도 써 왔으나, 이것은 외삼촌이 되는 내

오늘날 장인·장모를 보고 "아버지 오셨습니까"라든지, "어머니 오셨습니까"라고 말하는 망측스런 사람이 있다고들 합니다. 장인을 보고 아버지라고 부른다고 하면, 그 장인은 부끄러워서 낯을 들고 다닐 수가 없게 됩니다. 만약 장인이 아버지가 된다고 하면, 자기 어머니가 간부(姦夫)를 얻은 것인데, 자기 어머니의 사이서방(간부)이 바로 장인이 되는 것입니다. 이런 망측스런 집은 얼마 안가서 망하게 될 것입니다. 또 장모를 어머니라고 부른다고 하면, 자기 장모가 간부를 얻은 것인데, 자기 장모의 사이서방이 자기 아버지가 되는 것입니다. 이 말은 사돈끼리 서로 간통했다는 것을 알려주는 것입니다. 이토록 망측스런 집도 못으로 파여지지 않는 세상이라고 하더라도 아마 하늘이 그냥 두지 않을 것입니다. 콩을 놓아두고 "팥 사이소"라고 하면 모두 그 사람을 가리켜 미친 사람이라고 합니다. 장인인데도 아버지라고 부르고 장모인데도 그것을 어머니라고 부르면, 더러운 집에서 태어나서 더러운 집으로 장가든 미천한 사람이라고 여기게 됩니다. 또 듣건대 장인을 보고 "아버님 오셨습니까"라고 말하고, 장모를 보고 "어머님, 오셨습니까"라고 말하는 망측스런 사람이 있다고들 합니다. 이 세상에서 누구에게나 아버지·어머니는 하나뿐이오, 아버님·어머님은 며느리만이 가지는 또 유일한 말입니다. 만약 장인·장모를 "아버님"·"어머님"이라고 부르면, 그 집에 장가든 것이 아니고, 여자가 되어 그 집에 시집 온 것이 됩니다. 만약에 어떤 사나이가 그 집으로 장가든 것이 아니고, 그 집 데릴사위로 들어가서 살면서 아들이 태어나더라도 모두 자기 성을 따르지 않고 자기 아내 성을 따르게 한다고 하면, 그 사나이야말로 며느리처럼 "아버님"·"어머님"이라고 불러도 무방할 것입니다.

말이 분명하지 못한 사람을 일컬어 콩·보리를 못 가리는 바보(숙

구(內舅)와 혼란이 일어나기 쉽기 때문에 앞으로는 "외구"라는 말을 버리고, 지난 날 정중한 선비들이 사용해 왔던 "처부"라는 말을 사용하는 것이 좋을 것입니다.

맥)라고 합니다. 말이 분명하지 못한 사람은 모든 일에 분명하지 못
한 사람이 됩니다.

③ 처백부님—처백모님
　 처삼촌 어른—처숙모님

"처백부님, 오셨습니까", "처백모님, 오셨습니까", "처삼촌어른, 오
셨습니까", "처숙모님, 그 동안 편히 계셨습니까"라는 말들이 마땅한
보기들입니다.

④ 처왕고모님—처고모님

"처왕고모님, 안녕하셨습니까", "처고모님, 안녕하셨습니까"라고
말을 하는 것입니다.

⑤ 처오촌 어른—처종숙모님

"처5촌 어른, 오셨습니까", "처5촌 어른, 저를 조금 보입시다",
"처종숙모님, 그 동안 안녕하셨습니까"라고 말해야 되는 것입니다.

⑥ 처남—처남댁

아내의 오빠와 남동생을 모두 처남(妻男)이라고 부르고, 처남의 아
내를 처남댁이라고 불러야 됩니다. 아내의 오빠는 여덟 살 안에서
서로 벗이 되어 사귀는 것인데, 벗이 되기 때문에 서로 "하게말"을
해야 합니다.

▲ 큰처남, 처남댁은 어데 갔는고?
● ○서방, 자네 처남댁은 왜 찾는고?
▲ 처남댁이 있어야 술을 한잔 얻어먹지.
● ○서방, 가만히 있게. 내가 술을 찾아보마.

미천한 사람들은 처남을 보고 "형님"이라고 부른다는 이야기가 있기도 합니다. 이것은 한 살만 많아도 "형님"이라고 부르는 왜풍 가운데 하나인 깡패들의 풍속 그대로 입니다. "사위는 백년손이다"라는 그 말을 잊어서는 안 됩니다. 손님으로 온 사람이 저녁 한 끼를 얻어먹더니만, 그 집주인을 보고 "형님"이라고 부르게 되면, 주인은 무서워서 벌벌 떨게 될 것입니다.

⑦ 처형—처제

"처형, 오셨습니까", "처제, 오셨습니까"라고 말을 해야 합니다.

⑧ 처사촌—처사촌댁
   처육촌—처육촌댁

"처4촌, 왔는가", "처4촌댁은 그 동안 편히 계셨습니까"라고 말을 해야 됩니다. "처6촌, 오늘 나를 따라 가세, 그리고 처6촌댁도 저를 따라 가입시다"라고 말을 해야 됩니다.

무식한 사람들은 처사촌을 두고, 4촌처남이라고 말을 합니다. 처4촌과 4촌처남은 전혀 다른 사람이 됩니다. 4촌처남은 나의 처갓집이 아니고, 내4촌의 처남이 되는 것입니다. 처갓집 사람들에 대한 부름 말은 언제나 "처"를 앞에 놓고 그 뒤에 아내와의 관계를 가지고 와야 합니다.

⑨ 처외조부님 — 처외조모님
　　처외삼촌님 — 처외숙모님
⑩ 처외사촌 — 처외사촌댁
　　처고종 — 처고종댁

“처외사촌, 왔는가, 처외사촌댁도 오셨습니까”, “처고종, 왔는가, 처고종댁 그 동안 안녕하셨습니까”라고 말을 해야 됩니다.

⑪ ○서　방

동서(同婿)가 된 남자끼리의 나이가 서로 여덟 살 안이 되면, 서로 벗이 되어 “○서방”이라고 불러야 합니다.

▲ ○서방, 자네는 몇 시 차로 왔던고.
● 나는 3시 기차로 왔네. ○서방, 자네는 나보다 먼저 왔던가?

미천한 사람은 동서 사이에 또 “형님”이라고 부른다고 하는데, 이 것도 왜풍(倭風) 가운데 하나인 깡패 풍속입니다.

⑫ 동　서

나보다 여덟 살이 더 많은 동서에게는 “○서방”이라고 부르지 않고, “동서”라고 불러서 말을 해야 됩니다.

▲ 동서는 언제 왔습니까?
● ○서방, 오는가. 나는 어제 왔네.
▲ 동서는 명년에 환갑이 아닙니까?

● 자네는 어찌 그리 잘 아는가?

▲ 동서는 저보다 열다섯이 많습니다. 그래서 잘 압니다.

미천한 사람들은 여덟 살이 더 많은 동서라고 해서 또 "형님"이라고 부른다고들 하는데, 이것도 깡패 풍속입니다. 여기에서 다시 한번 강조하건대, 손님으로 간 사람이 손님 노릇을 하지 못하면, 이것도 바보 가운데 하나입니다. 한편, 버릇없이 달려드는 손님을 그냥 내버려 두는 주인의 잘못도 큰 것입니다.

Ⅱ. 걸림말

① 처족입니다.

② 장조입니다.

   장조모입니다.

③ 장인입니다.

   장모입니다.

④ 처백부입니다.

   처백모입니다.

⑤ 처삼촌입니다.

   처숙모입니다.

⑥ 처왕고모입니다.

   처고모입니다.

⑦ 처남입니다.

   처남댁입니다.

⑧ 처형입니다.

   처제입니다.

⑨ 처사촌입니다.

처사촌댁입니다.
⑩ 처종형입니다.
처종제입니다.
⑪ 처오촌입니다.
처종숙모입니다.
⑫ 처육촌입니다.
처육촌댁입니다.
⑬ 처재종숙입니다.
처재종숙모입니다.
⑭ 처외조부입니다.
처외조모입니다.
⑮ 처외삼촌입니다.
처외숙모입니다.
⑯ 처고종입니다.
처고종댁입니다.
⑰ 처외사촌입니다.
처외사촌댁입니다.
⑱ 처이모입니다.
처이종입니다.
처이종댁입니다.

다음에 나오는 걸림말이 위의 것들과 달리 나가는 그 까닭을 알아
야 합니다.

① 처남의 아들입니다.
처남의 며느리입니다.

처남의 아들을 "처조카"라고 설명하기도 하나, 사실 이것은 틀린 말입니다. 왜냐하면, 아내의 조카가 곧 나의 조카가 되기 때문입니다. 여자에게는 "내 조카"가 있고, "친정 조카"가 있게 됩니다. "내 조카"라는 석자 말에서 "내"자가 떨어진 것이 "조카"이오, "친정조카"에게는 "친정" 두 글자를 빠뜨리면 절대로 안 되는 것입니다. 이러하기 때문에 "처친정조카"라든지, "처친정질부"라고 말하면 되는 것이나 이것 보다는 "처남의 아들"이라든지, "처남의 며느리", "처남의 딸", "처남의 손자", "처남의 손녀"라고 말하는 것이 그 관계가 더욱 분명해지는 것입니다.

② 처남의 손자입니다.
　　처남의 손부입니다.
③ 처사촌의 아들입니다.
　　처사촌의 며느리입니다.
④ 처육촌의 아들입니다.
　　처육촌의 며느리입니다.
⑤ 처사촌의 손가입니다.
　　처사촌의 손부입니다.
⑥ 치육촌의 손자입니다.
　　처육촌의 손부입니다.
⑦ 처외사촌의 아들입니다.
　　처외사촌의 며느리입니다.
⑧ 처고종의 아들입니다.
　　처고종의 며느리입니다.
⑨ 처고모남편입니다.
⑩ 처남의 사위입니다.
⑪ 처남의 손서입니다.

⑫ 처사촌의 사위입니다.
⑬ 처이모남편입니다.

Ⅲ. 등급말

사위를 백년손이라고 말합니다. 이 말(이치)을 잊어버리면 안 됩니다. 처갓집에 간다는 것은 손(客)질 하러 가는 것이오, 한편 우리 집으로 장가온 그 사람이 온다는 것은 귀한 손님이 오게 되는 것입니다. 이러하기 때문에 손님이 지니는 등급말이 곧 백년손님(취객)의 등급말이 되는 것입니다.

그리하여 처갓집의 여자들에게는 누구 할 것 없이 존대어를 사용해야 합니다. 쉽게 말해서, 아내의 여동생(처제), 처남의 며느리, 처남의 손부, 처남의 딸에게 모두 경어를 사용해야 됩니다.

▲ 처제, 오셨습니까. 무슨 차로 오셨습니까.

● 예, 기차로 왔습니다. 형부는 매일 이렇게 늦게 오십니까?

● 새 아재, 오셨습니까. (처남의 딸)

▲ 예, 이제 막 왔습니다. 올해 중학교 몇 학년입니까? (자기 자신)

● 새 아재도 부끄럽구로. 그런 것을 묻습니까. 올해 중학교 2학년 입니다. (처남의 딸)

▲ 아직 2학년 밖에 안 됩니까? (자기 자신)

● 새 아즈버님, 오셨습니까. 무슨 차로 오셨습니까? (처남의 며느리)

▲ 예, 대구까지는 기차로 내려왔습니다. (자기 자신)

● 새 아즈버님은 명년에 환갑이 아니십니까? (처남의 며느리)

▲ 예, 그러합니다. 명년에 돐입니다. (자기 자신)

　처갓집 여자들에게는 아주 엄격한 경어를 사용해야 되는가 하면, 남자들에게는 아주 친밀하게 지내는 것입니다. 그리하여 처갓집 남자들은 열 살까지 서로 친밀한 벗이 되어 "자네"라는 말을 사용하는 수도 있습니다.

● ○서방, 오래 만일세. (처족: 50세)

▲ 어이, 오래 만일세 . 그 동안 집은 다 편한가. (자기 자신: 40세)

● ○서방, 이 사람이 말버릇이 나빠, 열 살이나 더 먹은 나를 보고 하소말을 하지 않고 맞먹으려고 하거든. (처족: 50세)

▲ 이 어른아, 내가 임자 보고 하소말을 하기는 어렵지 않으나, 그렇게 하면 임자 집이 말이 아니네. 임자 어른이 나를 용서하지 않을 것이네. (자기 자신: 40세)

● ○서방, 저것이 똑똑해. 뼈다귀 있는 집 사람이 다른 데가 있거든. 저 사람을 속여 보려고 해도 안 넘어간단 말이야. 그래, 내가 손해 보기로 하고 동상례나 내어라. (처족: 50세)

▲ 이 어른아, 내가 장가 온 뒤로 동상례라고 낸 것이 마흔 번도 더 되네. 그렇지만 임자가 또 동상례를 내라고 하면, 그것은 어렵지 않네. 그래 봄세. (자기 자신: 40세)

32. 남편과 아내 사이에 사용해야 되는 말

끝이 흐리멍덩한 말을 "반말"이라고 합니다. 말끝을 맺지 못하고 중간에 가서 끝나버리기 때문에 "온말"이 되지 못하고 반쯤 되는 말이라는 뜻으로 일컫은 것이 반말입니다. 이를테면, "밥 먹었지", "아직 안 먹었는데", "병원에 안 가 보았지", "가 보고 왔어"라는 말하기를 "반말"이라고 합니다.

이 반말은 아무데도 사용할 곳이 없을 뿐만 아니라, 사용하지 않도록 금지되어 있는 말이기도 합니다. 반말하다가 뺨 맞는 일이 생기는 것은 바로 이것을 증명하여 줍니다.

그런데, 남편과 아내 사이의 말하기는 서로 "반말"을 사용하도록 되어 있습니다. 이것은 아주 재미있고도 이치에 맞는 일입니다. 그 이치에 대하여 이야기해 보기로 하겠습니다. 남편과 아내 사이를 급으로 따질진대 동급입니다. 형과 아우사이도 동급입니다. 형과 아우 사이는 아래 위가 있는 동급이오, 남편과 아내 사이는 안과 밖이 있는 동급입니다. 그리하여 나는 바깥주인이 되고, 너는 안주인이 되는 것인데, 이것을 일컬어 부부유별이라고 하는 것입니다. 남편과 아내 사이는 서로 존경해 가면서 사는 것이 아니고, 안과 밖이 되어 한 평생을 살아나가는 짝으로서 벗이 되는 것입니다. 늙어서 죽게 되면 또 나란히 묻히게 되는데, 다만 오른쪽(남편)과 왼쪽(아내) 자리가 정해져 있을 따름입니다. 이러하기 때문에 남편과 아내 사이를 배필이라고 하는 것입니다. 배필(配匹)이라는 말은 짝벗(配朋友)을 뜻하는 것입니다. 이 배필(配匹)은 벗(朋友)을 뜻하는 소위 벗 필자입니다. 벗과 친구는 서로 다른 것입니다. 몸 닦는 길(道)을 같이 하면서, 서로 일깨워주는 고마움을 받게 되는 사람을 벗이라고 하고, 일찍이 얼굴을 알게 되어 친하게 지내는 사람을 친구라고 합니다. 누구에게나 친구는 많이 있게 되지마는, 벗은 그렇게 흔하게 있는 것이 아닙니다. 친구를 만나면 반가운 것이오, 벗을 만나면 즐거워치는 것입니다. 얻기 힘 드는 그 벗 가운데서도 "짝벗"이라는 것은 아주 얻기 어려운 사람이거늘, 그 짝벗이 바로 남편과 아내 사이라는 것입니다.

벗끼리 서로 부르도록 만들어낸 것이 자(字)였지마는, 남편과 아내 사이는 짝벗이 되었기에 서로 부르는 말이 없게 된 것입니다. 이들 사이는 서로 불러 가면서 살아가서는 안 되기 때문에 그렇게 된 것입니다. 이를테면, "야 봐라, 물 떠 가지고 오너라"라고 말해서는 안 되는 사이입니다. 남편과 아내 사이에 할 이야기가 있으면, 서로 가까이 걸어가서 귀속 말로 소곤소곤하라는 것입니다. 여기에서 마무리 지워 말하면, 남편과 아내 사이의 말하기는 곁에 있는 사람마저도 알아들을 수 없도록 나직한 목소리로, 또 분명하지 않는 반말을 사용하도록 되어 있는 것입니다.

남편과 아내 사이의 말소리가 담 밖으로 나오게 되거나, 또 이들 사이에 경어가 사용되고 있다고 하면, 이 두 집은 모두 바르게 말을 할 줄 모르는 사람으로 값이 매겨져서 마침내 시시한 사람으로 대접을 받게 되는 것입니다. 내외간의 말소리가 담 밖으로 나오는 집은 난폭한 집이라고 하고, 내외간에 경어가 사용되고 있는 집은 상스러운 집이라고 말합니다. 아내가 남편을 보고 "이제 오십니까"라고 말하든지, 남편이 아내를 보고 "저녁 자셨소"라고 말한다고 하면, 이것이야말로 징그러운 일이기도 합니다. 이때 이들 두 사람 사이의 관계를 잘 모르는 이가 곁에서 들었다고 하면, 형수와 시동생 사이라고 짐작하게 될 것입니다. 뒤늦게사 내외간이라는 것을 알게 되면 "더럽다, 더러워"라는 생각을 가지게 될 것입니다.

남편과 아내 사이가 서로 존경해가면서 살아가는 관계라고 잘못 알고 있는 사람들이 내외가 되었다고 하면, 그로 말미암아 불행하게 되는 수가 많습니다. 살다가 보니 존경할만한 점이 눈에 뜨이지 않게 되면, 실망과 슬픔이 찾아오기 때문입니다. 그러나 남편과 아내 사이가 한 평생을 살아나가는 짝벗(배필)이라고 생각한 사람들이 내외가 되었다고 하면 이들은 먼 길을 걸어가는 짝벗이 되어 소곤소곤 이야기하면서 다정스리 걸어갈 것입니다.

남편과 아내 사이의 말하기의 왕도가 곁에 가서 서로 반말하기로 된 것은 서로 부르는 부름말이 없다가 보니까 곁에 가서 이야기하지 않을 수 없게 되었고, 귀속 말로 하다가 보니까 저절로 나직한 소리로 이야기하게 되었고, 나직한 소리로 이야기하자니까 소곤소곤 다정스럽게 되는 것이오, 곁에 있는 사람마저도 알아들을 수 없도록 이야기하자니까 저절로 끝이 흐리멍덩한 반말이 좋고, 서로가 똑같이 반말하는 것은 서로 사이의 급이 같기 때문에 그렇게 된 것입니다. 이 반말은 입말에서만 있을 수 있는 것이지 글로 적어 놓고 보면, "온말"의 반이기 때문에 글월이 되지 않는 것입니다. 그리하여 남편과 아내 사이가 서로 편지글을 만들게 되면 그 반말로는 글이 되지 않기 때문에 "온말"로 바꾸지 않으면 안 되는 것입니다.

왕과 왕비 사이가 서로 경어를 사용했으니, 부부 사이도 서로 경어를 쓰는 것이 마땅하다고 미루어 짐작하는 사람이 있을지 모르기 때문에 여기에서 "왕실말하기"에 대하여 조금 이야기하고 넘어가기로 하겠습니다. 왕과 왕비 사이는 내외간보다 앞서가는 것이 왕과 왕비라는 그 직능의 만남이 됩니다. 이러하기 때문에 상왕(아버지)이 왕(아들)을 보고 경어를 쓰고, 상왕(아버지)이 왕비(며느리)를 보고 경어를 사용하는 것입니다. 공주나 옹주를 며느리로 맞이하면, 이 집의 시부모와 며느리 사이는 서로 경어를 사용해야 되는 것입니다. 왕실이라는 것은 친당이라는 관계를 제쳐두고 왕실이라는 직능을 앞세우는 것입니다. 이 세상에서 아들·며느리보고 "하소말"을 하는 것이 임금의 아버지 어머니뿐입니다. 그리고 이 세상에서 며느리 보고 "하소말"을 하는 사람은 공주·옹주를 며느리로 맞은 사람뿐입니다. 그러나 임금의 손녀는 왕실법도를 벗어나서 백성의 자격으로 시집을 가게 됩니다. 이것들이 대충 왕실말하기의 법도입니다. 왕실법도는 모든 것이 왕이 아닌 사람과 구별 지워져 있습니다. 보기 하나만을 들고 다음으로 넘어가기로 하겠습니다. 왕이 거처하는 집을 궁(宮)·전(殿)이라고 합니다. 그 집은 정 남향(子坐)으로 세우게 되고, 둥근 기둥을 사용합니다. 왕이 아닌 사람이 남향집을 지으려고 하면, 정 남향이 되는 자좌(子坐)로 집을 세워서는 안 되니까, 대충 임자(壬坐)로 틀어서 집을 세우게 되어 있고, 둥근 기둥을 세우지 못하니까, 아깝게도 깎아내어 네모기둥을 만들어서 사용하게 되었던 것입니다. 다만 재각(齋閣) 같은 집은 사람이 거처하기 위하여 짓는 것이 아니기 때문에 둥근 기둥을 사용하더라도 왕으로부터 용서를 받는 일이 되지마는, 그 집도 정 남향인 자좌로 앉혀서는 안 되는 것입니다. 왕실법도라는 것은 오직 하나뿐이라는 곳이 그 지존함을 지니는 것이기 때문에 왕이 아닌 사람은 왕실법도를 따르지 못하게 되어 있습니다.

다시 원점으로 돌아와서 말하건대, 남편과 아내 사이는 밖과 안이 되는 것으로 마치 손바닥과 손등 사이가 되는 것이며, 그렇게 되는 것이 부부유별입니다. 손바닥은 손바닥 일을 하고, 손등은 손등 일을 했을 때, 그 손이 할 일을 다 하게 되는 것입니다. 이를테면, 바깥주인이 있는 데도 안주인이 나서서 바깥주인 노릇을 한다든지, 안주인이 있는 데도 바깥주인이 안주인 노릇을 하게 되는 집이 있다고 하면, 이 집을 일컬어서 얼마 안가서 망할 집이라고들 합니다. 안과 밖의 그 이치를 어긴 사람 가운데 표본이 되는 이가 고종 임금의 아내 민비였던 것입니다. 왜 이런 이야기를 하는가 하면, 부부 사이는 높고 낮은 것이 아니고, 앞과 뒤가 있는 사이도 아니고, 다만 안과 밖의 사이가 되고 있다는 것을 강조하기 위하여 민비를 끌고 온 것 뿐입니다.

오늘 우리나라 사람 가운데, 아내가 남편을 보고, 경어를 사용하는 이가 간혹 있다고들 하는데, 이것은 그 왜노(倭虜)들이 하는 말버릇을 보고 그렇게 따라간 것입니다. 그 왜노들은 남편 앞에 꿇어 앉아 절을 하면서 아랫사람이 웃어른 대하는 것과 똑같이 공손스리 경어를 사용한다고들 합니다. 이것이 바로 오랑캐 짓입니다. 왜노들은 남편과 아내를 높낮이로 보고 여자를 낮은 사람으로 대우했던 것입니다. 시시한 말이기는 하나 "남존여비"라는 그 넉자말도 일본사람들이 즐겨 사용했던 말이라는 것을 잊어서는 안 되며, "남존여비"라는 그것이 바로 저 왜풍(倭風)이라는 것을 잊어서도 안 됩니다. 그 왜풍이 우리나라에 언제부터 들어왔느냐 하면, 19세기 병자겁약(丙子劫約, 1876년) 이후가 됩니다. 병자겁약으로 말미암아 부산·인천·원산, 세 항구에 그 왜노들이 와서 살게 되었으며, 19세기 후반기에서부터 20세기 전반기에 이르는 일본유학생들이 우리 땅에 그 왜풍을 퍼뜨리게 되었는데, 그들이 자기 아내에게 경어 사용을 강요했으며, 경술국치(1910년) 이후 그 왜노들이 우리나라에 와서 곳곳에 교장이 되고 군수가 되었으니까, 그 왜풍을 본받는 사람들이 나오게 되었던 것입니다.

＜ 붙 임 ＞

≪로마자로 한국말 적기≫

문교부 만듦(1972. 4. 1)

머 리 말

우리의 로마자 표기는 1948년에 학술 용어 제정 위원회와 언어 과학위원회가 공동으로 제정한 표기법에 따랐습니다. 그러다가, 1953년에 '문교부 국어 심의회'의 '외래어 분과 위원회'가 구성됨에 따라 이 기관에서 로마자의 한글화 표기(Koreanization)와 한글의 로마자화 표기(Romanization) 방법을 연구하였습니다. 약 6년간에 걸쳐 많은 학자, 실무자 행정가들이 연구에 참여하여, 1959년에 비로소 "로마자의 한글화 표기법"과 "한글의 로마자 표기법"이 제정 공포되었습니다.

그런데, 일부에서는 우리나라 말을 로마자로 표기하는 방법으로 매큔―라이샤워 안(McCune∼Reischauer System)을 쓰고 있습니다. 이 표기법은 로마자에 특수한 기호를 붙여서 발음을 나타내는 방법입니다. 이 표기법은 우리말의 로마자 표기에 이바지한 바도 있었습니다만 그러나 보통의 경우에는 이들 부호를 생략하여 사용하는 경우가 많으므로, 그 결과로 우리말의 로마자 표기에 혼란도 가져 왔습니다.

문교부에서는 이와 같은 표기의 혼란을 막고, 통일을 기하기 위하

여 문교부 제정의 표기법을 토대로 하여 우리나라 지명의 로마자 표
기를 해 오고 있습니다. 이 자료는 문교부에서 제정한 표기법에 맞
추어 표기한 "우리나라 주요 지명 일람표" 및 "대한민국 지도"입니
다. 앞으로 이 자료를 많이 이용하시고, 또 문교부에서 제정한 표기
법에 따라 표기의 통일을 기하기 바랍니다.

1972년 4월 1일 문교부장관　민 관 식

문교부 표기법의 원칙

문교부에서 제정한 한글의 로마자 표기는 다음 원칙에 맞추어야
합니다.

1. 한글의 24자모를 기준으로 하고, 이를 로마자로 표기합니다.
2. 부호의 사용은 연속적으로 쓰인 철자가 두 가지 이상으로 발음
   되는 것을 피하기 위하여 "-"(hyphen)을 사용하는 것에 한 합
   니다.
3. 되도록 한 개의 음운을 하나의 기호로 표시하도록 합니다.

자음과 모음

모음		자음	
한글	로마자	한글	로마자
ㅏ	a	ㄱ	g
ㅑ	ya	ㄴ	n
ㅓ	eo	ㄷ	d
ㅕ	yeo	ㄹ	r. l.
ㅗ	o	ㅁ	m
ㅛ	yo	ㅂ	b
ㅜ	u	ㅅ	s
ㅠ	yu	ㅇ	ng
ㅡ	eu	ㅈ	j
ㅣ	i	ㅊ	ch
		ㅋ	k
ㅐ	ae	ㅌ	t
ㅒ	yae	ㅍ	p
ㅔ	e	ㅎ	h
ㅖ	ye		

http://game.empas.com/r/g_m/u=flash.game.empas.com/ham

자음과 모음

모음		자음	
한글	로마자	한글	로마자
ㅘ	wa		
ㅙ	wae	ㄲ	gg
ㅚ	oe	ㄸ	dd
ㅝ	weo	ㅃ	bb
ㅞ	we	ㅆ	ss
ㅟ	wi	ㅉ	jj
ㅢ	eui		

이상의 자음과 모음은 실제 나는 소리에도 불구하고, 한글 표기법을 그대로 옮기는 것을 원칙으로 합니다. 그러나 실제 표기에 있어서는 다음 사항에 유의하여야 합니다.

가. "ㄹ" 표기에 있어서는 초성에 r. 종성에 l을 씁니다.

    <보기> 다리 dari

        벌교 Beolgyo

나. 이어 쓴 것이 두 가지 이상의 소리로 발음될 우려가 있을 때에는 "-"(hyphen)을 씁니다.

    <보기> 문경 Mun-gyeong

        보은 Bo-eun

4. 인명의 표기에 있어서는 이 원칙에서 벗어난 자기 고유의 표기를 할 수 있습니다.

≪국어과 교육 과정≫ 건의 안

1. 국어 교육의 목적

한국말과 한국 글을 통하여 행복스런 삶이 되도록 함에 있다.

2. 국어 교육의 목표

(가) 1차원 세계
한국말과 한국 글을 통한 삶에 있어서 불편함이 없도록 함에 있다.

(나) 2차원 세계
한국말과 한국 글을 통하여 감정과 지성을 풍부하고도 윤택스리, 균형 있게 길러서 사람됨을 훌륭하게 만듦에 있다.

(다) 3차원 세계
한국말과 한국 글을 통하여 인식 능력을 넓게 또는 깊게스리 자리 잡게 하여 애써 만드는 힘을 지니게 하고, 나아가 겨레의 체질을 개선할 것이며 그리하여 마침내 문화 창조에 이바지되게 하여, 나라와 겨레의 번영·발전을 가져오게 할 것이며, 나아가 인류 문화 창조에 이바지되게 함에 있다.

초등학교에서부터 대학에 이르기까지 ≪목적≫과 ≪목표≫는 한결같은 바에 놓인다. 여기에서 말하는 "대학"이란, 1학년의 국어 교육을 두고 이르는 바이다.

≪초등학교 국어과 교육 과정≫

　1. 도달점
　2. 학습 내용
　3. 학습 운영

≪중학교 국어과 교육 과정≫

　1. 도달점
　2. 학습 내용
　3. 학습 운영

≪초등학교 국어과 교육 과정≫

　1. 도달점
　2. 학습 내용
　3. 학습 운영

≪전문학교 국어과 교육 과정≫

　1. 도달점
　2. 학습 내용
　3. 학습 운영

　≪목적≫, ≪목표≫ 아래 ≪도달점≫이 나오는 것이요, 그 도달점
에 따라서 ≪학습 내용≫이 결정되는 것이요, 짜여진 그 학습 내용
이 마침내 "목적"·"목표"·"도달점"을 위한 것이 되게끔 ≪학습 운

영≫을 발견하여야 한다.

≪도달점≫은 국어 교육의 할 일인바, 소위 "말하기·듣기·읽기·짓기"를 두고 학년에 따라 결정할 일이며, ≪학습 내용≫은 "목표"에서 제시된 3차원 세계를 두고 학생의 능력에 따라 알맞게 짜야 하며, 감정을 기르는 학습 내용(교제)과 지성을 개발하는 학습 내용을 두고 갈라서 학교 학년에 따른 효과와 능력을 기준으로 하여 짜야만 한다. 학년이 낮은 곳에서 높이 오를수록 1차원 세계에서 3차원 세계로 나아가는 운동 방식이어야만 하고, 한편 학년이 낮은 곳에서 높이 오를수록 "감성"을 기르는 곳에서 지성을 개발하는 방향으로 학습 내용(교재)이 짜여져야만 한다. 이것은 사람의 능력과 효과에 의하여 그렇게 되어야만 함에 있다.

≪학습 운영≫은 "말하기·듣기·읽기·짓기"를 종합되게 순 환성 위에 올려놓는 것이어야만 하고, 그것은 언제나 학생의 활동을 중심으로 운영되어야만 한다.

◉저자◉

려증동(呂增東)　경북대학교 사범대학 국어과 졸업
경북대학교 대학원 국어국문학과 석사
현재 국립 경상대학교 명예교수

◉저서◉　고종시대 독립신문, 배달문학통사1(증보판), 배달문학통사2(교정판), 전통혼례,
효도보감, 효도언어, 가정언어 외 다수

國語敎育論

◉초판 발행	2005년　6월　5일
◉초판 인쇄	2005년　6월　10일
◉지 은 이	려증동
◉펴 낸 이	채종준
◉펴 낸 곳	한국학술정보㈜

경기도 파주시 교하읍 파주출판문화정보산업단지 526-2
전화　031) 908-3181(대표)·팩스　031) 908-3189
홈페이지 http://www.kstudy.com
e-mail(e-Book 사업부) ebook@kstudy.com

◉등　　록	제일산-115호(2000. 6. 19)
◉가　　격	17,000원

ISBN　89-534-2257-4 93810　(Paper book)
　　　　89-534-2096-2 98810　(e-Book)

◉잘못된 책은 구입하신 서점에서 바꾸어 드립니다.